Child and Adult Development
A Psychoanalytic Introduction
for Clinicians

정신분석적 발달이론

요람에서 무덤까지

Calvin A. Colarusso 저
반건호 · 정선주 공역

학지사

Child and Adult Development

A Psychoanalytic Introduction for Clinicians

by Calvin A. Colarusso

역자 서문

　저자인 Colarusso 선생님과의 인연은 오래전으로 거슬러 올라 간다. 1998년 한국정신분석학회에서 Colarusso 선생님을 초청하 여 세미나를 가졌고, 그해 가을 샌디에이고에 있는 선생님 진료실 을 찾아갔다. 전면 통유리를 통해 햇빛이 쏟아져 들어오고 파란 바 다가 내려다보이는 그 방에서 몸의 피곤함과 마음의 갈등을 한순 간에 날려 보냈던 기억이 있다. 그러다가 마음속에 항상 밝은 미소 를 지닌 분으로 남아 있던 Colarusso 선생님을 2009년 다시 만날 수 있었고, 선생님께서 오래전 쓰신 좋은 책을 우리 동료, 후학들 에게 전하는 일을 하고 싶어졌다.

　선생님의 진료실에서 그랬던 것처럼, 이 책을 처음 접할 때 오랫 동안 고민해 오던 문제가 확 풀리는 느낌을 받았다. 고민은 바로 이런 것이었다. 정신과 전문의로 일하다가 인간발달의 뿌리가 되 는 아동기 발달을 공부하기 위해 소아정신과 영역을 탐색하였으나 뭔가 부족한 것을 느끼게 되었다. 소아ㆍ청소년의 발달에 대해서 는 비교적 많은 연구가 이루어져 있으나, 오히려 성인의 발달에 대해서는 무지하다는 것을 알았다. 비록 성인기에 새로운 정신구 조가 형성되는 것은 아니지만, 성인이 된 이후에도 계속해서 연령 에 따라 새로운 발달 과제가 생기고 환경의 변화에 적응해야 할 일 들이 너무나 많다. 나이를 먹는다고 해결되는 것이 아니다. 배우고

3

노력하고 필요하다면 전문가와의 상담이나 치료가 필요하다는 것을 진작에 왜 몰랐을까? 우리는 이 책을 통해 한 노 분석가가 오랫동안 기울여 온 노력의 성과를 살펴보게 될 것이다.

이 책의 전반부인 1~7장에서는 소아·청소년기를 자세히 기술하고 있으며, 후반부 8~12장에서는 소아·청소년기의 몇 배나 긴 성인의 인생 여정을 발달 측면에서 설명하고 있다. 기존의 발달이론들이 흔히 청소년기에서 멈추고 있으나, 저자는 Erikson의 이론과 자신의 오랜 경험에서 우러나오는 심도 있는 고찰을 반영하고 있다. 후반부의 청년기, 중년기, 노년기, 고령기 이론은 다른 어떤 책에서도 볼 수 없었던 삶에 대한 진지한 성찰을 담고 있다.

풍부한 임상 경험과 어려운 이론을 쉽게 전개해 준 덕에 이 책은 소아정신과 전문의, 정신분석과 정신치료 전문가, 아동 치료사, 사회복지사, 임상심리 전문가, 의학 전공생, 커플 치료사, 중년 및 노인복지 관련 종사자, 정신건강 관련 수련생 모두가 편안하게 읽을 수 있는 특별한 전문서적이 될 것이다. 일부 전문적인 내용을 빼면 일반인들의 삶의 지침서로도 손색이 없을 듯하다.

믿을 수 없을 만큼 부지런하고 명석한 정선주 선생이 번역에 참여하였다. 게으른 필자 때문에 정선주 선생의 고생이 많았다. 또한 많은 동료가 작업을 하는 동안 크고 작은 도움을 주었다. 소아정신과 동료인 오소영 선생, 문수진 선생, 경희대학교 의학전문대학원 안은지 학생, 김성은 학생, 이상훈 학생에게 감사한 마음을 전한다. 참고문헌을 정리해 준 박찬민 선생에게도 고마움을 전한다. 번역에 어려움이 있어 이메일을 보내면 언제라도 즉각 답신을 보내주신 Colarusso 선생님께도 감사드린다. 그리고 항상 인내와 친절로 도와주시는 학지사 김진환 사장님과 편집부 이근호 님에게도 큰 빚을 졌다. 마지막으로, 수많은 주말을 책 번역에 양보해 준 가족에게 미안하고 사랑한다는 말을 전한다.

항상 그렇듯이 책에서 발견되는 오류는 역자들의 몫이다. 역자들의 노력에도 불구하고 부족함이 남아 있겠지만 아무쪼록 독자 여러분에게 도움이 되기를 바라며, 오탈자, 오역은 물론 의견 교환을 원한다면 언제라도 연락주길 바란다.

2011년 9월
역자대표 반건호 씀

추천사

발달이론은 정신분석은 물론 모든 정신역동적 정신치료의 중심이 된다. 발달이론을 통해 살아가면서 일어날 수 있는 일들을 살펴보고, 그런 일들이 생물학적 및 사회적으로 어떻게 연결되는지 이해함으로써 정신병리는 물론 심리적 강도를 파악할 수 있다.

아동기와 성인기를 모두 아우르는 정상발달을 임상적 관점에서 다룬 책이 나오기를 오랫동안 기다려 왔다. 이 책은 특히 발달 관련 과제를 매일 파악하고 평가해야 하는 정신건강 전문가들에게 큰 도움이 될 것이다. Colarusso 박사는 이 엄청난 이론적, 경험적, 임상적 내용을 통합·정리하였고, 임상 사례를 통해 생생하게 전달하였다.

경험이 풍부한 임상 전문가들뿐 아니라 인간 행동을 공부하는 학생들에게도 꼭 추천하고 싶은 책이다.

의학박사 Sherwyn M. Woods

한국어판 저자 서문

1980년대에, 샌디에이고에 있는 캘리포니아 주립대학교(UCSD)의 성인 및 소아 정신과 전공의, 의과 대학생, 그리고 샌디에이고 정신분석 연구소의 정신분석 수련생들에게 성인과 소아 정신발달에 대한 강의를 할 때마다 흔히 듣는 질문이 있었다. "강의해 주신 내용을 한 권에 담고 있는 책이 있습니까?" 그러면 나는 수준이 제각각인 많은 학생을 만족시킬 만한 한 권의 책은 없으니 발달에 대한 내용을 다룬 다양한 논문과 서적을 보라고 소개해 줄 수밖에 없었다. 그럴 때면 어김없이 학생들은 불만스러운 표정으로 덧붙이곤 했다. "발달이론을 소개해 주는 책을 쓰셔서 환자 볼 때 도움이 되게 해 주세요." 처음에는 그들의 말에 크게 신경 쓰지 않았으나 시간이 지나면서 시도를 해야겠다는 결심을 하게 되었다.

1992년에 이 책을 출판한 계기는 순전히 제자들의 부탁과 기대에 부응하기 위함이었다. 이 책은 발달이론을 소개하고 아동과 성인의 진단평가에 도움을 주기 위해 썼다. 독자들이 이 책을 읽고 자극을 받아 여기에서 소개된 것 이상의 자료를 찾아 살펴보고 정상 및 병리적 발달이론에 푹 빠질 수 있게 되었으면 좋겠다. 이 책은 지금까지 아동을 양육하는 부모, 아동을 지도하는 교사, 그리고 아동과 성인 임상가들에게 유용한 지침서가 되어 왔다. 마지막으로, 발달이론은 인생에서 가장 위대하고 의미 있는 경험인 자신에 대한 이해를 넓히는 데 큰 도움이 된다.

지난 10년 이상의 세월 동안, 나는 샌디에이고에 체류하거나 방문한 한국인 정신과 의사들을 가르쳤으며, 스카이프를 이용한 원격교육을 통해 많은 한국인 정신과 의사들을 직접 대면하지 않고도 가르칠 수 있는 특권을 누려 왔다. 물론 한국에도 두 차례 방문하여 직접 정신분석 세미나를 주재하기도 하였다. 나는 한국 제자들과 동료들의 배움에 대한 강렬한 욕구와 근면한 태도에 언제나 매우 깊은 인상을 받았다.

한국정신분석학회에서 주최하는 수련 프로그램의 강사로 임명된 것은 개인적으로 대단히 영광스러운 일이다. 나의 가장 큰 즐거움은 소중한 지식을 전달할 수 있게 된 것 외에도 한국과 미국에서 알게 된 많은 한국인 정신과 의사들을 친구로 부를 수 있게 된 것이다.

마지막으로, 이 책을 한국어로 번역하느라 고생한 나의 훌륭한 동료인 반건호 선생과 정선주 선생의 헌신적인 노력에 거듭 감사의 마음을 전한다.

2011년 9월
의학박사 Calvin A. Colarusso

차 례

제1부 출생에서 청소년기까지

제2부 청년기에서 고령기까지

제1부

출생에서 청소년기까지

:

01

아동 발달의
역사적 개관 및 일반 원칙

이 장에서는 발달이론이 계속해서 변화하고 진화하는 지식체 (body of language)라는 개념을 독자들에게 소개하고자 한다. 나이가 몇 살이든 누구에게나 과거와 미래가 있고, 역동적인 현재가 있다. 어떤 쪽을 연구하든지 다른 쪽을 이해하는 데 도움이 된다. 게다가 임상에서 도출된, 그리고 임상적으로 유용한 발달이론은 더 많은 연구를 위한 자극제가 된다.

역사적 개관

20세기 전에는 아이들을 몸은 작되 정신은 성인과 똑같은 성인의 축소판으로 여겼다. 이런 오래된 사고 형태는 Freud의 연구와 더불어 변하기 시작했다. 아동기에 대한 Freud의 관심은 유아기 경험과 성인기 증상 사이의 관련을 찾아냄으로써 절정에 달했다. 예를 들면, Freud는 *Three Essays on the Theory of Sexuality* (1905/1968)에서 다음과 같이 썼다.

> 1896년 무렵부터 나는 성생활과 연결된 주요 현상의 발원지로 어린 시절의 중요성을 주장했다. 그때 이후로 유아적 요인에 의해 성욕에 작용하는 부분을 끊임없이 강조하고 있다(p. 176).

아이들에게도 성욕이 있다는 생각은 빅토리아 왕조 시대의 비엔나 사람들에게는 엄청나게 놀라운 것이었고, 현시대에 살고 있는 부모와 어른들에게도 놀라운 사실이다. 따라서 어른들이 유아기 성욕에 대해 부정적 반응을 보이는 것도 임상가 입장에서는 놀랄 일이 아니다. 그 반응 중 일부는 어른들 자신의 어린 시절 경험의 억압에 따른 것이다.

Freud는 또한 성숙과정의 순서에 관심을 가졌다. 이 개념은 오늘날에도 구강기, 항문기, 오이디푸스기, 잠복기, 청소년기로 이어지는 아동기 발달단계로 알려져 있다. 사람의 마음은 예상 가능하며 순차적 단계 혹은 시기를 거친다는 생각이야말로 발달이론의 핵심이다. 안타깝게도 Freud는 발달단계를 연구하면서 성인기에 대해서는 고려하지 않았다. 그 결과, 최근까지 수십 년 동안 성인 발달이론의 출현이 지연되었다.

1909년, Freud는 자신의 새 이론을 아동 치료에 적용하기 시작했다. '꼬마 한스(Little Hans)'가 바로 그 유명한 첫 사례다. 비록 Freud가 한스를 직접 만난 적은 없지만, 그는 한스의 아버지를 통해 자신의 이론을 전달했다. 한스의 아버지는 Freud가 주도했던 수요 모임에 참석했던 학생이기도 하였다. 꼬마 한스의 사례 보고서에서 Freud는 유아기의 성욕과 오이디푸스 행동의 특성에 대해 기술하였다. 이들 주제에 대해서는 앞으로 자세히 다룰 것이다.

1920년대와 1930년대에 들어 본격적인 아동 치료가 시작되었다. 그리고 Anna Freud와 Melanie Klein의 관심 덕분에 점차 열기를 띠기 시작하였으며, 둘 사이의 경쟁심 덕분에 더욱 탄력을 받았다. Klein은 오이디푸스 현상이 생후 첫해에 발생한다고 하였고, 무의식 내용의 조기 해석을 제안하였다. 그녀의 이론은 오늘날 남아메리카와 영국에 큰 영향을 미치고 있다. Anna Freud는 고전적 발달 이론을 발전시키는 데 주력하였으며, 본능적 충동 이전에 방어 해석을 강조하였다. 이는 오늘날 정신역동적 사고와 기법의 초석이 되었으며, 특히 미국을 중심으로 발전하였다. 제2차 세계대전의 그림자가 유럽을 뒤덮을 무렵, 많은 소아 치료자들이 미국으로 피신하였으며, 그곳에 분석 개념을 소개하였고, 아동 상담소(guidance) 운동이 급속히 확산되는 데 일조하였다.

유아와 초기 아동기 발달에 있어서 모아(母兒)관계의 중요성을 완전히 인정하고 있는 현대사회에서 보면 이상할 수 있겠지만, 1940년대와 1950년대까지만 해도 그 중요성을 완전히 인식하지 못했다. 1945년 René Spitz가 발표한 'Hospitalism'은 당대 개념으로는 혁명적인 내용이었다. 그에 따르면 음식과 휴식처는 제공하지만 사랑, 관심, 자극이 부족한 영아원에서 자란 아기들은 심한 발달 지연을 겪게 되었고, 종종 첫돌이 되기 전에 죽기도 하는 반면, 엄마와 함께 지낸 아이들은 정상적으로 발달하였다. 이러한 모아관계에 대한 연구 결과, 부모가 아동기의 병리에 기여한다는 주제에 관심이 생기기 시작했으며, 오늘날 정상 및 병리를 이해하는 데 기초가 되는 대상관계이론의 초석이 되었다. 하지만 부모 및 아이의 상호작용을 과도하게 강조한 나머지 잘못된 결론에 이르기도 하였다. 한 예로, Kanner(1943)가 초기 유아 자폐증에 책임이 있는 것은 바로 '냉장고처럼 차가운 부모' 라고 믿었던 사실을 들 수 있다.

제2차 세계대전 동안 아동과 부모 간의 분리 및 외상 사건이 아동에게 미치는 유해한 효과에 대한 연구 기회가 있었다. 런던의 야간 대공습 시 안전을 위해 부모와 분리 수용되었던 영국 아동들을 대상으로 한 Anna Freud와 Dorothy Burlingham(Wolf, 1945)의 고전적 연구가 그것이다.

1950년대에 들어 아동 치료가 보편화되었다. 특히, guidance clinic이 유명하다. 아동 발달에 대한 임상 연구와 서적 및 논문이 봇물 터지듯 쏟아져 나왔다. 대표적인 것으로 Berta Bornstein의 논문 'On Latency' (1951), Peter Blos의 책 *On Adolescence* (1962), Anna Freud의 책 *Normality and Pathology in Childhood* (1965) 가 있다. 그 밖에도 수많은 문헌이 있으나, 가장 임상 현장에 가깝고 발달이론의 역사와 진화를 가장 잘 설명할 수 있는 것은 1945년 이래 꾸준히 발간되고 있는 *The Psychoanalytic Study of the Child*[1]다.

다양한 분야의 연구 덕분에 아동기 발달이론은 오늘날 급속도로 확장되고 있다. 유아 발달, 아버지의 역할, 행동의 생물학적 기초 등이 그 좋은 예다. 유아의 정상 행동과 병리에 대한 지식이 늘어나면서 새로운 전공과목인 유아정신의학이 탄생하였고, 아기의 마음속에 있는 정신적 자원의 수준에 대한 논란이 있었다(Dowling &

---

1) 역주: 1945년 미국에서 창간되어 현재까지 발행되고 있는 소아정신분석 관련 연간지다.

Rothstein, 1989). 이 주제에 대해서는 유아기에 관한 3장에서 다룰 것이다. 또한 지난 10여 년간 아버지와 자녀 관계에 대한 연구에 관심이 쏠렸다. 이 주제에 대하여 관심이 있다면 Cath, Gurwitt, Ross의 *Father and Child*(1982), Cath, Gurwitt, Gunsberg의 *Fathers and Their Families*(1989)를 읽어 보기 바란다.

뇌의 생화학적 연구 결과로 인해 조울병과 같은 정신병리적 질환에 대한 이해와 치료는 이미 엄청나게 변하고 있다. 조만간 이와 같은 뇌 연구는 발달이론의 발전에도 비슷한 효과를 불러올 것으로 예상된다. Kandel의 연구에서 좋은 예를 찾아볼 수 있다 (Kandel, 1976; Kandel & Schwartz, 1982). 그는 '경험'을 통해 신경세포 연접부(시냅스)를 가로지르는 신경전달의 강도가 변하고 영구적 변화를 일으키는 것이 가능하다는 것을 증명하였다. 유전적으로 결정된 뇌구조 조절이 인생 경험에 의해 바뀔 수 있다면, 초기 유아기 경험과 진화를 계속하고 있는 아기의 뇌 사이의 관계에 대한 연구를 통해 궁극적으로 정상발달과 병리적 발달에 영향을 미칠 수 있는 (현재로는 상상하기도 어려운) 새로운 기법이 탄생할 것이다.

아동 발달에 관한 몇 가지 기본 개념

발달의 정의

내 생각에 가장 유용한 발달의 정의는 Spitz(1965)가 제안한 것이다. 즉, 발달이란 "한 유기체(organism)와 그 내부 및 외부 환경 사

이의 교류 결과로 등장한 구조, 기능, 행동"(p. 5)을 의미한다. Spitz
는 마음이 세 가지 세트의 변수 사이에 계속되는 상호작용 때문에
진화한다고 믿었다. 첫째, 아동기 동안 성숙해지고 성인기에 퇴행
하는 신체(또는 유기체), 둘째, 인생 주기의 특정 지점에 존재하는
마음 그 자체(내부 환경), 셋째, 일차적으로 아동기 때는 낳아 준 부
모와 이룬 가족, 성인기 때는 자신이 낳은 자녀들과 이룬 가족으로
구성된 외적 영향(외부 환경)이다.

이 정의를 따르자면 성숙과 발달은 같지 않다. 성숙은 좀 더 제
한된 개념이다. 첫돌 무렵에 걷고, 초등학생 때 읽고 쓰게 되고, 사
춘기 때 신체적으로나 성적으로 성숙해지는 능력처럼 유전적으로
통제되는 잠재력이 전개되는 것을 말한다. 이 모든 것은 Spitz의 유
기체라는 용어의 정의에 포함된다.

이 정의에 따르면 정상 혹은 병리를 설명함에 있어 다른 두 가지
를 제외하고 어떤 한 가지 세트의 영향만을 강조하는 것은 있을 수
없는 일이다. 따라서 행동을 설명함에 있어 생물학적(정신병리의 최
근 기질적 이론) 혹은 환경적(행동이론) 영향 하나에만 매달리는 이
론이 있다면 그 이론은 불완전한 이론이다. 이 정의는 임상적으로
상당한 연관이 있다. 왜냐하면 이 정의가 진단자와 치료자가 환자
를 이해하고 치료하려고 할 때마다 끊임없이 생물학적, 정신내적,
환경적 영향을 고려하도록 환기시켜 주기 때문이다.

아이들은 연령대별로 다름

몸과 마음이 계속 진화한다면, 논리적으로 볼 때 아이들은 나이
대별로 차이가 난다. 발달을 공부하는 학생이라면 이러한 차이를

잘 알아야 하며, 어떤 나이대에서는 정상인 행동이 다른 나이대에서는 상당히 비정상적임을 인식하고 있어야 한다(〈표 1〉 참조). 예를 들어, 2세 아동이 분노발작을 보이는 것은 예상할 수 있지만, 6세 아동이 그런 행동을 보이는 것은 적절치 못하다. 공포증이나 야경증은 오이디푸스기(3~6세)에서는 정상이지만 잠복기(6~12세)에서는 그렇지 않다. 3~6세 사이에 공포증이나 야경증을 보이는 것은 아이가 오이디푸스기에 도달했다는 것을 의미하며, 이 단계에서 특정적으로 나타날 수 있는 주제, 갈등, 과제에 얽혀 있음을 알려 주는 신호기도 하다. 10세 아동이 유사한 공포, 두려움, 야경증을 보인다면 신경증이 있는 것은 아닌지 의심해 보아야 한다.

　단계별 특징적 행동을 인식하면 효과적으로 아동을 진단하고 치료할 수 있다. 왜냐하면 진단과 치료의 모든 과정은 아이가 나이에 걸맞게 생각하고 이해하고 의사소통하는 능력을 갖추고 있는지 파악하는 데 기반을 두고 있기 때문이다.

〈표 1〉 발달단계

구강기	0~18개월
항문기	1~3세
오이디푸스기	3~6세
잠복기	6~12세
청소년기	12~20세
청년기	20~40세
중년기	40~60세
노년기	60~80세
고령기	80세 이후

* 아동기 발달단계는 Sigmund Freud가, 성인기 발달단계는 Erik Erikson이 처음 기술하였다.

환경의 역할

아이의 삶에서 가장 중요한 환경 인자는 부모이며, 부모는 아동 발달 중 특히 유아기와 아동기에 불가분의 역할을 한다. 아이가 핵가족을 떠나 사회로 진출하면 교사의 영향은 물론 이웃, 또래, 코치 등 환경 요인은 더욱 늘어난다. 가족 내에서 부모의 위치와 영향력을 파악하는 것 역시 치료적 개입을 고려하는 경우에 매우 중요하다. 아이의 치료는 부모의 의지가 있을 때에만 가능하기 때문이다(2장 참조). 부모와의 치료 동맹을 촉진시키려면 아이의 인생에서 부모의 역할을 이해해야 하며, 아이의 문제가 부모의 성인기 발달에 미치는 충격을 인식해야 한다. 이 책에서는 이 두 가지 주제를 반복해서 다룬다.

선천적 능력의 힘

부모가 발달에 영향을 미치는 유일한 요인은 아니며, 부모 자체만으로 예후나 결과가 결정되는 것도 아니다. 정신적 차원에서 언급되기도 하는 욕동(drive) 혹은 충동 등 생물학적 과정도 부모 못지않게 비슷하거나 혹은 더 강력할 수 있다. 아이가 선천적 능력의 힘을 인식하고 나면 외부 상황이 이상적일지라도 아이는 내적 갈등을 경험하고 투쟁하고, 때로는 갈등이 증상으로 이어지는 것을 이해하는 데 도움이 된다. 이러한 갈등은 정상은 물론 병적 행동 모두에서 핵심이 되는 불가피한 과정이다. 갈등과 증상의 문제는 욕동의 힘과 그것을 담을 수 있는 정신 및 환경의 수용 능력 사이의 균형이 맞지 않을 때 특히 더하다. '얄미운 두 살(terrible twos)' 과 초기 청소년기 시절이 대표적이다.

성인과 아동의 차이점

이 책에서 자주 인용하고 있는 Anna Freud의 1965년 저서 *Normality and Pathology in Childhood*에 따르면 아이와 어른 사이에는 크게 네 가지 영역에서 차이가 있다. 이러한 차이는 질적인 차원의 문제다. 즉, 아이의 생각을 어른이 잘못 이해하면 부적절한 반응과 좌절로 이어진다.

자아중심성

그 첫 번째 영역은 '자아중심성(egocentricity)'이다.

유아기 동안 아기는 자신을 돌봐 주는 사람의 존재를 별개의 개체로 여기지 않는다. 단지 아기 자신의 필요와 소망을 수행하기 위해 주어진 역할을 다하고 있는지 아닌지 정도로 감지할 뿐이다. 따라서 그 대상에게 무슨 일이 일어나든 자기 소망의 충족 또는 좌절로만 받아들인다. 엄마가 신경 쓰는 일, 즉 다른 가족, 직장일, 집안일, 취미생활, 그리고 엄마의 우울증이나 질병 혹은 부재, 심지어 죽음조차도 아기 입장에서는 거절과 버림받음의 경험으로만 전달될 뿐이다(Anna Freud, 1965, p. 58).

이는 유아와 걸음마기에 들어선 아기들이 중요한 어른의 행동을 잘못 해석함을 의미한다. 정상 상황이라면 엄마가 아기에게 수도 없이 안심시켜 주고, 둘 사이에서 즐거움을 주고받음으로써 이러한 사소한 일들을 충분히 보상할 수 있다. 하지만 부모와 아기 사이에 엄마의 죽음이나 아기의 버림받음 같은 비극이 발생한다면, 거절당한 느낌은 평생 정서적 상처로 남게 되며 아이의 정서적 및 지적 발달을 저해한다.

정상 상황에서 유아기의 절대적 자아중심성은 아동기가 되면서 상대적으로 바뀐다. 어른이 되면서 인지적 성숙과 안정된 충동 조절에 의해 자아중심성이 완화되면 예측 가능한 수준으로 변한다.

미숙한 성적 구조물(sexual apparatus)

유아의 성기 및 정신 구조는 미숙하기 때문에, 자신의 신체적 또는 지적 경험에 비추어 어른의 성생활을 이해하려고 하다 보면 왜곡된 해석을 하고 오해를 불러일으킨다.

이런 이유로 부모의 성행위는 아이가 보기에 잔인한 폭력 장면으로 잘못 이해될 수 있으며, 부모 한쪽을 희생자 혹은 가해자로 인식하기 시작한다. 훗날 자라나는 아이의 성 정체성에 대한 불안 속에서 부모의 그러한 모습을 찾아볼 수 있다(Anna Freud, 1965, p. 59).

따라서 아이들이 부모의 성행위에 노출되지 않도록 보호해야 하며, 초기 아동기에는 불필요하게 자세한 정보를 주지 않도록 해야 한다. 아이가 삽입, 사정 등 성인의 성 경험에 대한 지식을 가지고 있다는 것은 성인의 성행위에 노출되었거나 혹은 성 학대를 받고 있음을 암시한다. 이 주제에 대해서는 5장에서 자세히 다룰 것이다.

이차적 사고과정이 비교적 약함

어린아이는 합리적·논리적으로 생각하는 힘이 약하기 때문에 세상을 보는 눈이 어른과 다르며 오해하는 일이 많다. 이러한 사실을 알고 있는 부모와 치료자는 어린아이들이 쓸데없는 고집을 부린다든가 외견상 부적절하게 반응하더라도 당황하지 말아야 한다. 예를 들어 보자. 팔이 부러져서 입원한 4세의 사내아이를 봐 달라고 소아과 병동에서 응급으로 자문 요청을 받은 적이 있다. 수술이 끝나고 마취에서 깨어난 아이가 울기 시작했는데 아무리 해도 달랠 수가 없다는 것이다. 우는 이유에 대해서 아이와 이야기를 나눠 보았다. 아이는 자기 팔이 없어져서 팔이 돌아오기를 바란다고 했다. 수술 후 팔에 깁스를 했는데 그 속에 팔이 있다는 것을 알 리가 없는 아이는 자기 팔이 사라졌다고 생각한 것이다. 그래서 아이 엄마에게 인형을 가져오라고 해서 인형의 팔에 깁스를 해 주고는 풀었다가 다시 해 주었다. 아이는 점차 진정하기 시작했다. 깁스 안에 자기 팔이 '무사히' 있음을 알게 된 것이다.

시간에 대한 감각의 차이

어린아이의 마음은 제대로 발달되지 않았으므로 좌절을 견디고 충족을 지연시키는 힘이 거의 없다. 이렇듯 어린아이는 욕구가 즉각 충족되어야 만족하고 인지적으로 미성숙하기 때문에 시간에 대한 감각이 어른과 다르다(Colarusso, 1979, 1988).

젖 먹는 시간 간격, 엄마의 부재시간, 어린이집에 머무는 시간, 입원 기간 등이 아이가 느끼기에 짧은지 긴지, 견딜 만한지 견디기 어려운지를 결정하는 것은 시간에 대한 감각의 차이 때문이다. 훗날 결과적으로 그런 것들이 해가 될지 아닐지 밝혀질 것이다(Anna Freud, 1965, pp. 60-61).

사람들은 임상가에게 Anna Freud가 인용했던 그런 상황에 대해 어떻게 하면 좋을지 자문을 구한다. 이때 임상가가 아이들이 시간에 대해 다른 감각을 가지고 있음을 알고 있다면 아이들의 요구에 어떻게 응할 것인지 조언해 줄 수 있다. 하지만 자신들의 시간을 나름대로 자유롭게 활용하는 데 제약이 있다는 것을 알게 된 부모나 다른 양육자들은 화를 내거나 실망한다.

어른과 아이 사이의 이러한 기본적 차이는 정신치료를 경험하는 데 있어서 각각 직접적인 영향을 미친다. 성인 환자의 경우 직장에서 더 성공하기 위해서 혹은 더 나은 이성관계를 위해 기꺼이 치료에 참여하는 반면, 어린 환자는 '뭔가 뚜렷하지도 않은 현실에 적응해야 하고 즉각적인 욕구 충족과 이차성 이득을 포기해야만 하는 것'에 화가 난다(Anna Freud, 1965, p. 27). 전이 형성의 주요 인자인 반복 성향이 성인에게는 가능하지만, 아이들은 끊임없이 새로운 경험을 원한다. 성인들이 훈습(working through)과정에 기꺼이 참여하는 것과 반대로, 아이들은 자신의 나이에 걸맞는 정반대의 방어기제인 부정, 고립, 투사 등을 사용한다. 소아 치료사가 기댈 수 있는 최고의 동반자는 나이 든 아이나 어른과 경쟁하고 모방하고 싶은 욕구, 어른이 되고자 하는 욕망 등의 발달 과제다.

정상적 아동 발달 현상으로서의 퇴행

　퇴행은 아동기에 흔히 볼 수 있는 현상으로, 최근에 획득한 기능과 능력을 포기하고 이전의 행동, 모습, 기능으로 대체되는 것이다. 정상발달 과정에서 볼 수 있는 퇴행 현상은 일시적이며 스스로 수습할 수 있다. 항상 스트레스와 관련이 있으며 대개 어떤 스트레스인지 파악이 가능하다. 즉, 피곤함, 질병, 부모의 부재, 학교 입학이나 데이트 등과 같은 새로운 발달 과제에 맞닥뜨릴 때 나타난다. 병리적 상황이 두드러지면 퇴행은 점점 심해지고 오래 지속되며, 점차 정신적 기능과 행동에 영향을 미치게 되고, 마침내 '고착(fixation)'이라는 불변의 상태로 접어든다.

　Anna Freud(1965)의 '뒤로 가기(backward moves)'(p. 98) 개념은 운동 조절, 현실감, 대소변 조절, 불안 통제 능력, 좌절 극복, 언어 획득, 초자아 기능 같은 아동기의 중요한 업적을 모두 동반한다. 상급단계의 기능을 획득한다고 해서 그러한 기능이 지속적으로 혹은 변함없이 남아 있는다고 보장할 수 없다.

　반대로 가끔씩 유아적 행동으로 돌아가는 것은 정상적인 모습이다. 따라서 아이들이 논리적으로 또박또박 말하다가도 말도 안 되는 소리를 하거나 심지어 아기처럼 말한다 해도 이상할 것이 없다. 대소변 가리기 훈련은 한 번에 달성되지 않는다. 성공하기도 하고 사고도 치고 실패도 하면서 끝이 안 보이는 '오르락내리락'을 반복한 끝에 달성된다(Anna Freud, 1965, p. 99).

사실 '즉석 변경'과 급격한 '변화' 보다는 이렇듯 '오르락내리락' 같은 점진적 경과 전개를 선호하는 편이다.

아이를 키울 때 그러한 변화가 더 편할 수도 있겠으나, 진단가들은 그러한 변화를 의심의 눈초리로 보게 되며, 순차적 발달의 일반적 흐름으로 보기보다는 정상과정을 뛰어넘는 외부 사건의 영향과 불안 탓으로 돌린다. 경험상 시행착오, 전진과 일시적 후퇴 같은 느린 방법이 정상적 정신건강 성장에는 더 적절하다(p. 99).

발달 궤도의 개념

Anna Freud는 1965년 저서 *Normality and Pathology in Childhood*에서 발달 궤도(developmental line) 개념을 도입하였고, 발달단계별로 발달의 경계를 규정하는 개념을 소개하였다. 여러 가지 발달단계마다 이드(id)와 자아(ego) 사이의 기본적 상호작용을 설명하는 데 이를 사용하면 임상가 입장에서 정상과정과 병적 과정을 규정하기에 편리하며, 부모와의 정보 교환을 위한 의사소통 능력도 향상된다.

Anna Freud가 기술한 발달 궤도 중 대표적인 것으로는 "의존에서부터 정서적 자립 및 성인 대상관계까지(from dependency to emotional self-reliance and adult object relationships)" (pp. 64-68), "젖먹이에서 합리적으로 먹기까지(from suckling to rational eating)" (pp. 69-72), "자아중심성에서 동반자 관계까지(from egocentricity to companionship)" (p. 78) 등이 있다. Robert Nemiroff와 나(1981)

는 이러한 개념을 바탕으로 성인 발달 궤도 개념을 소개함으로써 아동기에서 성인기까지의 다양한 발달 측면을 연결하여 설명할 수 있게 만들었으며, 이 책 전반에 걸쳐 발달 궤도 개념을 활용하였다. 아동기에 발달 궤도 개념을 적용한 좋은 예로 4장(p. 115)의 '똥오줌 지리기부터 방광 및 장 조절까지' 부분을 들 수 있다. 대소변 훈련의 정신내적 중요성을 이해하기 위한 이론적 설명으로 활용할 수 있다.

이로써 아동 발달 주제에 대한 간단한 소개를 마치고, 이어지는 2~7장에서는 아동기의 진단과정 및 생후 첫 10년과 청소년기 10년에 대해 다룰 것이다. 구강기, 항문기, 오이디푸스기, 잠복기, 청소년기의 발달 순서로 진행된다.

02

아동을 대상으로 한
진단과정

서 론

이 장에서는 아동에 대한 정신과적 심층 평가에서 사용되는 기법들과 그 근거에 대해 설명하고자 한다. 임상가는 철저한 평가를 통해 증상군의 원인이 되는 생물학적, 정신적, 환경적 요소를 이해하고 진단을 내린 후, 아동과 그 가족에게 가장 도움이 되는 실용적 치료계획을 세운다

아동을 위한 진단과정은 성인 평가에서 사용되는 방법과는 조금 다르다. 그 이유는 성인과 아동 사이의 발달학적 차이 때문이다. 1장에서 이미 논의한 바와 같이, 이러한 차이는 다음과 같은 진단과정에 영향을 미치게 된다.

1. 아동은 심리적으로 미성숙하기 때문에 성인 환자만큼 평가의 필요성을 이해하거나 평가에 참여하는 것이 어렵다.
2. 아이들은 독립적이지 않다. 그들은 자기 삶의 많은 부분을 통제하는 부모 또는 다른 어른들과 함께 살고 있는데, 이러한 사실은 진단평가에도 영향을 미친다. 부모나 기타 양육자들은 아이를 치료실로 데리고 오는 것뿐 아니라, 아이들의 지식이 부족하거나 지적으로 아직 미성숙하기 때문에 아이가 알려 주기 어려운 현재 및 과거의 정보를 제공해 주어야 한다.
3. 발달은 지속적 과정이므로 진단 기법과 절차는 아동의 발달 수준에 따라 달라진다. 예를 들면, 오이디푸스기에 있는 아동과 청소년의 평가방법에는 큰 차이가 있다.

진단적 평가의 구성 요소는 다음과 같다.

1. 아동의 부모나 기타 양육자, 주치의, 교사와 같은 관련자들로부터 얻는 병력.
2. 아동과의 진단적 면담.
3. 심리학적, 신경학적 또는 교육적 검사와 같은 추가 절차.
4. 진단적 인상.
5. 치료계획.
6. 진단과정에서 얻은 결과를 제시하기 위한 요약 회의.

어린 아동을 위한 평가 절차

어린 아동의 평가와 청소년의 평가는 발달상 차이가 있으므로 구성 요소는 같아도 동일한 방식을 사용하지는 않는다. 신생아에서 잠복기(약 11~12세)까지의 아동을 위한 평가 절차는 다음과 같은 순서를 따른다.

1. 첫 접촉: 거의 언제나 부모나 기타 양육자에 의해 이루어짐.
2. 병력: 대개의 경우 부모들과 3~4회 면담을 통해 얻음. 각 회기는 45분.
3. 아동과의 진단적 면담: 적어도 45분 면담 2회.
4. 추가 과정: 병력 청취와 진단적 면접을 통해 얻어진 자료를 평가한 후에 필요하면 진행.
5. 진단가에 의한 진단 및 치료 구성.
6. 부모와 개별적 요약 회의.

첫 접촉 첫 접촉은 방문이나 전화를 통해 이루어진다. 어떤 경우라도 전문적 도움을 구하기로 결정한 경우에는 상당한 정도의 두려움, 불안, 의혹의 감정이 동반된다는 것을 꼭 기억해야 한다. 아이를 자신의 책임이나 일부로 생각하는 부모들은 실제 또는 상상 속의 자신들의 잘못에 대해 비난받을 것을 예상한다. 즉, 도움을 청하는 행동 자체가 흔히 상당한 정도의 죄책감을 수반한다. 아동의 입장에서 보았을 때, 나이에 따라 다르겠지만 정신건강 전문가는 그저 또 다른 힘있는 어른이나 불안하게 하는 낯선 사람일 뿐이다. 청소년의 경우는 우려와 수치심을 일으키게 하는 대상이다. 진단가의 따뜻하고 우호적인 통화 목소리나 악수를 동반한 유쾌한 응대, 앞서 언급한 부정적 감정에 대한 세심한 배려는 불안을 감소시키고 성공적 진단과정의 토대가 된다.

어린 아동을 평가할 때 아이들이 치료의 필요성을 인식하기도 어렵고 평가과정에 참여해야 한다는 책임감을 갖도록 하는 것도 쉽지 않아서 첫 만남은 불가피하게 어른들끼리만 진행된다.

병력　아동은 현재의 문제나 과거의 경험을 정리된 방식으로 서술할 수 없기 때문에 부모로부터 병력을 얻게 된다. 이런 정보들은 아동을 만나기 전에 얻는다. 그 이유는 진단가가 아동의 주된 의사 표현 형태인 놀이나 불완전한 언어 표현을 이해하는 데 도움이 되기 때문이다. 병력은 (1) 신원 정보, 주 호소, 현 병력, (2) 발달력, (3) 부모 과거력으로 나뉜다.

아동과의 진단적 면담　아동이 부모와 떨어진 뒤 놀이방을 편안하게 느끼기 시작하면 행동과 말로 의사소통을 시작할 것이다. 면담시간 동안 진단가는 발달이론에 대한 이해와 각 아동에 대한 지식을 바탕으로 아동의 정상적 측면과 병리적 측면을 평가한다. 심리학적 검사, 교육학적 검사 또는 의학적 진단과정의 필요 여부는 병력 청취와 진단적 면담을 통해 현재의 문제들이 드러난 후에 결정할 수 있다. 추가 절차를 시행할 경우 아동이 불안해하는 상황이 생길 수 있고 추가 비용이 발생할 수 있다. 따라서 그런 절차를 통해 얻을 수 있는 정보들이 명확한 진단적 인상을 얻는 데 필수적인 경우에만 요청해야 한다.

추정 진단과 치료 계획의 수립　　필요한 정보를 모으고 나면 힘든 작업이 시작된다. 추정 진단을 세워 나가는 과정은 첫 만남부터 시작되지만, 병력, 면담, 추가 검사를 통해 얻은 정보들을 충분히 고려한 후 이루어진다. 기술적, 역동적, 발달적 측면에서의 진단을 내리고 나면 이러한 진단들과 환자의 현실 상황에 기반을 둔 치료 방법을 권한다.

요약 회의　　어린 아동에 대한 평가를 완료한 후, 그 과정에서 알게 된 것들을 부모에게 자세히 알려 주기 위한 회의가 열린다. 아동은 참석하지 않는다. 논의되는 개념들을 아동이 충분히 이해하지 못할 뿐 아니라 정보 자체 또는 정보에 대한 부모의 견해나 반응에 노출됨으로써 불필요한 불안을 경험할 수 있기 때문이다. 최종 회의를 준비할 때, 진단가는 진단과정을 통해 얻은 소견을 정리하고 어떤 방식으로 부모에게 명확하고 편안하게 제시할 것인지를 생각해 보아야 한다. 미리 준비된 내용이 체계적으로 전달되면 부모는 자신들의 근심거리를 치료자가 심각하게 받아들였으며 철저히 분석한 것으로 느낀다. 치료적 권고를 받아들이는 사람이 아이가 아닌 부모라는 점에서 이러한 시도는 매우 중요하다. 평가기간은 진단을 위한 기능 이외에도 처음에는 타인이었던 사람에게 자신의 아이를 맡겨도 될 것이라는 신뢰관계를 형성하는 기간이다. 미래의 치료자와 부모 사이에 동맹관계가 잘 형성되지 않는다면 치료가 시작되기도 전에 탈락하는 경우가 많다.

청소년을 위한 평가 절차

청소년에 대한 진단과정은 어린 아동의 경우는 다르다. 그것은 둘 사이의 발달적 차이 때문이다. 청소년 환자를 평가하기 위해 다음 사항을 명심하는 것이 중요하다.

1. 청소년은 심리적으로 부모로부터 분리되는 과정에 있으므로 한 개인으로 인정받고 대접받기를 원한다.
2. 사춘기에는 성적 감정이 급증하므로 타인들, 특히 어른과 마음을 열고 밀접한 관계를 맺기가 어렵다.
3. 청소년은 진단과정의 복잡성을 이해할 수 있으며 적극적으로 참여할 수 있다. 그들은 병력을 제공할 수 있고, 부모의 도움 없이 마음 상태와 외부 상황에 대해 설명할 수 있다. 또한 청소년은 진단적 소견과 치료적 권고를 이해할 수 있으며, 치료를 받아들일지 거절할지 등의 의사결정 과정에 참여할 수 있다. 이러한 이유로 평가과정은 어린 아동에서 사용된 것과 차이가 있다.

첫 접촉은 역시 부모와의 전화 통화다. 부모와 대화 후 임상가는 진단과정에 대해 대략적으로 결정한 후, 진단적 면담 일정을 직접 청소년과 짜는 것이 좋다. 청소년 자녀와 병원 진료 일정 문제로 언쟁하게 될 것을 걱정하고 있는 부모라면 이 같은 제안을 듣고 나서 한숨 돌리게 된다.

청소년과의 진단적 면담은 우선 다음과 같은 내용을 전달하고자 함이다. "나는 너를 한 개인으로서 존중한단다. 이 진단과정에서 우선적으로 너에 대해 무엇을 알아야 하는지 궁금하기도 해. 나는 네가 독립심을 키우고 있는 것은 물론이고 면담에 참여할 수 있는 능력이 있다는 것을 인정한단다."

부모와의 병력 청취를 위한 면담은 그 후에 이루어지며, 어린 아동의 경우와 동일한 기능을 갖는다. 필요하다면 추가 검사를 통해 부가적인 자료를 얻을 수 있다.

진단과 치료 계획은 이후에 세운다.

그리고 나면 두 번의 요약 회의가 필요하다. 첫 번째는 청소년과 단독으로 하고, 두 번째는 부모와 함께 한다. 이 같은 순서는 청소년을 존중한다는 강력한 메시지를 전달함과 동시에 청소년이 권고를 받아들일 가능성을 높인다. 또한 그렇게 되면 청소년 자녀는 자기 부모가 어떤 정보를 듣게 될 것인지를 미리 알게 되어 이견이 있는 경우 진단가와 함께 논의할 수 있다. 부모와의 회의는 가능하면 빨리 잡혀야 하고, 같은 날 이루어지는 것이 이상적이다. 청소년과 부모는 치료적 권고에 대해 함께 논의하여 결정한다.

분명히 이러한 지침은 상황, 진단, 그리고 다른 요소들에 의해 변경될 수 있다. 소아정신과에서는 드물지만 확실한 응급 상황이나 심한 정신지체 혹은 정신병적 청소년을 평가하는 경우가 그 예다. 또한 이 지침은 어쩔 수 없이 일어나는 비전형적인 상황들에는 적용하기 어렵다. 상식, 발달과정에 대한 충분한 이해, 세심함, 공감 등을 토대로 모든 상황에서의 지침이 결정된다.

자료 취합과 기록

진단적 자료를 모으고 기록하는 것은 상이하지만 밀접하게 연관된 과정이다. 진단적 과정과 발달이론에 대해 이해한다면 단계별 이론적 근거가 생기고, 그에 따라 모든 필요한 자료를 가능한 한 세심하고 효과적으로 얻을 수 있다.

취합된 정보는 필요에 따라 원래의 형태로 남기거나 구두 또는 서면 보고를 위해 정리한다. 다음의 지침은 정보를 취합하고 정리하는 데 필요한 기법을 담고 있다. 이 장의 말미에 완성된 평가 사례를 제시하였다. 신원 정보는 다음과 같이 정리한다.

신원 정보

1. 아버지의 성명, 연령, 직업, 인상착의.
2. 어머니의 성명, 연령, 직업, 인상착의.
3. 나이순으로 형제자매의 성명, 생년월일, 학교, 학년, 특징.
4. 같은 세대에 사는 다른 사람들의 성명, 연령, 같이 사는 이유.

신원 정보는 아동 삶의 현실과 그들의 문제를 이해하기 위한 토대를 제공한다. 아동의 증상과 발달은 부모와 형제의 존재 여부, 사회경제적 수준, 기타 다른 삶의 환경에 의해 영향을 받을 것이다. 아이가 입양되었는지 여부, 자녀와 부모, 자녀들 간의 관계가 생물학적인지, 재혼에 의한 관계인지, 혹은 위탁에 의한 것인지를 확인해야 한다. 생년월일은 연령보다 중요한데, 그 이유는 증상,

생활 사건들, 발달 순서 간의 관계를 보다 정확한 연대순으로 알 수 있기 때문이다.

어린 아동의 평가에서 부모는 이러한 정보를 제공한다. 청소년의 평가는 청소년과 부모로부터 각각 이 같은 정보를 얻게 되는데 양쪽의 태도와 강조점의 차이에 유념해야 한다.

의뢰한 사람 또는 기관

간단하게 의뢰된 곳과 의뢰 절차에 대해서 기술한다. 이는 의뢰 사유가 가정 내외 어디에 있는지 파악하는 데 도움이 된다. 또한 이러한 자료를 기록해 두면 의뢰한 사람이나 기관에 감사를 표시하거나 아동을 도와주는 사람 또는 기관(학교)에 평가 소견에 대한 정보를 전해 주는 것을 잊지 않도록 도와준다.

주 호소

주 호소는 (1) 아동의 말, (2) 부모의 말, (3) 다른 의뢰기관의 말, 예를 들면 학교나 소아과 의사의 말로 표현되어야 한다. 아이, 부모, 의뢰기관은 서로 다른 이해관계와 걱정을 가지고 있기 때문에 주 호소가 매우 다양하게 나타날 수 있다. 주 호소는 '애가 밤에 오줌을 싸요.' '아이가 감당이 안 돼요.' '교실에서 다른 애들을 방해해요.' 와 같은 문장이나 구로 기록한다.

현 병력

부모와의 첫 면담은 흔히 현 병력을 청취하는 시간이 된다. 부모가 스스로 원하는 방식으로 자신의 걱정을 이야기하도록 격려해야 한다. 그렇게 함으로써 부모는 정보의 양을 조절할 수 있게 되고, 당황스럽거나 준비가 안 된 상태에서 진단가의 질문에 의해 민감한 부분을 자세히 노출하도록 압력을 받을지도 모른다는 생각에서 오는 불안을 감소시킬 수 있다. 이러한 기법을 통해 부모에게 자신의 감정과 방어를 존중한다는 느낌을 주고, 그들의 생각과 걱정을 진단가가 중요하게 생각한다는 것을 강조할 수 있다.

비슷한 과정을 거치기는 하지만, 청소년의 경우 진단가는 환자가 자신의 걱정을 묘사하는 데 있어서 힘들어하거나 망설이면 보다 적극적인 역할을 하도록 준비하고 있어야 한다.

환자 또는 부모에게 스스로 말할 기회를 준 다음, 현 문제를 보다 잘 이해하기 위해 정보에 대한 추가 질문을 한다.

서면 또는 구두 보고를 위한 정보를 기록하는 데 있어서 각 증상은 (1) 간단명료하게, (2) 연대순으로, 특히 주요 발달 주제와 연관 지어서, (3) 현재의 상태를 더 심각하게 하거나 경감시키는 어떤 외부적 영향이 있는가의 견지에서 기술해야 한다.

발달력

정상과 병리적 발달과정에 대한 우리의 지식을 활용하여 발달력에 대한 정보를 얻으면 환자의 과거에 대해 자세히 이해할 수 있게 되고, 이러한 과거의 경험이 증상 형성에 어떤 영향을 미쳤으며 현

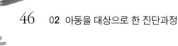

재와 미래의 정상 발달과정에 어떤 방해요인으로 작용할지 고려해 볼 수 있다. 즉, 발달력 청취를 통해 우리는 환자들의 인생 역정의 독특함을 이해할 수 있게 된다. 따라서 우리가 내리는 진단적 인상은 동일한 진단 범주 안의 어떤 사람에게나 적용할 수 있는 모호한 일반화 이상의 것이 될 수 있고, 치료적 제안 역시 환자의 특수한 요구를 반영할 수 있다.

이제부터 소개할 발달력에서 얻어야 할 정보들은 아동기 발달이론을 정제해 놓은 것들이다. 이러한 지침은 진단가가 보다 체계적으로 정보를 얻고 정리해서 보고하는 데 유익하다.

아동의 발달에 대한 어떤 정보들은 부모나 아동에 의해서 자발적으로 전달된다. 그 외의 것들은 현 병력을 청취한 방법보다 적극적이고 체계적인 질문을 통해 얻을 수 있다. 부모에게 영아기와 아동기 초기에 대한 자세한 내용을 기억하는 데 도움이 되도록 육아일기, 사진, 보고서나 다른 자료들을 가지고 오라고 말한다. 청소년은 잠복기와 청소년기 동안의 발달력을 제공할 수 있지만, 보통어른들과 마찬가지로 오이디푸스기 말에 나타나는 전반적인 억압현상(blanket repression)으로 인해 생후 첫 5∼6년 동안에 대해서는 잘 기억하지 못한다.

임신, 분만, 출산　(1) 계획된 임신이었는가? (2) 이전 임신이나 출산의 경험이 있었는가? (3) 임신 중의 문제가 있었는가? 어머니에게 어떤 질환이나 합병증이 있었는가? 어머니가 약물이나 알코올 남용을 하지는 않았는가? (4) 어머니는 임신기간 중 얼마나 체중이 증가했는가?(정상적으로 약 9kg) (5) 부모의 심리적 건강 상태는 어떠하였는가? (6) 부모는 아기에 대해서 원하는 성별이 있었는가? (7) 임신기간 중 부부관계는 어떠했는가? (8) 분만시간은 얼마나 지속되었나?(초산인 경우 약 12~14시간, 이후에는 감소됨) (9) 분만 시 합병증이 있었는가? (10) 자연분만이었는가, 유도분만이었는가? (11) 정상분만이었는가(머리 먼저), 둔위분만이었는가?(합병증의 가능성이 높음) (12) 질식 분만이었는가, 제왕절개술을 통한 분만이었는가? (13) 출생 시 아기의 상태는 어떠했는가? (14) 소아과 의사가 아기를 검진하였는가? (15) 분만과 출산 시 아버지가 함께 있었는가? (16) 아이의 이름은 어떻게 정하였는가?

생후 첫 일 년(구강기)　　(1) 아기를 돌보기 위한 심리적 준비가 되어 있었는가? (2) 양육을 위해 얼마나 많은 시간을 할애하였는가? (3) 양육의 질은 어떠했는가? 부부 사이는 어떠했는가? (4) 모유 수유를 했는가, 분유를 먹였는가? 젖을 잘 빨았는가? (5) 24시간 주기에 적응하기 시작한 시기는 언제인가?(생후 6주경부터 야간 취침 시간이 길어짐) (6) 아기의 기질은 어떠했는가? (7) 미소 반응은 언제 일어났는가?(약 3개월) (8) 손가락을 빠는 것이 심했는가? 공갈 젖꼭지를 사용했는가? (9) 이유는 언제 시작했는가? (10) 아이가 중요한 질환을 앓았거나 수술을 받았는가?

생후 1~3년(항문기)　　(1) 언제 말을 시작했는가?(한 단어는 1세경, 짧은 문장은 2세경) (2) 대근육과 미세근육 발달은 어떠했는가?(2세경 달리기, 3세경 연필과 크레용을 사용하고 계단을 오를 수 있음) (3) 부모와 오랜 기간(수일 이상) 떨어져 있던 경험이 있었는가? (4) 아이가 일차 양육자로부터 신체적으로, 심리적으로 서서히 분리되었는가? (5) 생후 3세까지 대상항상성을 획득했는가? (6) 대소변 가리기는 언제 시작했는가? 어떤 방식으로 이루어졌는가? (7) 거부중(negativism)과 '얄미운 두 살(terrible twos)' 때 행동 양상은 얼마나 심했는가? (8) 부모는 공감적이고 일관성 있게 제한 설정을 할 수 있었는가?

3~6세(오이디푸스기) (1) 동성 부모에 대한 아이의 태도는 어떠했는가? (2) 아이는 성에 대해서 궁금해했는가? 자위행위를 하는 것이 관찰되었는가? (3) 자신의 성별에 대한 아이의 태도는 어떠했는가? (4) 부모는 아이의 오이디푸스기 갈망에 대해서 어떻게 반응하였는가? 유혹적이었는가? 처벌적이거나 제한적이었는가? (5) 영아기 신경증(infantile neurosis)의 징후가 관찰되었는가? (6) 어린이집이나 유치원에서 아이의 첫 경험은 어떠했는가? 아이가 부모로부터 쉽게 분리되었는가? 교사나 또래와 잘 어울렸는가? 학습에 필수적인 지적 성숙도를 갖추고 있었는가?

6~11세(잠복기) (1) 아이는 핵가족에서 떨어져 나와 편안하게 사회로 향할 준비가 되어 있었는가? (2) 초등학교 시기에 학습 능력은 어떠했는가? 교사와 잘 지냈는가? 아이가 또래에게, 특히 동성 친구들에게 잘 받아들여졌는가? (3) 양심발달이 잘 이루어졌다는 증거가 있었는가? 공상과 행동에 대한 통제 능력이 증가되었는가? (4) 동성 또래와 어른에 대한 강한 성 동일시를 보였는가? (5) 신체적 성숙과 증가된 지적 능력을 통해 운동, 예술, 사회 기술과 취미를 갖게 되었는가?

11~20세(청소년기) (1) 사춘기는 언제 일어났는가? 이에 대한

청소년의 반응은 어떠했는가? 준비가 되어 있었는가? (2) 초기 청소년기에 성숙해 가는 자신의 신체에 대해 점진적으로 잘 받아들였는가? (3) 감정 기복, 비일관적 행동과 퇴행 등 정신내적 변화가 일어나고 있다는 외부 증거가 있었는가? (4) 이차 개별화, 부모로부터의 신체적 · 심리적 분리가 서서히 일어났는가? (5) 청소년의 삶에서 또래가 점점 더 중요한 부분이 되었는가? 또래관계의 특성은 어떠했는가? (6) 중기 청소년기에는 이성교제로 이르는 성적으로 성숙한 신체의 통합이 이루어지고, 후기 청소년기에는 성생활이 시작되었는가? (7) 동성애적 사고, 감정, 행동에 대한 청소년의 태도는 어떠했는가? (8) 중학교와 고등학교 때 청소년의 학업 수준은 어떠했는가? 교사와 잘 지냈는가? 이후의 학업이나 직업에 대한 계획은? (9) 추상적 사고 능력이 나타나고 발전되었는가? 사회, 도덕, 종교적 가치에 대한 청소년의 태도는 어떠했는가?

9장 '성인의 발달 진단과정'에서 성인기 발달에 대한 비슷한 종류의 질문들을 다룰 것이다.

부모 과거력

부모의 과거 경험과 현재의 아동에 대한 양육방식 간의 연관성을 알아보기 위해서 부모의 아동기와 성인기의 주요한 경험, 그리고 현재 삶에 대한 간략한 정보를 얻어야 한다. 자발적으로 보고하는 정보들은 흔히 아이의 증상을 이해하는 데 매우 도움이 된다. 다음의 예를 보자.

"저도 조앤처럼 아홉 살까지 밤에 오줌을 쌌어요."

또는

"내가 톰을 임신했을 때 어머니께서 돌아가셨어요. 신은 한 생명을 주고 다른 생명을 데리고 가셨지요."

가능한 한 양쪽 부모가 모두 진단과정에 참여해야 한다. 두 사람을 함께 보는 것이 좋을지, 개별적으로 만나야 더 많은 정보가 나올지 결정해서 두 사람을 모두 면담한다. 많은 임상가들이 자신들의 두려움이나 불안 때문에 독선적이거나 까다로운 부모, 특히 아버지와 면담하는 것을 기피한다. 이것은 흔히 치료자가 부모의 힘과 통제력에 취약한 아동의 위치를 자신과 무의식적으로 동일시하기 때문에 발생한다.

진단적 면담

면담을 하기 전에 아이를 준비시키기 위해서는 부모에게 조언을 해 주어야 할 경우가 많다. 이 과정에서 명심해야 할 두 가지 사항은 다음과 같다. 첫째, 반드시 아이에게 임상가와 만날 것이라는 것을 미리 알려야 한다. 아주 어린 아동의 경우 2~3일 전에, 잠복기 아동에게는 일주일 전에 알린다. 청소년에게는 첫 전화 접촉으로 약속을 결정할 때 만남의 성격에 대해서 이야기해야 한다.

둘째, 부모가 아이에게 면담 중 어떤 일이 일어날지에 대해 솔직하고 단순하게 말하도록 부탁한다. 부모는 아이를 자극하거나 저항을 부추길까 하는 두려움 때문에 이 과제를 피하려는 경향이 있다. 임상가는 아이와의 첫 면담 때 자신과의 만남에 대해서 부모로부터 어떤 이야기를 들었는지 물어보도록 한다.

부모에게 아이와 면담하는 동안 아이에게만 주의를 집중할 것이라고 미리 알려 주고, 부모가 아이 앞에서 추가 정보를 주거나 질문을 하지 않도록 충고한다. 대기실에서 아이를 처음 만났을 때, 간단한 자기소개를 한 후 따뜻하게 환영해 주면서 아이가 얼마나 불안해하는지, 부모와 떨어질 수 있을지 여부를 평가한다. 매우 어린 아동이나 극심한 분리불안이 있는 아동의 경우, 부모에게 놀이실까지 동행해서 아이가 부모와 떨어지는 것에 대해서 편안하게 느낄 때까지 함께 있어 달라고 부탁할 필요가 있다.

일단 놀이방으로 들어가면 아이로 하여금 어떻게 면담을 이끌지 결정하도록 한다. 어떤 아이는 즉시 놀기 시작하지만, 어떤 아이는 앉아서 지시를 기다린다. 청소년의 경우는 연령과 문제에 따라 첫 면담에 혼자 올 수도 있고 부모와 함께 올 수도 있다. 어떤 경우라도 아이를 존중해 주는 태도를 취하고 따뜻한 악수를 청한다면 아이가 불안을 덜 느끼고 면담에 협조적으로 임할 것이다.

이러한 면담의 목적이 진단을 위한 것이라는 것을 기억하라. 즉, 불필요하게 관심을 끌지 않으면서 환자의 성격구조와 문제에 대한 정보를 최대한 얻어 내는 것이 중요하다. 아동은 놀이와 대화를 통해 자신을 드러낸다. 청소년은 대체로 대화하는 것을 선호한다. 많은 아동과 청소년이 자신의 증상에 대해 직접적으로 이야기하려고 하지 않을 것이며, 그것에 대해서 직접적으로 물어보는 것이 항상 바람직하거나 필요한 것은 아니다. 진단가의 경험과 아동 발달 및 정신병리에 대한 지식이 늘면 환자가 불가피하게 놀이와 말로 표현하는 파생적 자료들을 평가하는 것도 수월해진다. 진단적 면담에서 해석은 그다지 중요하지 않다.

면담과정 중 다음과 같은 영역을 평가하기 위한 정신상태 검사를 수행한다.

1. 외모와 행동: 아이의 키, 몸무게, 체격을 관찰한다. 비전형적 신체 운동이나 매너리즘이 있는지 여부, 신체 활동의 정도, 옷차림을 살핀다.
2. 언어의 특징: 아이가 말하는 속도, 리듬, 정확성에 주의한다. 나이에 적합한 어휘를 구사하는가, 언어장애가 있는가를 평가한다.
3. 정동: 가장 두드러지는 감정 톤은 어떤 것인가? 정동이 사고의 내용에 적절한가? 아이가 나이에 적합한 방식으로 자신의 감정을 언어로 표현할 수 있는가?
4. 대상관계: 환자가 자신과 타인을 분명히 구분할 수 있는가? 치료자와 관계를 맺는 능력의 수준은 어떠한가?
5. 사고: 연령에 적합한 현실 검증 능력과 이차 과정의 사고를 할 수 있는지 평가한다. 공상의 성격과 내용, 백일몽, 두드러지는 방어기제, 지속되거나 지나친 주제에 대해서 탐색한다.
6. 지능: 아이의 지능 수준을 어휘, 지식의 양, 운동 기술을 관찰함으로써 추정한다.
7. 지남력: 아이가 시간, 사람, 장소에 대한 지남력이 있는가?
8. 병식을 가질 수 있는 능력: 아이의 자기성찰 능력은 어떠한가? 자신의 생각과 행동을 관찰하고 검토할 수 있는가?
9. 동기: 환자가 자신의 고통스러운 생각, 감정, 행동을 없애고

자 하는 의지가 있는가? 환자가 문제에 대해서 논의하거나 그
것들을 놀이를 통해 보일 수 있는지를 고려한다.

추가 과정

심리학적 혹은 교육학적 검사나 의사 또는 다른 전문가들에 의
해 행해진 검사에서 얻은 자료를 기록한다.

기록의 검토

진단적으로 의미 있는 기록들을 요약하여 기록한다.

진 단

진단과 치료 계획의 구성이란 환자에 대한 자세한 이해를 다른
사람들에게 의미 있게 전달할 수 있는 개념으로 옮기는 과정을 말
한다. 가장 완성된 형태로서의 진단적 인상을 기술적, 역동적, 발
달적 측면의 세 가지 방식으로 표현한다.

1. 기술적 진단: 가장 널리 사용되는 기술적 진단체계는 미국정
   신의학회(American Psychiatric Association: APA)에서 발행한
   DSM(Diagnostic and Statistical Manual of Disorders)의 3판
   (DSM-III-R; APA, 1987)[1]이다. DSM 체계에는 환자의 정신내

---

1) 역주: 현재는 DSM-IV-TR(2000)을 사용하고 있으며, 2013년경 DSM-V가 출판될 예
   정이다.

적 삶이나 발달에 대한 설명이 포함되어 있지 않으므로 역동
적 및 발달적 진단을 추가한다.

2. 역동적 진단: Freud의 지정학적 이론(의식과 무의식) 및 구조
   이론(이드, 자아, 초자아)을 활용하여 환자의 증상을 정신내적
   갈등, 충동, 방어로 설명한다.

3. 발달적 진단: 각 발달단계에서 환자의 인생 경험을 통해 그 환
   자의 성격이 정상인지 병적인지를 이해한다. 발달단계에 따
   라 증상을 추적하고, 그것이 그 단계의 발달 과제에 어떤 영향
   을 미쳤는가를 기술한다.

치료적 권고

치료적 권고는 자세하고 구체적이어야 하며 환자의 정신병리와
상황에 맞추어 제시되어야 한다. 지금까지 기술한 바와 같은 면밀
한 진단과정을 통해 얻은 방대한 정보에 근거하여 제시한다면 부
모와 아동 또는 청소년이 치료 권고를 받아들일 가능성은 높을 것
이다.

요약 회의

환자는 자신의 문제에 대해 임상가로부터 잘 정리되고 준비된
요약과 권고를 들을 권리가 있다. 되도록 전문용어를 사용하지 않
고 그들이 이해할 수 있는 방식으로 정보를 제공하고 설명함으로
써 치료에 대한 결정을 내리는 것을 돕는다. 정직하고 친절한 태도
도 중요하지만 환자의 문제와 치료 필요성에 대해 현실적 대책을

제시하는 데 지장이 있을 정도가 되어서는 안 된다.

누구를 대상으로 회의를 하는가에 따라서 임상가의 말과 태도는 달라질 것이다. 예를 들면, 부모에게 이야기할 때와 청소년에게 이야기할 때는 다를 것이다.

어떤 경우든 임상가의 권고에 대해서 집으로 돌아가 며칠 동안 논의하고 고려해 볼 것을 제안하는 것이 현명하다. 급하게 치료를 받겠다고 하거나 치료 개시에 대한 즉각적 결정을 하도록 설득된 환자들은 언젠가 탈락될 수 있고, 이것은 환자와 치료자 모두에게 좌절과 고통이 된다.

지금까지 기술된 방식으로 접근한다면 환자에 대해 명확하게 이해할 수 있는 완성도 높은 평가를 할 수 있을 것이다. 아울러 당신과 미래의 환자 그리고 가족 사이에 존중과 이해를 바탕으로 하는 관계(치료적 동맹관계)를 형성함으로써 치료적 권고가 받아 들여질 가능성이 높아진다.

증례 보고

다음은 아홉 살 된 한 아동에 대한 진단적 평가보고서로서 네 번의 부모 면담, 아동과 두 차례 진단적 면담, 그리고 심리검사를 통해 얻은 자료를 토대로 만들어졌다.

1. 신원 정보
(1) 아버지: 조지, 37세, 키가 크고 말랐고 조용한 약사.
(2) 어머니: 루이즈, 35세, 약간 살이 쪘으며 사랑스러우나 불안

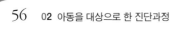

해 보이는 가정주부.

(3) 짐: 환자, 1976년 7월 5일생, 다부지고 에너지가 넘치는 만 9세 소년, 평가 시작 당시 초등학교 4학년 재학.

(4) 해럴드: 짐의 친남동생, 1980년 8월 14일생, 당시 외향적이고 상냥한 초등학교 1학년생.

(5) 캐럴: 1982년 12월 7일생, 짐의 친여동생, 당시 유치원을 다니고 있으며 대체로 잘 지내지만 약간의 분리불안이 있음.

2. 의뢰인

짐의 어머니가 성인정신과 전문의이면서 소아정신과 전문의이기도 한 자신의 치료자와 논의 후 평가를 위해 데리고 왔다.

3. 주 호소

(1) 부모: "아이가 만족스러워하거나 편안해하지 않아요. 분노발작을 보이고 매우 자기중심적이에요. 친구들과 잘 지내지 못해요."

(2) 짐: "부모님은 제 얘기를 듣지 않아요. 저보다 남동생을 더 좋아해요. 가끔 방울뱀이 제 침대 밑에 있다고 생각해요."

4. 현 병력

짐은 1학년 때부터 스스로 불행하다고 여기기 시작했고 부모가 자신을 이해하거나 좋아하지 않고 남동생을 편애한다고 불평하였다. 짐의 엄마는 '아이가 만족하는 법이 없고 달랠 수도 없다.'고 했다. 두 살 때부터 분노발작이 시작됐다. 이는 짐이 방치되었거나 학대를 받는다고 느낀 상황에서 일어났다. 예를 들면, 짐이 전화

통화를 하고 있을 때 가족 중 누군가가 시끄럽게 떠들면 울부짖고 소리를 지르고 탁자를 치고 책을 던졌다. 어떤 경우에는 바닥에 몸을 던지며 난리를 쳤다. 친구관계의 어려움은 다른 남자애들과의 관계를 통제하려고 하거나 그들을 완전히 피하는 데에서 온 듯하였다.

짐의 공포증은 부모가 아닌 짐 자신이 보고하였다. 한 달에 수차례 악몽을 꾸고 방울뱀이 침대 밑에 있지 않나 걱정하였다. 짐은 뱀이 진짜로 있는 것은 아니라는 것을 알지만 혹시 '투명' 뱀이 아닐까 의심했다. 두려움은 가벼운 강박적 집착으로 발전하였으며, 잠들기 어려울 때도 있었다.

5. 발달력

짐은 계획된 임신과 순조로운 출산과정을 통해 태어났다. 영아기에 모자관계는 가깝고 일관성이 있었다. 어머니는 그녀 자신이 치료 받았던 것(다음의 '부모 과거력' 참조)과 짐의 문제는 무관하며, 그것이 아들을 사랑하고 돌보고자 하는 소망이나 능력을 방해하지는 않았다고 느꼈다. "짐은 건강하고 조용한 착한 아기였어요. 전 특히 짐에게 젖 먹이는 시간을 좋아했어요. 아이는 그럴 때 특히 반응을 잘 보여 주었지요."

짐은 18개월 때 이유를 시작하였으나 아기가 원해서 취침 전 분유 수유를 2세 반까지 하였다. 배변훈련은 3세 때 완료되었다. 이 시기 중 심하진 않지만 간혹 짐이 거부증을 보이거나 순종하지 않으려고 할 때 부모가 분노와 좌절감을 참지 못하고 폭발하기도 하였다. 어머니는 뒤로 물러나서 양보하는 식이었고, 아버지는 보다 완고했다. 하지만 두 사람 모두 오이디푸스기와 잠복기 동안 본

질적으로 짐의 충동에 대해 존중하는 태도를 유지하였다. 짐은 점차 적극적이 되었고 자기만의 방식을 주장하였다. 3세가 되었을 무렵, 짐은 강한 자기감(sense of self)을 가진 아이가 되었다.

3~6세의 오이디푸스기에 일어난 일에 대해서는 부모 모두 질문에 대해 심한 불안을 보여 정보를 얻기가 힘들었다. 그러나 그들은 4~6세 사이에 짐이 집 안에 방울뱀이 있지 않은지 걱정했다는 것을 기억하였다. 성적인 질문을 많이 했고, 부모는 매우 자세히 설명해 주곤 하였다. 하루는 저녁식사 중 아버지가 짐에게 크고 강해지려면 잘 먹어야 한다고 가볍게 충고하였다. 몇 분이 지난 뒤 짐은 이것도 크고 강해졌다고 말하며 자랑스럽게 발기된 성기를 보여 주었다. 아버지는 짐에게 자위행위를 하고 싶으면 그의 방으로 가라고 말하였다. 이 시기에 짐은 확실히 엄마를 더 좋아했다. 특히, 엄마 침대에 기어 올라가거나 엄마 옷 구경하는 것을 즐겼다. 그의 부모가 '개방정책'을 선호했으므로 아이는 밤낮없이 부모의 침실과 화장실을 자유롭게 왕래할 수 있었다.

학교에서 공부는 꽤 잘했지만 차분히 앉아서 과제를 끝내는 것은 조금 힘들어하였다. 그는 요구가 많고 미성숙해서 친구관계를 오래 유지하지 못했다.

6. 부모 과거력

짐의 아버지는 외아들이었다. 온전한 가족에서 자랐고 아동기에는 수줍음이 많고 학구적이었다. 과묵한 남자인 아버지는 짐의 까탈스러움과 분노발작을 몹시 싫어했다. 스스로를 억제하는 성격으로 보였고 치료가 필요할 것 같았다.

어머니는 4남매 중 막내였다. 그녀의 부모는 문제가 많은 결혼생활을 했으나 헤어지지는 않았다. 그녀는 자신이 어릴 때 불행했다고 하였다. 짐과 마찬가지로, 그녀는 부모가 자신을 방임하고 이해하지 못한다고 느꼈다. 그녀는 자신의 불안과 낮은 자존감을 개선하기 위해 치료를 받았다.

7. 진단적 면담

짐의 부모에게 아이가 왜 나를 만나야 하는지에 대해서 말해 주고, 사무실 환경, 면담시간이 얼마나 걸릴지 등 아이의 궁금증에 대해서 대답해 줄 준비를 하라고 격려하였다. 또한 면담하기 며칠 전에 아이에게 면담에 대한 이야기를 해 주어서 아이가 궁금해하거나 걱정하는 것들에 미리 생각할 수 있는 시간적 여유를 가지라고 하였다. 아버지가 아이를 면담에 데리고 오기로 하였고, 인사 후 아이가 면담을 하는 동안에 대기실에서 기다려 달라고 부탁하였다.

나와 짐이 처음 만나 인사를 한 후, 짐은 면담실로 뛰어들어가 카우치에 앉았다. 확실히 긴장되어 보였고 잠시 동안 주위를 파악하려는 듯 보였다. "선생님이 텔레비전에 나오는 정신과 의사들과 비슷한지 보고 싶었어요. 그런데 그렇지 않네요. 대머리도 아니고 뚱뚱하지도 않고 말이에요." 이 똘똘하고 매력적인 아이에게서 불안감, 솔직함, 나와 관계를 맺으려는 갈망을 보고는 감명을 받았다. 아버지가 그렇게 하라고 격려한 듯, 짐은 자신의 걱정에 대해서 이야기하기 시작했다. 짐은 정신과 의사들이 어떤 일을 하는지 알고 있었고 부모가 말하듯 자신이 불행하다는 것에 동의했다. 불행한 이유에 대해서 묻자 부모가 자신의 남동생만 편애한다고 대답하였다. 짐은 남동생이 한 일 때문에 야단을 맞았다. 짐의 감정적 강도와 뛰어난 언어 능력은 점차 확실하게 드러났다. 부모가 자신에게 충분한 관심을 기울이지 않는다고 불평한 후, 짐은 이해와 수용을 바라는 눈초리로 내 눈을 똑바로 쳐다보았다. "저는 어른들이 애들의 생각을 이해할 거라고 생각하지 않아요."라고 말했다. 짐이 엄청난 고통을 느끼고 있으며, 누군가가 자신을 이해하고 도와주기를 바란다는 것을 알 수 있었다. 다른 걱정은 없는지 묻자, 짐은 사람들을 자신이 원하는 방식대로 행동하게 만들 수가 없다고 불평하였다. 그날 아침 남동생과 그의 친구가 짐의 방을 엉망으로 만들었고 짐은 엄마에게 도와 달라고 소리를 질렀다. 짐의 이야기를 들으면서 그가 또래관계에서 겪는 문제가 꽤 큰 것이 분명해졌다.

"꿈에 대해서 말해 줄래?"라고 짐에게 물었다.

"글쎄요. 꿈을 그렇게 많이 꾸진 않아요."라고 대답하였다. "하지만 자러 가는 것은 걱정해요. 뱀에 관한 영화를 본 다음부터 침대 밑에 방울뱀이 있진 않을까 걱정해요." 침대에 들어가기 전에 안전한지를 알아보기 위해 자신이 어떻게 침대 커버를 들추어 보는지 설명하였다. "아마도 누군가 제 방에 몰래 들어와서 뱀들이 투명해지는 스프레이를 뿌린 것 같아요. 저는 안심하기 위해서 다리를 움츠리고 자요." 부모가 알지 못하는 공포증과 자신의 생각에 대해서 내게 스스럼없이 말하는 것이 인상적이었다.

면담이 끝날 무렵에는 평가에 필요한 단계와 심리학적 검사의 필요성에 대해서 설명하였다. 짐은 기꺼이 동의하였고, 진단적 면담을 위한 두 번째 만남 약속도 선선히 수락하였다.

두 번째 면담도 첫 번째와 유사하였지만 첫 면담보다는 덜 불안해했다. 계속해서 부모와 남동생, 그리고 자기 방식을 따르지 않는 사람들에 대한 적개심을 표현하였다. 짐이 놀이를 하지 않는 것을 눈치채고 짐을 사무실 옆에 붙어 있는 놀이방으로 초대하였다. 장난감들을 한번 둘러본 후, 짐은 그림을 그리기 시작했다. 이후 20분간 강박적으로 괴물 하나를 그렸다. 그 괴물에 대해서 이야기해 달라고 하자, 짐은 다음과 같은 환상을 보고하였다. "그는 혼자 살아요. 사람들은 그를 좋아하지 않아요. 혼자 밖으로 나가서 먹을 것을 구한 후에 돌아와요. 아마도 언젠가 그도 친구를 사귀게 되겠죠." 외로운 괴물은 바로 짐이 자신에 대해서 느끼는 감정, 자기는 못나고 소외된 아이라는 것을 표현하는 것으로 이해하였다.

8. 정신상태 검사

짐은 똑똑하고 다부지고 활동적인 잠복기 연령의 소년으로 자신에 대해서 쉽게, 그리고 때로는 열성적으로 표현하였다. 정동은 행복감에서 분노까지 폭넓게 표현되었고 사고 내용은 적절하였다. 사고는 논리적이고 목표 지향적이었고 연령 수준에 적절하였다. 짐은 자신의 공상을 상당히 잘 표현하였다. 그의 자아는 강하고 온전했다. 동일한 연령대의 소년들에 비해 자신의 생각과 감정을 묘사하는 데 비범한 능력을 보인 것으로 미루어 짐작건대, 그의 지능은 평균 이상 또는 우수 수준으로 추정된다. 또한 호기심이 많고 자기를 성찰할 수 있는 능력을 가지고 있었다. 이러한 특징은 아이가 치료에 잘 반응할 것임을 시사한다.

9. 추가 검사

짐의 자아 강도와 지능을 평가하고 공상에 대해서 더 잘 알아보기 위해서 시행한 심리학적 검사의 결과는 다음과 같다.

요약하면, 오이디푸스기의 갈등과 두드러진 거세불안에 의해 심해진 불안 신경증 양상을 보이나, 그 밑에는 전(前) 오이디푸스기의 갈등이 깔려 있는 것으로 보였다(구강 의존성 및 구강 공격성). 이러한 갈등 때문에 적절한 경쟁심과 공유를 필요로 하는 상황을 싸워야 하는 상황으로 경험하고, 결과적으로 우울한 감정이 올라오면 방어기제와 대상관계 방식의 퇴행이 나타나 적응의 어려움을 초래하였다.

웩슬러 아동지능척도(Wechsler Intelligence Scale for Children: WISC)에서 언어성 지능은 118~125, 동작성 지능은 100~113, 전체 지능은 110~121로 평가되었다. "타당하고 합리적으로 행동하는 것과 행동하기 전에 충분히 생각하는 것을 선호하는 성격적 특성이 발달 중이다……. 그의 우울감은 자신의 경쟁적 및 공격적 소망에 대한 죄책감과 관련된 것으로 보인다."

10. 기타 보고서 검토
주요하게 검토할 다른 보고서는 없었다.

11. 진단
(1) 기술적 진단(DSM-III-R)
• 축 I : 환자의 증상이 적대적 반항장애(313.81), 기분부전장애 (300.40), 단순공포증(300.29)의 진단기준 중 일부와 부합하지만, 이들 중 어떤 진단도 그의 정신병리를 적절히 기술하지는 못함.
• 축 II: 없음.

- 축 III: 없음.
- 축 IV: 코드 2, 경도.
- 축 V: 65, 경도 내지 중등도의 증상들.

(2) 역동적 진단

짐의 좌절에 대한 낮은 내성은 자기중심적 경향과 분노발작으로 나타나며, 이는 충동 조절에 상당한 문제가 있음을 시사한다. 그의 자아와 초자아는 상대적으로 온전하고 거의 모든 영역에서 잘 기능하지만, 매우 사소한 좌절 상황에서도 터져 나오는 공격적 충동을 완화시키고 조절하지는 못했다. 충동 조절의 문제와 쉽게 퇴행되는 경향에도 불구하고, 짐은 심리적으로 온전하며 일차적으로 오이디푸스기 갈등을 겪고 있는 것으로 볼 수 있다. 이러한 갈등을 해소하지 못하고 불안, 강박적 경향, 방울뱀에 대한 공포증과 같은 신경증적 증상을 형성하게 되었다.

(3) 발달적 진단

짐은 온전하고 사랑이 가득한 가정에서 태어났다. 영아기 동안 지속적으로 애정 어린 보살핌을 받고 큰 병치레 없이 꾸준한 발달이 진행되었다. 항문기에도 대부분의 영역에서 지속적 진전이 있었으나, 양쪽 부모 모두 제한을 설정하는 데 분명 어려움을 경험하였다. 두 돌 반이 되도록 이유가 완전히 이루어지지 않았고, 걸음마기의 정상적 거부증이 회피적이거나 엄격한 방식으로 다루어짐으로써 분노와 같은 강력한 충동을 조절하고 통제하는 능력이 제한적으로 발달하였다.

짐이 어머니를 선호한 것, 자위행위와 성적 호기심의 표현은 짐

이 오이디푸스기 발달단계에 이르렀으며, 이 시기의 중심 문제인 성적 그리고 공격적 주제에 몰입하게 되었음을 시사한다. 부모의 불안 때문에 이 시기에 대한 많은 사실적 세부 사항을 기억하지 못하는 점, 아이가 부모와 함께 자고 부모의 옷 벗은 모습을 볼 수 있도록 지속적으로 허락하는 것과 같은 유혹적인 양육방식에 대한 보고는 짐이 성적으로 과잉 자극되었음을 시사한다. 짐은 오이디푸스기 갈등과 문제들을 해소하지 못함으로써 신경증적 증상을 일으키게 되었고 정상적인 잠복기 소년처럼 행동하지 못하게 되었다.

12. 치료적 권고와 요약 회의

짐의 정신병리는 일차적으로 신경증적이므로, 아동 정신분석의 좋은 대상이라고 생각된다. 주 진단은 공포증과 강박적 양상을 동반한 불안형 정신신경증이며, 남근기 이전의 갈등 요소는 분노발작과 자기중심성으로 표현된다. 짐은 명석하고, 언어적 표현이 가능하며, 스스로 도움을 원하고 있고, 자신의 문제를 분명히 인식하고 있다. 그의 부모가 안정적이고, 심리적 성향을 갖추고 있으며, 치료를 지지할 수 있다는 것 역시 매우 중요하다.

요약 회의를 통해 부모에게 짐의 정신병리가 가지는 특성을 설명하고 정신분석을 권하였다. 그들에게 이 같은 권고에 대해서 심각하게 고려해 보고 언제라도 궁금한 것이 있으면 질문을 하라고 격려하였다. 나흘 후 부모는 전화로 분석을 받기로 결정하였다고 알려 왔다.

짐은 일주일에 네 번의 회기를 가졌다. 부모 회의는 치료 초기에는 매주, 그 후에는 대략 한 달에 2회가량 시행하였다. 분석과정 중 부모는 짐을 치료시간에 정기적으로 데리고 오고, 그의 행동을 관찰하고 자신들과 짐의 상호작용에 대해 고려하는 등 훌륭하게 치료과정을 지지하였다.

이 증례의 치료과정에 대한 자세한 기술과, Glenn과 Bernstein이 가진 토론 내용은 Sholevar와 Glenn이 편집한 *Psychoanalytic Case Studies*(1991)라는 책에 실려 있다. 13년 후의 추적 자료는 10장 청년기에 제시되어 있다.

03

구강기(0 ∼ 1세)

유아기 혹은 Freud의 학파에서 말하는 구강기(oral phase)는 출생에서부터 생후 12∼18개월에 이르는 기간을 말한다. 성장과 발달이 집중적으로 일어나는 이 시기는 연구자는 물론 임상가에게도 큰 관심의 대상이며, 이에 따라 많은 지식의 증가 및 이론의 변화와 함께 논란거리도 늘고 있다. 논란이 되는 이유 중 하나는 유아기가 언어발달 이전 시기이고, 따라서 이 시기의 정신 활동에 대한 우리의 가설을 아기가 확인해 줄 수 없기 때문이다. 이러한 발달학적 시기는 유아기가 유일하다. 반면, 아동기 지식의 경우는 원래 성인을 대상으로 한 작업을 통해 얻었던 내용이 많았으며, 이후 자신이 생각하는 것을 말로 표현할 능력이 있는 시기의 아이들을 직접 관찰하거나 치료하는 과정에서 맞는 것으로 확인되기도 하고 잘못이 증명되기도 하였다.

역사적 고찰

오래전 Glover(1945)는 유아기에 대한 개념 수립은 '타당성(plausibility)'에 기반을 두어야 한다고 주장하였다. Glover는 유아기 정신발달의 정교성과 복잡성의 수준에 대한 Anna Freud와 Melanie Klein 사이의 논쟁에서 중간 입장을 취했다. 이러한 그의 발언은 오늘날 같은 주제에 대해 논쟁 중인 Stern(1985)과 다른 현대 유아기 이론가들 사이의 의견차에도 적용될 수 있다.

유아기에 대한 가장 초기의 개념은 Freud(1911)와 Ferenczi(1913) 등에 의해 형성되었는데, 현대 지식의 관점에서 보면 당시 이론들은 타당성이 떨어진다. 아기가 '감각의 장벽' 뒤에 숨어 있다는 Freud의 믿음, 즉 생후 첫 몇 주간은 밀려오는 자극에 압도되지 않도록 아기를 보호하기 위해 시각과 청각이 작동하지 않는다는 그의 생각은 관찰을 통해 입증되지 않았음에도 이후 수세대의 이론가들에게 영향을 미쳤다. Ferenczi의 생각은 한층 더 공상적이었다. Freud의 생각을 확장시킨 Ferenczi는 자궁 속 시기를 묘사하면서 태아가 무의식적으로는 모든 좋은 것을 다 가지고 있다고 느끼는 시기라고 하였다. 반면, 출생 이후의 시기는 강력한 마술적 환각의 힘이 작용하는 시기로, 신생아는 완벽한 자궁 내 상태를 되찾기 위해 노력한다고 하였다. 그의 공식에 따르면 아이가 소망을 표현하기 위한 수단으로 생각과 신체 동작 대신 언어를 사용하기까지는 여러 단계가 추가로 필요하다.

오늘날 Freud와 Ferenczi의 가설 자체는 거의 신뢰성이 없지만, 그 가설들에는 발달을 이해하는 데 필요한 핵심 개념들이 담겨 있다. 이 개념들은 정신발달을 위한 자극으로서의 신체의 중요성, 발달단계가 진행됨에 따라 단순한 정신 기능에서 고도의 정신 기능으로의 이동이 일어난다는 것 등을 포함한다.

자기와 타인에 대한 감각의 등장: Spitz와 Mahler의 이론

유년기에 대한 연구는 지난 10여 년간 엄청나게 늘었고, 발달을 공부하기 시작하는 학생들에게는 압도적으로 느껴질 수 있다. 따라서 일차적으로 René Spitz와 Margaret Mahler의 연구에 초점을 맞추고 설명하겠다. 그들은 모두 임상가이고, 초기 발달에 대한 그들의 이론은 쉽게 개념화되어 비교 가능하기 때문에, 생애 첫 1년을 보다 심도 있게 이해하는 좌표를 형성한다(〈표 2〉참조). 그들의 이론은 유년기를 넘어서까지 확장되어 있기 때문에, 항문기를 다룬 4장에서도 이에 대한 논의는 계속될 것이다.

Spitz의 이론부터 검토해 보자. Spitz의 연구가 Mahler의 연구보다 선행되었고 Mahler에게도 영향을 미쳤다. Spitz는 미소 반응, 생후 8개월 무렵의 외인불안, 거부증의 중요성을 설명하기 위해 '정신조정 인자(psychic organizer)'라는 용어를 사용하였다. 그는 이 용어의 개념을 태생학으로부터 차용하였는데, 태생학에서 조정 인자라는 용어는 다음 단계의 변화에 영향을 미치는 동인(動因) 및 조절 요소를 설명하는 데 사용된다. 예를 들면, 조정 인자의 등장 이전에 이식된 세포들은 그것들이 위치한 조직의 형태와 기능을 갖게 되고, 조정 인자의 등장 이후에는 그들이 기원한 조직의 형태와 기능을 유지한다.

〈표 2〉 Mahler와 Spitz의 이론

Mahler 분리-개별화 이론	Spitz 정신조정 인자
1. 자폐기(생후 0~3개월)	1. 미소 반응(생후 3개월까지)
2. 공생기(3~12개월)	2. 외인불안(8개월)
3. 분리-개별화 단계(1~3년)	3. 거부증(18개월)
4. 대상항상성(3세)	

이와 유사하게 미소 반응, 낯선 사람에 대한 불안(외인불안), 거부증은 이제 되돌릴 수 없는 새로운 형태의 정신조정 작용과 복잡성이 발생하기 시작한다는 '신호'다. 만일 아이가 적절한 수준에서 조정 인자를 수립하고 공고히 하는 데 성공한다면, 아이의 발달은 다음 단계 조정 인자의 방향을 향해 진행될 것이다(Spitz, 1965, p. 119).

미소 반응

Spitz는 미소 반응이 처음으로 일어나는 능동적이고 직접적이며 의도적인 행동이라고 묘사하였다. 이는 수동성에서 능동성으로의 이행을 의미한다. *The First Year of Life*(1965)라는 저서에 자세히 소개되어 있듯이, Spitz는 연구를 통해 유아가 이마, 눈, 코의 형태(gestalt) 등 눈에 보이거나 움직이는 것에 반응하는 것을 알았다. 얼굴 모양의 카드 역시 미소 반응을 이끌어 내기 때문에, 이 시기의 유아는 아직 실제 대상에 반응하는 것은 아니다. 다시 말해, 특정인을 제외한 다른 사람들을 구별할 수 있는 것은 아니다.

이론상 인간의 얼굴 형상에 대한 반응으로서의 미소의 등장은

다양하고 중요한 정신 작용들이 형성되기 시작한다는 것을 의미한다. 이는 내부 자극이 외부로부터 분화되고, 또한 공상으로부터 현실이, 현재로부터 과거가, 무의식으로부터 의식이 분화되는 것을 포함한다.

부모들은 자신의 아이가 언제 처음 웃었는지 대부분 기억하고 있다. 그래서 발달력을 청취하면서 최초의 정신조정 인자 등장에 관해 묻는 것은 초기 정신발달 과정을 평가하는 좋은 방법이다. 보통의 환경에서 최초의 미소는 생후 4~6주 사이에 나타난다. 생후 3개월까지 미소를 보이지 않는다면 이는 심각한 기질적 문제나 환경의 문제 혹은 둘 다를 의미한다. 보통 이런 현상을 일으키는 요인은 다른 자료로부터 이미 확인이 가능하다. 따라서 첫 미소가 언제 나타났는지 아는 것은 초기 발달에 있어 병리보다는 정상발달에 대한 인상을 형성하는 데 도움이 된다.

낯선 사람에 대한 불안

Spitz는 두 번째 정신조정 인자를 일컬어 '생후 8개월의 불안' 또는 보다 잘 알려져 있는 '낯선 사람에 대한 불안(외인불안)' 이라고 하였다(정확히 생후 8개월은 아니다.). 생후 첫해의 중반에 이르면 많은 아이들이 급격히 낯선 사람의 존재에 불안을 느끼기 시작하고, 낯선 이를 외면하거나 울음을 터뜨리는 등의 반응을 보인다.

낯선 사람에 대한 불안의 등장은 중대한 정신내적 진보를 나타낸다. 유아는 어떤 사람을 다른 사람과 구분할 수 있게 되고, 특정한 사람이 자신의 안녕에 있어 중요하다는 것을 깨닫게 된다. 이러한 진보의 중요성에 대해 Spitz는 아이가 이제 관계를 형성할 능력을 얻은 것이라고 이해하였다. 그는 이것을 진정한 '리비도적 대상(libidinal object)'의 성립이라 칭하였다. 오늘날이라면 우리는 이를 '대상(인간) 관계'의 시작이라고 말할 것이다.

그러나 호의를 가진 부모의 친구나 친지 중에서도 아이의 이러한 정신상태를 이해하지 못하는 사람은 아이를 대할 때 자신들이 보여 준 호감에 대해 아기가 즉각 보상해 주기를 기대한다. 그렇지 못할 때 그들은 아이가 그들을 좋아하지 않는다고 생각한다. 부모는 당황스럽거나 불편한 감정을 느낄 것이고, 손님에게 부적절하게 사과할 것이다.

낯선 사람에 대한 불안 여부를 묻는 것은 언제나 발달력 청취의 일부가 되어야 한다. 미소 반응처럼 유아기에 이런 형태의 불안이 확인되었다는 것은 초기 발달이 정상적으로 일어났다는 신호다. 건강한 아이들이 모두 뚜렷하게 낯선 사람에 대한 불안을 보이지는 않으며, 이에 어떤 부모들은 낯선 사람에 대한 불안이 있었는지 여부를 잘 기억하지 못하기도 한다. 따라서 외인불안이 없었다는 대답이 심각하게 의미 있는 것은 아니다. 어느 단일 항목의 존재나 부재는 진단평가 과정에서 모든 정보를 충분히 얻은 후에 전반적 맥락에서 다른 관련 정보와 연관 지어 이해해야 한다.

분리-개별화의 세부단계로서 자폐기와 공생기

생후 1년에 대한 Spitz의 주요 개념을 어느 정도 소개했으므로, 이제 Mahler의 발달단계 중 첫 두 개의 세부단계로 관심을 돌려 보자. Mahler의 이론에 대한 보다 폭넓은 설명은 *The Psychological Birth of the Human Infant*(Mahler, Pine, & Bergman,

1975)를 참고하기 바란다. Mahler는 생후 3개월을 '정상 자폐기'라고 칭하였고, 이후 '가성 자폐기'로 명칭을 바꾸었다. 이 두 용어는 모두 출생 시와 그 직후의 짧은 기간 동안 나타나는 고위 정신 기능이 상대적으로 덜 발달된 상태를 묘사하기 위한 시도다. 유아와 엄마(또는 엄마 역할을 하는 다른 사람) 사이의 관계는 정상 발달 과정의 열쇠인데, 이는 유아가 엄마에게 의존적이기 때문이다. 이는 생존의 문제에서뿐 아니라 신체적 · 정서적 자극, 그리고 견디기 힘든 본능적 또는 환경적 자극 상태에서 벗어나는 데 있어서도 그러하다. Mahler(1958)는 이러한 엄마의 역할을 '외부 실행 자아(external executive ego)'라고 불렀다.

두 번째 세부단계는 생후 3~12개월의 기간에 해당하는 '정상 공생기'다. 유아의 마음이 어떻게 세계와 자신을 지각하는지 묘사하기 위한 시도로, Mahler는 아이가 '욕구를 충족시켜 주는 대상'에 대해 점진적으로 인식해 간다는 가정을 세웠다. 아이가 자신의 웃음이나 울음에 반응해 주고, 배고픔을 비롯한 다른 본능적이거나 환경적인 스트레스를 해결해 주는 어떤 사람(때로는 두 사람 이상일 수도 있다.)에 대해 점점 인식하게 되면, 아이는 마치 유아와 엄마라는 두 존재가 공통의 경계 안에 연합되어 있는 '전지전능한 체계'인 것처럼 행동한다.

정상 공생기의 중요한 요소는 유아와 엄마가 서로 신호를 주고받는 능력이다. 유아는 자기와 타인에 대한 확실한 감각을 발전시키기 위해, 종국에는 엄마로부터 분리되어 개별화되기 위해 엄마와의 강한 공생관계를 필요로 한다. 단계에 맞는 시기의 발달 과제에 집중적으로 몰입하여 일정 수준에 다다르게 되고, 이후 점진적으로 이탈되어 보다 복잡한 다음 단계의 과제로 이행해 간다는 원리는 인생 주기의 모든 시점에서의 정상발달에 적용할 수 있다.

유아와 엄마 사이의 관계는 결코 일방적일 수 없는데, 이는 유아가 엄마에게 강렬한 신체 감각과 정서를 불러일으키는 자극을 끊임없이 가하기 때문이다. (모유 수유하는 경우를 상상해 보라.) 아이가 성장하면서 이러한 강도는 증가하고 상호작용의 범위도 넓어지는데, 이를 통해 아빠와 엄마는 자녀와 협력하면서 부모 자신의 발달 상태를 단계에 따라 재정비할 수 있는 기회를 얻게 된다.

정상 공생기를 요약하면, 엄마와의 반복 접촉을 통해 내부 세계와 외부 현실 사이의 구분이 점진적으로 시작되고, 이는 특별히 수유 동안의 엄마의 얼굴, 손, 가슴(또는 젖병)을 통해 이루어진다. 유아는 자신과 엄마가 공통의 경계 안에 서로 연합된 전지전능한 체계인 것처럼 행동한다. 자기와 타인에 대한 감각은 아직 뚜렷하게 분리되어 인지되지 못한 상태다.

수유와 이유

좌절과 충족의 역할

유아기 동안 수유는 발달을 자극하고 체계화하는 가장 중요한 초기 상호작용이다. Spitz는 구강을 '감각의 요람(Cradle of perception)'이라고 일컬었다. Spitz와 Mahler 모두 자기와 타인의 분화는 생에 대한 기본적 태도와 마찬가지로 생애 초기의 수유 경험에서 시작된다고 보았다. 출생 초기부터 매우 발달되어 있는 선천적 능력 중 하나가 바로 빨기반사다. 이 기능을 통해 유아는 영양을 섭취하고 경험을 체계화하기 시작한다. 예를 들면, 시각적 인지는 유아가 수유 중 젖을 먹으면서 엄마의 얼굴을 응시하는 데서 시작된다. 엄마가 배고픔으로 인한 고통을 신속히 해결해 주고 감정적으로나 촉각적으로 반응해 줄 때 수유행위는 관계의 기초가 되고, 세계와 그 안에 있는 것들은 긍정적인 관점으로 느껴진다.

Spitz는 엄마와 유아 사이의 감정적 상호작용, 특히 수유와 관련해서 발생하는 상호작용을 '정서적 분위기(affective climate)'로 묘사하였다. 주로 무의식적이지만, 지속적이고 점차 누적되는 이러한 정서적 상호작용은 정신 기능의 등장을 자극한다.

유아가 생후 1년 동안 안정적으로 지속적 자극을 받지 못하면 그 결과는 충격적이다. Spitz(1945, 1946)는 고아원에서 양육되었으나 오랫동안 혼자 방치되어 양육자로부터 제공되는 신체적, 정서적 자극이 박탈된 유아들을 연구하였다. 이러한 유아들은 모든 면에서 심각한 발달 지연을 보였고, 다수는 한 살 이전에 사망하였다. Spitz는 이 현상을 'hospitalism'이라고 불렀다.

모유 수유와 젖병 수유

Anna Freud(1946)에 따르면 먹는 행위에 있어서는 가능한 한 갈등이 없어야 하는데, 이는 정상적 정서발달에 있어 수유가 핵심 역할을 하기 때문이다. 배고픔이 채워지는 것은 아이의 생애에서 처음 경험하는 본능적 충족이다. 유아의 본능적 욕구들은 압도적으로 다급한 데다가 그것을 지연시키고 조절할 만한 조직된 자아가 존재하지 않으므로, 엄마는 '아이가 원할 때 먹여 줌'으로써 유아가 경험하는 고통과 좌절의 정도를 조절해 준다. 그러나 엄마가 유아의 배고픔에 얼마나 빨리 반응하든 간에, 엄마는 아이가 젖이나 젖병을 기다리는 동안 느끼게 될 피치 못할 좌절감에 연루될 수밖에 없을 것이다.

그 결과, 발달에 대한 영향을 결정하는 것은 좌절의 유무 자체가 아니라 엄마의 반응 패턴이다. 즉, 신속하게 만족을 이끌어 내느냐, 아니면 반복적으로 만족이 지연되어 계속되는 좌절을 낳느냐의 문제다. 잘 먹은 아이는 행복하다. 양육자로부터의 경험, 특히 주로 수유과정을 통해 인생이 예측 가능하고 안전하며 만족스러운 것이라는 느낌을 키워 나가기 시작하기 때문이다. 이는 Erik Erikson이 말하는 '기본적 신뢰(basic trust)'와 같은데, 그 역시 이것이 초기의 수유과정과 연관이 있다고 하였다.

모유 수유는 정상적인 성장 및 발달을 촉진하는 자연스러운 방식이지만, 젖병 수유 역시 세심하게 이루어진다면 같은 결과를 이끌어 낼 수 있다. 모유는 영양분이 풍부하고 따뜻하며 즉시 먹을 수 있다. 모유 수유는 반드시 엄마가 직접 하게 되고, 수유를 통해 가슴이 비워짐으로써 엄마도 신체적 만족을 느낀다. 미소 반응에 대한 논의에서 이미 묘사했듯이, 사람 얼굴의 형상은 젖을 빠는 유아의 거리상 위치와 자세에서 매우 강력한 정신조정 인자다. 본능적이고 신체적인 즐거움이 상호 만족되는 분위기에서 엄마와 유아 사이의 정서 교환은 한층 긍정적일 것이고, 둘 사이의 사랑을 바탕으로 하나의 유대를 형성할 것이다.

애정 어린 부모가 모유 수유의 중요성을 이해하고 있다면, 모유 수유의 필수적이고 긍정적인 요소들은 젖병 수유에서도 비슷하게 달성될 수 있다. 그러나 유아의 신체적, 정서적 욕구가 무시될 가능성은 크게 증가한다. 예를 들면, 수유 중 젖병을 기대어 세워 놓고 아이가 빨게 둠으로써 상호작용의 정서적 측면을 박탈하는 것 등이다.

아이와 상호작용하는 법, 즉 이론이 실제에 있어서 어떻게 적용 되는지에 대한 이 예는 이 책 전반에 걸쳐 나타나는 여러 가지 내용들 중 하나다. 이는 정상발달에 대한 지식이 임상가가 환자를 이해하고 치료하는 데 있어, 또 삶을 살아가는 데 있어 왜 그렇게 가치가 있는지를 잘 보여 준다.

엄지손가락 빨기

엄지손가락 빨기는 자궁 속에서부터 관찰되는 구강기적 만족의 정상 표현이고, 생후 수년에 걸쳐 지속될 수 있다. 초기의 정신발달이 진행되면서, 엄지손가락 빨기는 점점 만족, 안정, 엄마와의 밀착, 엄마의 부재 시 대체물 등의 효과가 있다. 아이가 항문기를 거쳐 오이디푸스기로 이동하면 엄지손가락 빨기와 연관된 공상도 변한다. 즉, 대소변 가리기 훈련과 관련된 스트레스나 오이디푸스적 두려움과 공포 같은 주된 발달과정의 집착을 반영하게 된다. 고무 젖꼭지는 환경이 제공하는 엄지손가락의 대체물로서 심리적으로 같은 기능이 있다.

이 유

이유는 아이가 무엇이 자신에게서 박탈되는지를 이해할 만큼 나이를 먹고 언어와 행동으로 저항하는 것이 가능해진 시기에 이루어지며, 이미 계획되어 있는 좌절에 대한 최초의 조직화된 과제가 된다. 이유과정에서 일어나는 다음 몇 가지가 아이가 다음 단계의 발달 과제로 이동하도록 해 주기 때문에 이유는 발달적으로 중요하다. 첫째, 영양 공급의 주요 경로였던 빠는 행위 대체, 둘째, 수유에서 엄마의 역할 감소로 분리-개별화 과정 자극, 셋째, 구강기적 소망의 점진적 억압 격려, 넷째, 부모와의 동일시를 통한 유아의 좌절 감내 및 충동 조절 능력 기르기 등이다.

자연적으로 적절한 이유 시기는 생후 첫 1년의 끝 무렵에 이루어진다. 유아의 성장과 발달, 특히 이가 나면서 깨물기가 시작되는 것의 영향이 크고, 이 무렵 엄마의 월경 주기가 돌아오는 것도 영향을 준다. 이러한 선행 사건들을 따라 부모는 만 1세경이 되면 젖병 떼기를 적극적으로 시도하여 수개월에 걸쳐 서서히 끊도록 해야 한다. 아이가 젖병을 가장 덜 찾는 시간의 수유를 먼저 중단하고, 수주일 지난 후에는 두 번째로 덜 찾는 시간대의 젖병 수유를 중단하는 식으로 해서 완전히 이유가 될 때까지 진행한다.

고무 젖꼭지 역시 비슷한 방식으로 뗄 것이다. 그러나 엄지손가락 빨기의 경우는 다른 문제가 있는데, 만족의 도구인 손가락은 멀리 치워 버릴 수가 없다는 것이다. 많은 아이들은 생후 2~3년에 스스로 엄지손가락 빨기를 그만두는데, 이는 성장하고 싶고 부모를 기쁘게 하고 싶은 욕구 때문이다. 그러나 이 시기를 지나서도 잠잘 때, 부모와 분리될 때, 아플 때 등의 퇴행 상태에서는 엄지손가락 빨기가 지속될 수 있다. 만 3세 또는 4세가 넘었는데도 엄지손가락 빨기가 만족의 수단으로서 지속된다면 계속해서 말과 격려를 통해 아이가 이를 그만둘 수 있도록 도와야 한다.

전오이디푸스기의 어머니와 아버지

능동성과 수동성의 역할

유아에게는 음식, 산소, '혼자 남겨지지 않는 것'의 세 가지 기본 욕구가 있다는 것이 Anna Freud(1946)의 주장이다. 세 번째 욕구는 Spitz가 말한 '엄마-아이 양자관계(mother-child dyad)'의 중요성을 뒷받침하는 것이다. 동물은 대부분 태어나면서부터 본능적으로 스스로를 돌볼 수 있지만 인간은 그렇지 못하다. 엄마는 이러한 본능의 인간 대체물이 되어 중추신경계와 마음의 미숙함을 보상하고, 엄마와 유아 사이에 형성된 정신적 관계를 통해 미분화된 자아를 보완함으로써 생명을 유지하고 발달을 자극해 나간다.

초기 발달을 특징짓고 유아가 느끼는 엄마-아이 양자관계의 시작을 묘사하는 또 다른 방법을 제시한 사람은 Ruth Brunswick이다. Brunswick(1940)은 능동성 대 수동성을 어린 시절 최초의 중대한 대립으로 묘사하였다. 갓 태어난 영아는 수동적이며 무력하지만, 거의 출생 순간부터 점차 능동적으로 변하고 자기주장도 확실해진다.

유아의 능동성은 부분적으로는 엄마가 아이에게 무엇을 해 주느냐에 기초하고 있다. 그러나 능동적 엄마와 동일시를 이루기 위한 모든 행동은 점차 엄마를 덜 필요한 존재로 변모시킨다. 아이는 급증하는 자신의 능동성을 불가피하게 방해하는 엄마의 태도에 대해 점차적으로 화를 낸다. 예를 들면, 생후 6개월 된 아기가 젖병을 쥐고 있으려고 고집한다든지, 12개월 된 아기가 안겨 가려 하지 않고 걸으려고 한다든지 하는 것이다. 사랑하지만 동시에 두렵기도 한 대상을 향한 이러한 분노는 진정한 공격성의 첫 경험이다. 능동성과 공격성에 대한 부모의 반응은 그것을 인정해 주고 수용해 주는 것이어야 하는데, 이러한 반응은 호기심부터 야망까지의 폭넓은 감정에 이르는 아이의 태도가 형성되는 데 지대한 영향을 미칠 것이다.

Spitz와 Mahler의 경우처럼, Brunswick은 엄마와 아이 사이의 관계를 매우 중요하게 보았다. 영아와 걸음마기 아기가 자신의 일차 양육자를 어떻게 개념화하는지 특징짓기 위한 시도로, 그녀는 '전(前)오이디푸스기 엄마(preoedipal mother)'라는 용어를 정의하였다. 이것은 생애 첫 3년 동안의 부모를 지칭한다. 즉, 발달상 구강기와 항문기의 아이가 느끼는 전지전능한 존재로서의 엄마다. 신체적, 정신적 발달에 압도적 영향을 미치는 대상으로서 엄마는 모든 만족의 근원이자 좌절의 근원으로 인식된다. 지나치게 간략화된 방식이지만 초기 발달을 다음과 같이 기술할 수 있을 것이다. 아이는 전오이디푸스기 엄마로부터 분리되고 개별화되고자 하고, 그 과정에서 생의 모든 측면을 조종하고 조절하기 위해 엄마의 능력 일부를 획득하려고 시도한다.

아빠와 유아

지난 수십 년간 주된 초점은 유아와 엄마 사이의 상호작용에 맞춰져 있었지만, 최근에는 유아와 아빠 사이의 관계에 대한 중요성이 높아지고 있다. 과거 유아 발달에 있어 아빠의 역할이 상대적으로 무시되었던 이유는 우선 생후 첫 1년 동안 엄마와 아빠의 역할이 구별되어 있지 않기 때문이었다. 부모 역할 사이에 차이가 있는 부분과 겹치는 부분에 대한 구별점과 상세한 내용은 5장 '오이디푸스기'에서 다시 언급할 것이다. 두 번째 이유는 큰 영향력에도 불구하고 아직 부분적으로만 이해되고 있는 유아와 엄마 사이의 상호작용을 탐색할 필요성이 컸기 때문이었다.

아빠는 자기 대상(self-object)의 분화, 성 분화, 신체 감각의 인지, 신체 부위와 움직임에 대한 지식 습득에 있어 매우 중요한 역할을 하고(Yogmah, 1982), 공격성을 조절하는 데에도 중요한 역할을 한다(Hertzog, 1984). 자기 대상의 분화와 성 분화는 아빠가 지속적으로 존재하며 유아를 돌보는 데 개입하는 것에 의해 크게 촉진된다. 생후 첫 1년 동안 아빠는 점점 중요한 대상으로서 내재화되고, 엄마와의 강렬한 공생적 밀착의 대체물을 제공한다. 유아에 대한 아빠의 남성적 접근은 엄마의 여성적 역할과 대비되고, 남성과 여성의 구별을 위한 기초를 제공한다. 신체 감각의 인지와 신체 부위와 움직임에 대한 지식의 증가는 아빠가 유아의 신체를 엄마보다 '더 거친' 방법으로 다루는 경향이 있기 때문이다. 특히, 유아의 팔다리를 이용하여 사지를 쭉 뻗게 시키거나, 걷기를 유도하거나, 유아의 몸을 흔들어 주거나 던져 올리는 등의 방법으로 유아의 전신을 빠르게 움직이는 놀이를 해 줌으로써 더 자극이 된다. 아빠가 제한설정 및 목표지향적 활동 자극에 개입하면서 공격성 조절도 진행된다.

인생 주기에 있어 아빠의 역할에 대한 심도 있는 이해를 위해서, 독자들은 *Father and Child: Development and Clinical Perspectives*(Cath, Gurwitt, & Ross, 1982)와 *Fathers and Their Families*(Cath, Gurwitt, & Gunsberg, 1989)를 읽어 보기 바란다.

성과 인지발달

지금까지 제시된 생각들은 일차적으로 엄마와 아이 사이의 관계, 그리고 이것이 기본적 신뢰의 형성, 자기와 타인의 관계, 본능적 만족과 좌절에 미치는 영향에 초점을 두었다. 이제부터는 성발달과 지적 발달의 시작으로 관심을 돌려보자. 발달과정에 대한 Anna Freud(1965)의 개념을 사용하여 아동기, 나아가 인생의 단계별로 특정한 주제를 짚어 갈 수 있을 것이다. 인간 경험에 대한 기본적인 면을 상세히 설명해 가면서 이 방법을 반복적으로 사용할 것이다.

핵심 성 주체성

생후 첫 1년 동안의 성적 자각은 뚜렷하게 관찰되지는 않지만, Stoller(1968)가 핵심 성 주체성(core gender identity)이라고 명명한 기본적이고 원초적인 감각이 발달한다. 이는 자신을 남성 또는 여성으로 느끼는 감각이며, 훗날 성에 대한 태도와 이해를 수립하는 기초가 된다.

Stoller에 따르면 핵심 성 주체성은 생물학적, 환경적, 심리적 요인과 태도가 융합되어 일어나는 복잡한 현상이다. 아마도 이 과정은 자궁 안에서 시작될 것이며, 신체와 두뇌의 발달에 영향을 미치고 외부 성기의 형태를 결정하는 남성 및 여성 호르몬의 혼합 작용에 의해 자극된다. 외부 성기가 명백하게 한쪽 성 또는 반대 성의 형태를 취하고 있다면 아이는 남아 또는 여아로 선언될 것이다. 이에 강력한 의식적, 무의식적 힘이 일차 양육자에게 작용하기 시작하여 양육자로 하여금 유아에게 '너는 남자아이다.' 혹은 '너는 여자아이다.' 라는 메시지를 끊임없이 쏟아붓게 한다. 정상 환경에서는 이러한 과정이 생후 두 번째 해까지 지속되어서, 18개월경에는 여성성 또는 남성성에 대한 감각이 깊이 뿌리내려 변할 수 없는 것이 된다. 성 주체성 형성의 발달과정에 대해서는 매 발달단계에서 지속적으로 논의할 것이다.

인지발달

Piaget는 Freud처럼 적은 수를 대상으로 한 연구에서 일반론을 도출해 냈다. 20세기의 이 두 거물은 각기 다른 분야를 강조했다. 즉, Freud는 정서발달, Piaget는 인지발달을 강조하였다. 그렇지만 두 사람의 이론은 모두 발달적으로 조직화되어 있고 단계별로 세분화되어 있다.

Piaget(1936, 1969)는 아이들이 환경에 적응하게끔 하는 정신과정을 연구하였다. 그는 정보가 완전히 소화되면 '스키마(schema)' 라고 불리는 정신구조 내에서 범주별로 조직화된다고 주장하였다. 새로운 자극을 만나면 기존의 스키마를 변형시켜 새로운 것을 만들어야 하는 필요 때문에 불균형이 발생한다. 시간이 흐르면서 이러한 변화는 단계별로 조직화되는데, 이러한 단계는 개념 면에서 Freud가 제안한 단계와 비슷하다. 예를 들면, 구강기와 항문기처럼 Piaget의 단계 역시 그 단계 고유의 주제와 과제를 둘러싸고 조직화되어 있고, 이것이 숙달되면 다음 단계의 진보를 위한 발달적 도전의 기초가 되는 새로운 정신적 능력을 획득하게 된다(〈표 3〉 참조).

<표 3> Piaget의 인지발달이론

감각운동지능	0~18개월
구체적 조작	18개월~12세
- 전조작기	- 18개월~7세
- 구체적 조작기	- 7~12세
형식적 조작	청소년기 및 그 이후

생후 첫해와 두 번째 해 초반까지 아이는 Piaget가 '감각운동기 (sensorimotor phase)'라고 부른 기간을 거친다. 앞서 이야기했듯이, 이 시기처럼 언어발달 이전 시기에는 유아의 마음속에서 무슨 일이 일어나는지 확인할 방법은 없다는 것을 명심해야 한다. 생각을 한다는 것은 Piaget가 개념화한 것처럼 아이가 눈앞에 보이는 환경 안에서 무엇을 관찰하는지, 아이의 양육자가 무엇을 해 주는지, 제대로 발달되지는 못했지만 생후 첫 1년 동안 발달한 운동 기술을 가지고 대상에게 어떤 행동을 하는지와 연관되어 있다. 발달 과정에서 어머니와 다른 일차 양육자들이 아기에게는 중요한 자극이 됨을 다시 한 번 이해해야 한다. 성발달에서 이미 이야기되었듯이, 인지발달의 과정은 인생 주기 전반에 걸쳐 계속 추적된다. 이에 대해서는 다른 장에서도 언급될 것이다.

자기심리학과 자기의 발달

Heinz Kohut

Kohut(1971, 1977)은 '자기심리학(self psychology)'이라는 심리

학파의 창시자다. 정신분석가였던 그는 고전적 이론에 대해 일부 결함이 있거나 정확하지 않다고 느꼈고, 그 결과 그 자신의 이론을 창시하는 과정에서 일단의 새로운 용어와 개념을 만들어 냈다. Kohut은 발달이론을 완전히 세분화하지는 않았지만 발달과정의 특성에 대한 의견을 가지고 있었다.

정상발달의 열쇠는 아이와 아이의 일차 양육자 사이의 상호작용인데, 이 일차 양육자를 Kohut의 용어로는 자기대상(selfobject)이라고 한다. 자기대상이란 아이와 긍정적인 방식으로 상호작용하는 일차 양육자로, 아이는 이러한 상호작용을 통해 '응집된 자기구조(cohesive self-structure)'(Wolf, 1988)라 불리는 자기에 대한 명료하고 편안한 감각을 형성한다. 양육자가 아이의 과대성(grandiosity)과 현시성(exhibitionism) 출현을 용이하게 해 주고 이러한 감정과 행동을 '공감적(empathetic)'(Kohut 이론의 핵심 개념) 태도로 수용해 주기를 반복하면 아이의 마음속에서 이러한 구조가 발달하기 시작한다. 시간이 흐르면 아이는 자신에게 거울반응(mirroring)을 보이는 자기대상의 긍정적 속성을 인식하게 되고, 이에 양육자와 융합되기를 소망한다. (이러한 생각과 Mahler의 공생적 하위단계에서의 엄마-아이 양자관계 설명 사이의 유사성을 주목하라.)

유아기 이후에 건강한 발달의 징후를 보이는 아이들은 중요한 자기대상으로부터의 공감적 수용이 있기 때문에 가능하며, 아동기는 물론 청소년기와 성인기에도 공감적 수용을 경험한다. 병적 발달은 반복적으로 적절하지 못한 좌절을 경험하는 데서 비롯된다. 이렇게 되면 자기는 위기에 빠지거나 분열되고, 성적 충동이 부적절한 방식으로 표출된다. 청소년기와 성인기의 왜곡된 성생활은 자기대상과의 실패 경험이 반복된 결과물이다.

리비도와 공격성이라는 두 욕동(drive)을 다룬 고전적 분석이론과 달리, Kohut은 성적 충동과 공격적 충동을 건강한 자기의 측면으로 보았다. 이미 기술하였듯이, 자기와 타인을 사랑할 수 있는 능력은 자기대상과의 공감적 상호작용에서 비롯된다. 이는 공격성의 경우에도 같다(Moore & Fine, 1990, pp. 174-176). 정상적 공격성은 자기주장의 표출에서부터 타인과의 경쟁에 이르기까지 다양하며, 이는 적절한 정도의 좌절을 반복적으로 경험하면서 등장한다. 제한 설정에 맞게 공격성을 통제하는 부모 모습을 거울반응을 통해 보고 자란 아이는 점차 스스로 그것을 조절하는 법을 배운다. 적절하지 못한 좌절을 반복 경험하며 분노가 자극되면 이는 상처를 입히고자 하는 의도가 되어 타인을 향하게 된다. 고전적 정신분석이론에서처럼 이 개념 속에는 모든 아이가 자기대상에게서 두 가지를 모두 경험하게 된다는 믿음이 들어 있다. 그중 어느 것을 더 빈번히 경험하는지가 장기간에 걸친 영향을 결정한다. 정상적 공격성은 자기주장적 및 목적지향적 행동으로 나타나는 반면, 만성적 공감 실패에서 비롯된 자기애적 분노는 잔인성, 혐오, 타인을 공격하고자 하는 소망으로 표출된다.

오이디푸스기 발달에 대한 Kohut의 시각은 고전적 정신분석의 시각과는 차이가 있다(5장 참조). 그는 오이디푸스 콤플렉스를 병적 구조로 간주하여 그것이 오이디푸스기 동안 자기대상의 비공감적 반응, 즉 아이의 성이나 공격성에 대한 지나친 자극 혹은 가혹한 반응 등으로부터 기원한다고 보았다. 반면, '오이디푸스 단계(Oedipal stage)' 라는 용어는 오이디푸스기 동안의 정상 경험을 기술하는 데 사용되었는데, 이는 아이에게서 보이는 성적 태도, 경쟁하려는 태도에 대해 자기대상이 가혹한 반응 또는 유혹하는 반응을 보이지 않고 수용해 주는 것이 특징이다.

아이가 다음 발달단계로 진행하면서 자기대상과의 긍정적 상호작용이 주가 되고 공감의 실패를 최소화한다면, 아이의 핵심 자기는 확고해지고 서서히 일차 양육자의 중요성을 대체할 것이다.

'공감(empathy)'은 자기심리학에서 치료적 도구로서 강조된다. 이는 적절한 시점에서 환자와 의사소통을 가능하게 하는 이해와 통찰을 얻기 위해 환자의 주관적 세계에 치료적으로 몰입하는 것을 의미한다. 일단 공감을 통해 환자를 자세히 이해하게 되면, 치료자는 '변형 내재화(transmuting internalization)' [1]라는 현상을 촉진시킬 준비가 된다. 변형 내재화를 발달시키는 방법은 다음과 같다. 환자가 치료받으러 온 이유가 친숙한 자기대상으로부터 받은 상처로 인하여 자아에 장애가 생긴 것이므로, 치료자는 그보다는 훨씬 덜한 정도로 환자에게 적절한 수준의 좌절을 경험하게 한다. 환자는 치료자의 자기대상이 관여하지 않는 상태에서 핵심적인 자기대상의 기능을 수행하는 법을 점차 배우게 된다. 결국 건강한 자기의 변형이 일어난다.

Kohut의 이론을 더 공부하고 싶은 독자들은 *The Analysis of the Self: A Systemic Approach to the Psychoanalytic Treatment of Narcissistic Personality Disorders*(1971)와 *Restoration of the Self*(1977)를 읽어 보라. Wallerstein(1981)과 Rangell(1982)은 비판

---

1) 역주: 변형 내재화란 '과장되고 현시적인 자기(grandiose-exhibitionistic self)'와 '이상화된 부모상(idealized parent imago)'을 특징으로 하는 고태적(archaic) 자기구조가 '자기-자기대상 기질(self-selfobject matrix)' 안에서 좀 더 성숙한 배열(constellation)을 갖게 되고, 그리하여 '양극화된 자기(bipolar self)'의 기능을 지속시킬 수 있게 되는 과정을 말한다(손진욱(1995). 자기심리학(Self psychology)—Kohut 이후의 정신치료. 정신분석, 6, 115-136).

적 종설을 저술하였다. 자신감의 발달에 대한 상세한 설명은 *Psychoanalytic Theories of Development*(Tyson & Tyson, 1990) 의 7장에서 찾아볼 수 있다.

유아기의 자기: Daniel Stern

독보적 유아 연구자인 Stern은 자기심리학을 일차적으로 다루었지만 그 틀에 국한하지 않고 유아기의 자기 출현에 대한 자신만의 이론을 만들어 냈다. Stern은 정신분석이론의 상당 부분을 옆으로 제쳐놓았지만 엄마-아이 상호작용에 대한 강조는 여전히 유지한 채 유아와 엄마에 대한 상세한 관찰을 통해 그의 이론을 구축하였다. 아이들이 출생 이후부터 엄마의 돌봄에 반응하기 위해 끊임없이 절묘하게 적응해 가는 것을 보고, Stern은 유아기에 등장하는 자기에 대한 네 가지 다른 감각, 즉 '막 출현한 자기(emergent self)'(0~2개월), '핵심적 자기(core self)'(2~6개월), '주관적 자기(subjective self)'(7~9개월), 그리고 '언어적 자기(verbal self)'(9개월~2년)에 대해서 기술하였다. Stern의 생각들은 여기에서 제시되겠지만, 그 기초가 된 훌륭한 연구 방법들과 자료들은 제시되지 않을 것이다. 보다 자세한 검토를 위해서는 Stern의 저서 *The Interpersonal World of the Infant*(1985)를 읽기 바란다.

Stern은 생후 첫 2개월간의 막 출현한 자기에 대한 감각을 기술하였다. 신생아는 "일종의 전사회적(presocial)이고 전인지적(precognitive)이며 전조직화(preorganized)된 인생단계"(1985, p. 37)에 위치하고 있다. 자기에 대한 유아의 감각이 어떠한가에 관심을 갖는 것 외에, Stern은 유아가 사회적 세계를 어떠한 방식으로 경험하는지에 대해서도 의문을 가졌다. 그가 지난 20년간 노력한 결과, 인생 초기의 언어발달 전 단계를 관찰하고 연구하는 우리의 능력은 획기적으로 배가되었고, 이러한 과정을 형성해 나가는 조직체인 "평생 능동적으로 지속되는 자기감(sense of self)"이 존재한다는 결론을 내리기에 충분한 자료가 있다고 생각하였다(p. 38).

생후 2~3개월 된 유아에게는 Stern이 '핵심적 자기'라고 부른 중대한 변화가 일어난다. 이 시기에 유아는 "체계화된 관점(organized perspective)"(p. 69)을 가지고 타인에게 접근하는데, 이는 마치 유아에게 다음과 같은 감각이 있음을 암시한다.

유아 자신의 행동 통제, 친밀함의 소유, 연속성 감각, 뚜렷하고 분리된 상호작용 대상으로서 타인을 느낌 등의 기능을 갖춘 독자적이고 응집된 신체로서의 유아 자신의 통합된 감각(p. 69)

Stern은 발달이론에 대해서 공공연하게 비판적이었다. 특히, 이 연령의 유아가 자기에 대한 통합된 감각을 갖지 못하다고 묘사한 Mahler의 이론에 대해 그러했다. 그는 연구를 통해 "유아는 자기와 타인이 미분화된 채로 상당 기간 지내게 되고, 출생 후 일 년이 지날 때쯤 되면 매우 서서히 자기와 타인에 대한 감각을 분화시킨다."는 믿음이 잘못되었음을 증명하였다(p. 69). 이러한 믿음 대신 유아에게 있어 가장 우선적으로 해야 할 일은 인간 사이에 존재하는 세계를 창조하는 것, 즉 '핵심적 자기(core self)'와 '핵심적 타인(core other)'을 창조하는 것이다. 이는 생후 2~7개월에 확립된다.

자기의 진화에 있어 다음 단계의 획기적인 도약은 7~9개월에 일어나는데, 이는 Spitz의 외인불안 시기, Mahler의 공생기와 같은 시기다. 이 시기에 "유아는 자신에게 마음(mind)이 있고 다른 사람들도 역시 그렇다."(p. 124)는 것을 발견한다. Stern은 이것을 '주관적 자기' 감각이라고 칭했다. 이 시점에서의 인식이란 "나는 과자가 먹고 싶다." 또는 "이거 신나는데."와 같은 단순하고 주관적인 경험이 타인의 경험과 유사하며 타인과 공유될 수 있다는 개념을 포함한다(p. 124). 주관적 자기의 등장으로 유아는 타인과의 관계에서 상호 변화가 가능한 새로운 "상호 주관적 관계의 영역 (domain of intersubjective relatedness)"으로 급부상한다(p. 125).

생후 2년의 중반을 향해 가면서 아이들은 마음에 있는 것들을 부호(sign)와 상징(symbol)을 이용해서 표현하기 시작한다. 이러한 기능의 등장으로 언어와 상징 놀이가 가능해진다. Piaget의 감각운동기 후반부와 일치하는 시기를 Stern은 '언어적 자기의 지각'이라고 불렀다. 언어를 습득하면서 "자기와 타인은 서로 공유하는 의미를 만들어 내기 위한 새로운 교환방식뿐 아니라 서로 다른 차별화된 개인적 세계에 대한 지식을 가지게 된다."(p. 162)

언어의 등장으로 관계의 역량이 크게 증가되지만, 한편으로는 사람 사이의 경험에서 동시에 일어나는 두 가지 형태, 즉 "실제 있는 것과 말로만 표현되는 것"(p. 162) 사이가 틀어질 수도 있다. 언어적 자기 이전의 막 출현한 자기, 핵심적 자기, 주관적 자기 영역에서의 경험은 언어발달과 상관없이 계속되고 언어적 자기의 지각에 의해 대체되거나 포함되지도 않는다. 이러한 경험의 일부만 언어로 표현할 수 있고, 따라서 언어의 등장은 자기의 경험을 분열시킬 수 있다. 이 분열은 인생 후반부의 신경증적 행동 형성의 기초가 된다. "언어는 인간 상호 간의 경험에서 실재하는 것과 말로 표현되는 것 사이에 틈을 만든다. 이 틈을 가로질러서 신경증적 행동을 구성하는 연결과 조합이 모여든다."(p. 182)

Stern의 개념들은 정신역동적 사고와 이론 성립에 있어 훌륭한 자극제가 되었다. 유아가 Spitz나 Mahler, 기타 이론가들에 의해 제시된 것보다 훨씬 더 복잡하고 조직적인 정신 수준에 있다고 주장함으로써, Stern은 다른 이론의 유용성에 의문을 제기하고 언어 등장 이전의 인간 마음의 본성에 대해 무엇을 알 수 있을 것인가에 대한 보다 근본적 쟁점을 불러일으킨다. Stern을 비판하는 사람들은 그가 실제로는 존재하지 않고 오로지 추측만이 가능한 정신적으로 세련된 수준을 추정한 것이라고 주장한다. 반론의 또 다른 내용은 이러한 이론의 임상적 응용 가능성에 관한 것이다. 조금 더 구체적으로는 더 나이 든 아이들과 성인의 치료에서 유아적 자기를 확인하는 것에 관한 것이다. 유아적 자기는 어떤 식으로 나타나는가? 이 같은 복잡한 논점들에 대한 철저한 논의를 살펴보려면 미국정신분석학회(American Psychoanalytic Association)에서 펴낸 Dowling과 Rothstein(1989)의 *The Significance of Infant Observational Research for Clinical Work with Children, Adolescents, and Adults*(1989)를 읽어 보기 바란다.

발달 후기에서 구강기적 요소의 증거

단계별로 독특한 발달 과제를 위한 시기를 거치면서 내재화된 잔여물은 이어지는 모든 시기의 정상과 병리 양 측면에 영향력을 행사한다. 예를 들면, 사회적·정서적 경험의 조정 인자로서의 음

식과 구강기적 만족의 중요성은 아동기와 성인기를 통틀어 지속될
수 있다.

먼저 항문기를 보자. 기본적인 구강기의 주제와 경험인 엄마와
음식 사이의 직접적 관계, 이유, 엄지손가락 빨기 등은 항문기에도
여전히 나타난다. 그러나 아이들은 개별화되고 점점 능동적이 되
면서 이러한 과정과 상호작용에 더 많은 통제를 가하게 된다. 항문
기적 집착과 문제에 따라 아이가 음식과 먹는 행위에 어떻게 반응
할 것인지가 영향을 받기 시작한다. 걸음마기 아이들은 자주 입을
꼭 다물거나 고개를 저으며 먹여 주는 것을 거부하고, 부득불 혼자
먹겠다고 고집하며 주변을 어질러 놓는다. 음식의 색, 질감, 맛, 온
도와 관련하여 특정 음식에 대한 강한 선호도도 나타난다. 부모가
아이의 이러한 행동을 존중하고 받아들여 주지 않으면 먹는 행위
자체가 심각한 갈등과 병리의 근원이 될 수도 있다.

오이디푸스기의 아이는 성성(性性, sexuality)을 구강기적, 항문
기적 언어를 사용해 이해한다. 예를 들면, 어머니는 뭔가를 삼켜서
아기를 가진 것이다. 아기는 '엄마 뱃속'에서 자라서 배꼽이나 항
문으로 나온다.

잠복기의 경우, 어떤 음식을 구입하는 것은 남성성 또는 여성성
의 등장과 연관이 있다. 예를 들면, 미식축구나 야구 스타가 되기
위해 위티스(Wheaties)[2]를 먹는 것 등이다. 구강기적 퇴행은 쉽게
알아차릴 수 있다. 예를 들면, 야영하기 위해 처음으로 집을 멀리
떠나는 경험과 관련해서 엄마가 보고 싶어 배가 아픈 것 등이다.

청소년기의 경우, 유행하는 음식, 먹는 데 대한 비일관적 태도,

------

2) 역주: 미국에서 1924년부터 생산되고 팔리기 시작한 밀과 겨의 혼합 시리얼 상표. 포장
    상자에 운동선수 그림이 있는 것으로 유명하다.

좋아하던 집 밥 거부하기 등은 모두 아동기에서 성인기로의 격동적 이행을 특징짓는 주된 신체적, 심리적 변화의 측면이다. 신경성 식욕부진증 등과 같은 병적 상태는 구강기적 욕구, 유아기의 성적 주제, 분리 및 개별화 주제 등의 사이에서 일어나는 상호작용을 잘 보여 준다.

성인기의 경우, 사회적 상호작용과 생활의 즐거움의 주된 근원이었던 먹는 행위가 점차 건강과 신체의 온전성을 유지하는 것으로 바뀐다. 구강기적 병리는 비만이나 니코틴, 약물, 알코올 등의 중독으로 나타난다. 구강기적 요소에 대한 개념은 성격발달 측면을 기술하는 데도 사용된다. 예를 들면, 요구가 많고 보채며 만족할 줄 모르는 행동을 보이는 경우를 구강기적 성격이라고 한다.

과도한 단순화처럼 보일 수도 있지만, 병적 측면의 정도가 초기 아동기 발달단계와 관련되어 있다는 개념에는 임상적 타당성이 크다. 이러한 생각은 경계성 상태, 자기애적 인격 또는 일부 정신병 등과 같은 심한 병적 상태에 있는 사람들이 종종 전오이디푸스기 동안 심한 혼란을 경험했다는 것을 알게 되면서 비롯되었다. 반면, 신경증 등 덜 심한 병리를 보이는 사람들의 경우 보통 생애 첫 3년 동안 상대적으로 정상발달 경험을 하지만 오이디푸스기의 과제를 숙달하지는 못했다는 것이다. 다양한 병적 상태에 대한 정신분석 이론은 다음 등식에 기초하고 있다.

전오이디푸스기의 혼란 = 심한 형태의 병리
해결되지 않은 오이디푸스 갈등 = 신경증과 덜 심한 형태의 병리

04

항문기(1 ~ 3세)

1~3세의 기간은 신체성장과 심리발달이 폭발적으로 일어나는 시기다. 비교적 짧은 이 기간 동안, 걸음마기 아동은 강력한 자기감(sense of self)과 다른 사람들과 관계를 유지하는 능력, 걷고 말하는 능력, 세련된 방식으로 몸과 마음 그리고 환경을 이용하고 조절할 수 있는 능력을 발달시킨다. 부모에게는 분명 '얄미운 두 살(terrible twos)'이지만, 아이에게는 지평선이 넓어지고 세상이 탐험과 즐거움으로 가득 찬 곳으로 느껴지는 경이로움과 흥분의 시기다.

이론가들은 구강기와 마찬가지로 이 시기의 아동에게 어머니가 매우 중요한 역할을 한다고 믿는다. 이에 대해 어떤 독자는 건강한 유아와 걸음마기 아동의 발달을 촉진시키는 데 있어서 어머니만이 중요하고 다른 사람들은 그렇지 않느냐고 반문할 수도 있겠지만 실제로는 그렇지 않다. 이 책에서는 어린 아동을 돌보는 사람을 지칭하기 위해 어머니, 어머니 역할을 하는 사람, 양육자, 일차 양육자 등 다양한 이름으로 부르고자 한다. 그러나 자녀들을 사랑하고 서로 사랑하는 두 생물학적 부모만큼 정상발달을 촉진시킬 수 있는 능력을 갖춘 사람은 없다는 것을 인정하는 것이 중요하다. 게다가 영아는 엄마와 아빠라는 용어로 연상되는 대상들과의 신체적, 심리적 상호작용을 필요로 하기 때문에, 모든 다른 양육자는 최선을 다해서 이에 가까운 기능을 수행해야만 한다.

자기와 타인에 대한 감각의 등장: Spitz와 Mahler의 이론

항문기(anal phase)에 대해 이야기하기 전에 간단하게 Spitz와 Mahler의 발달이론에 대해 알아보도록 하겠다.

세 번째 정신조정 인자 '싫어!'

Spitz는 심리적 발달, 특히 대상관계 발달에 있어서 보행 능력이 매우 중요한 자극제가 된다고 강조하였다. 약 1세경 걸음마를 시작하게 되면 아이와 세상의 기본적 관계의 성격은 변한다. 유아기 동안, 엄마와 아이 간의 상호작용은 수유 행위와 연관된 촉각과 시각 접촉을 중심으로 이루어진다. 이제 아이가 둘 사이에 물리적 거리를 만들 수 있게 되면서 새로운 관계가 형성된다. 아기가 엄마에게서 떨어져 나가는 모험을 하게 되면 언어적 교류가 그들 관계의 필수적인 부분이 된다. Spitz는 인간의 진화과정 중 언어발달에 있어서 보행이 주요한 자극이 되었다는 가설을 세운 바 있다.

아기가 새롭게 획득한 걷고 기고 탐험하는 능력은 부모와 다른 일차 양육자들로 하여금 반복적으로 아이의 안전을 염려하게 하고 아이의 자주성을 제한하게 만든다. 즉, 그들은 아이를 향해 고개를 좌우로 흔들면서 '안 돼.' 라고 말할 수밖에 없다.

이러한 부모의 금지는 건강한 걸음마기 아기들로서는 쉽게 받아들일 수 없는 좌절감을 불러일으킨다. 신체적, 감정적 밀착과 자주성 및 독립을 향한 욕구 사이의 갈등에 빠진 아이는 '공격자와의 동일시' 라는 방어기제를 발달시킴으로써 이 딜레마를 해결한다. 아이는 훈육자의 말과 행동을 흉내 냄으로써 양육자와의 동일시를 유지하며, Anna Freud가 서술했듯이 외부 세계를 보다 자유롭게 공격할 수 있게 된다. 일단 이 기전을 사용하기 시작하면 2~3세 아이는 완고함 그 자체가 되고, Spitz가 주장한 세 번째 정신조정 인자가 작동된다. Erikson(1963)은 인생 주기 중 걸음마기 아동의 딜레마를 '자주성 대 수치와 의심(autonomy vs. shame and doubt)' 이라고 서술하였다. 아이는 자주성과 공격성에 대한 표현방법을 분별하거나 조절할 수 있는 능력이 결여되어 있기 때문에, 부모는 아이들에게 자비로운 엄격함으로 지지해 주어야 한다. 만일 이러한 과정이 순조롭게 일어나지 않으면 걸음마기 아이는 위험에 처한다. "아이의 자유 선택에 대한 자주성의 경험이 점진적으로 그리고 적절하게 조절되지 않고 거부된다면, 또는 신뢰감의 상실로 인해 약화된다면 아이의 구별하고 조종하고자 하는 의지는 모두 아이 자신을 향하게 될 것이기 때문이다. 아이는 스스로를 지나치게 조절하려고 할 것이며 조숙한 양심이 발달될 것이다." (Erikson, 1963, p. 252) 그 결과로 수치와 의심 정서가 출현하게 되고, 이들 정서는 아이의 자주성에 대한 욕구를 억누르며 미래의 발달을 저해한다.

분리-개별화 단계

Mahler의 분리-개별화 이론의 첫 두 단계인 '자폐기'와 '공생기'는 생후 1년 안에 일어난다. 세 번째와 마지막 단계는 분리-개별화 단계라는 혼란스러운 표현을 사용하며, 12~36개월에 일어난다. 아이는 이 단계들을 거쳐 대상항상성을 획득한다.

Spitz와 마찬가지로, Mahler, Pine 그리고 Bergman(1975)은 운동 능력이 자아발달에 중요한 결정체 역할을 한다고 보았다. 아기가 걸을 수 있게 되면 의도적으로 어머니와 신체적 분리를 시도할 것이며, 불가피하게 심리적 분리와 개별화가 뒤따른다. 사실 엄마와 공유하는 공생 상태로부터 심리적으로 분리되는 것은 생물학적 탄생과 마찬가지로 불가피한 것이다. 엄마가 충분히 감정적으로 받아들여 주고 '의사소통을 통해 맞추어 주는 것'이 이러한 심리적 분리과정에서 필수적이다. 부모가 수용해 주면 걸음마기 아동은 어머니의 마법적 힘을 공유하면서 동시에 '의기양양함의 정점'에서 세상을 탐색할 수 있을 것이다.

Mahler는 걸음마기 아동의 거부증(negativism)을 자주성에 대한 욕구의 건강한 표현이라고 생각했다. 하지만 거부증은 어머니와의 신체뿐 아니라 감정상의 거리와 다양한 형태의 퇴행을 초래한다. (이에 대해서는 이 장의 '걸음마기의 발달장애' 부분에서 다룰 것이다.) 자존감이 취약한 이 시기에 걸음마기 아동은 퇴행의 두려움과 어머니에 의해 다시 삼켜지길 원하는 소망을 통제하기 위해 어머니의 지속적 존재와 아버지 또는 다른 양육자들의 지지를 필요로 하는데, 그들의 두려움은 이 단계의 특징인 '분리불안'으로 표현된다.

화해 위기

생후 2년이 되는 시기까지 Mahler(1963)의 이론 중 임상적으로 가장 의미 있는 것은 '화해 위기(rapprochement crisis)' [1]의 시기다. 14~24개월 사이의 걸음마기 아동에 의해 시작되는 이 정상적 상호작용은 아이가 놀이, 탐험, 새로운 기술의 획득과정에 엄마를 동참시키려고 반복해서 시도하는 것으로 나타난다. 어머니가 아이 옆에서 열광적으로 격려해 주고 적극적으로 참여해 준다면, 걸음마기 아동은 감정적으로 재충전되어 다시 혼자서 넓은 세상 속으로 탐험을 재개할 것이다. 하지만 최상의 경우라고 해도 엄마와 아이 모두에게 이러한 재결합과 분리의 강렬한 감정들을 반복적으로 경험하게 하는 것은 상당한 양가감정과 좌절감을 초래한다.

화해 위기라는 용어는 정상적 의미와 병리적 의미를 모두 갖고 있다. 정상적 의미에서 위기란 이 시기의 모자관계에 대한 혼란스러움과 강렬함을, 그리고 이 시기에 대해 Mahler가 부과한 중요성을 시사한다. 병리적 의미에서 위기란 걸음마기 아동이 어머니가 옆에 없거나 반응을 보이지 않을 때 나타나는 반응, 즉 엄마를 찾다가 울화통을 터뜨리고 조르고 징징대고 수면장애를 보이는 상태를 말한다.

대상항상성

아이가 약 3세경이 되면 분리-개별화 과정을 통해 전 인생에 걸

---

1) 역주: 여기서 rapprochement는 친교, 재접근 등으로도 번역될 수 있다.

처 모든 인간관계의 핵심이라고 할 수 있는 중요한 능력이 등장하게 된다. 대상항상성(object constancy)이란 어머니와 다른 중요한 사람에 대한 정신적 표상을 그들이 없을지라도 오랜 시간 동안 유지하는 능력을 말한다. 이 능력이 생기면 아이는 대상에 대해 감정적으로 지속되는 관계성을 가질 수 있다. 자신들에게 인생에 대한 정의와 의미를 공급한 사람이 공상을 통해 언제나 관계를 맺고 조종할 수 있는 정신내적 존재로 자리 잡게 된다. 대상항상성이 없이는 오이디푸스 콤플렉스의 생성과 해소가 불가능한데, 이는 발달의 한 단계에서 획득되어야 할 능력이 다음 단계의 새롭고 보다 복잡한 과제를 수행하는 데 기반이 된다는 것을 보여 주는 한 예다.

학령 전기에 일차 양육자와 오랫동안 떨어져 있으면 이러한 대상항상성을 유지하는 능력이 취약해질 수 있다. 하지만 아이가 성장할수록 이런 위험은 감소한다. 성인의 경우 오랜 기간 떨어져 있어도 과거의 대상에 대한 정신적 표상을 유지하는 능력은 거의 무한대다. 예를 들면, 오랜 기간 동안 만나지 못했던 아동기의 특별한 친구나 대학 시절 룸메이트를 생각해 보자. 그 사람과 연관된 기억과 감정을 통해 정신적 이미지가 곧 떠오를 것이다. 누군가를 몇 년간 못 보다가 다시 만나게 되면 과거의 이미지가 얼마나 집요한지를 깨닫게 될 것이다. 이 경우 마음속에 있던 과거의 이미지와 현재의 외모와 행동 간의 차이 때문에 충격을 받기도 한다.

자기항상성(self-constancy)이란 대상항상성의 상보적 개념이다. 두 살 중반의 걸음마기 아동은 자신을 분리된 존재로 생각하기 시작한다. 정신적 표상을 이용하는 능력이 증가하고 분리-개별화 과정이 진행됨에 따라, 결국 안정적이고 견고한 정체성의 핵심이 만들어질 때까지 자기감이 커져 갈 것이다. Kohut 학파의 용어를 빌

리자면 '응집된 자기 구조(cohesive self-structure)'(Wolf, 1988)가 등장한다는 것인데, 이는 자기대상(self object)과의 지속적이고 긍정적인 상호작용을 통해 걸음마기 아동에게서 미래의 건강한 발달의 기반이 되는 통합된 자기감이 발달된다는 주장이다.

분리-개별화 이론의 응용

분리   Spitz와 Mahler의 이론에서 밝혀진 바와 같이, 유아와 걸음마기 아동이 일차 양육자와 장기간 분리되는 경우 그 결과는 좋지 않다. 정상발달이 촉진되기 위해서는 아이가 부모로부터 자유롭게 분리될 수 있어야 하지만, 그들이 원할 때 재결합할 수 있도록 부모가 항상 곁에 있어야 한다. 하지만 때로 부모들은 걸음마기 아동을 양육하는 고된 일과로부터 벗어나고 싶어 한다. 불행하게도 이 같은 부모의 일하고 싶은 욕구와 놀고 싶은 욕구는 걸음마기 아동의 지속성 요구와 항상 잘 맞아떨어지지는 않는다. 결과적으로 부모들이 우리에게 분리과정에 대해서 질문을 해 올 때, 그들은 자신들이 듣고 싶어 하는 대답만을 들을 수는 없다.

다음에 제시되는 시간 간격들은 정상발달을 촉진시키기 위한 최상의 조건이라는 측면에서 쓰인 일반 지침이다. 하지만 아이들은 덜 이상적인 상황에서도 적응하고 살아남는다는 것을 기억해야 한다. 가장 해로운 패턴은 한 번 또는 간혹 가다 한 번씩 분리되는 것이 아니라 지속적으로 양육자와 떨어지는 것이다.

생후 첫 3년간 부모의 부재는 하루나 이틀 정도로 제한되어야 한다. 오이디푸스기가 되면 이 같은 간격은 비교적 큰 부담 없이 일주일로 늘어날 수 있다. 대부분의 잠복기 연령 아동들은 지나친 불안이나 퇴행 없이 1~2주간의 부재를 견딜 수 있다. 정상적인 초기 청소년들은 잘 발달된 대상항상성을 갖고 있고 아동들처럼 부모의 부재에 대해 취약하지 않다. 그러나 그들 역시 지속적으로 부모가 제공하는 틀, 판단, 제한 설정 등이 필요하다. 따라서 부모가 없을 때는 원숙한 양육자가 그 역할을 대신할 수 있어야 한다.

대리 양육자 이미 언급한 바와 같이, 유아와 걸음마기 아동의 건강한 발달은 서로 사랑하고 아동의 양육에 헌신하는 생물학적 부모에 의해 일어날 가능성이 가장 높다. 위와 같은 환경이 부모의 일, 이혼 또는 다른 현실적 이유로 존속할 수 없게 된다면 대안을 마련해야 한다. 실제 부모-자녀 관계에 근접하기 위해서는 대리 양육자가 신체적·감정적으로 건강하고 아이를 한 개인으로서 존 중하며 장기간 함께 있을 수 있어야 한다. 만일 양육이 아이의 가 정 밖이나 주간 탁아시설에서 이루어진다면, 동일한 사람이 정기 적으로 아이를 돌봐야 하며 한 명의 성인이 돌보는 아동의 수는 가 능한 한 적어야 한다.

진단 및 치료와의 연관성 임상가로서의 경험에서 나온 Mahler의 이론은 진단적으로는 물론이고 치료적으로도 매우 유용하다. Mahler(1952)는 아동기 정신증을 자폐적 및 공생적 유형으로 나누 었다. 또한 다른 사람과 관계를 맺는 능력은 인간 경험의 매우 필수 적인 부분이기에 분리-개별화 이론은 자기애적 및 경계성 상태와 같이 심각하지만 정신증적이지는 않은 정신병리를 정의하는 데 사 용되어 왔다. 이 영역의 연구에 관심이 있는 독자는 Kernberg(1975) 와 Kohut(1977)의 저서를 읽어 보기 바란다.

어떤 임상가들은 전이 현상을 설명하고 해석하는 데 화해 위기의 개념을 사용하기도 한다. 화해기에 심각한 장애를 경험한 환자들은 그들의 외상적 경험을 치료자와의 경험에서 재창조한다는 것이 이 주장의 기반이다. 따라서 치료과정 중 임상가에 의해 화해기와 관련된 결함과 갈등이 이해되고 해석될 수 있다.

이행 대상

Winnicott(1953)은 유아기에 일어나는 어머니와의 신체적 및 심리적 분리에 대해서 연구한 또 다른 뛰어난 이론가다. 그는 테디 베어와 담요가 유아와 걸음마기 아동에게 왜 중요한지를 설명하였다. 그는 이행 대상(transitional object)이라는 용어를 사용하면서 아이가 2세 후반부에 이르면 이런 부드럽고 흐물흐물한 대상이 아기와 엄마 사이의 관계를 대변하기 때문에 중요해진다고 하였다. 엄마를 상징하는 이행 대상을 선택하고 이용함으로써 걸음마기 아동은 어머니와 떨어져 있는 동안 공상을 통해 어머니와의 연결을 유지할 수 있다. 걸음마기 아동은 다른 이행 현상인 소리, 단어, 노래, 그리고 어머니와 밀접하게 연관된 다른 언어 표현들을 동일한 목적으로 사용하기도 한다.

소년이나 소녀 모두 근본적으로는 동일한 분리-개별화 과정을 거치게 된다. 그러므로 이러한 이행 대상을 이용하는 방법이나 빈도에서 성별의 차이는 없다. 하지만 모든 아이가 분리-개별화 과정 동안 이행 대상을 필요로 하는 것은 아니다. 따라서 다른 모든 자료와 마찬가지로, 임상가들은 진단적 결론을 내리기 전에 이행 대상과 현상에 대한 정보를 다른 정보들과 연계하여 고려해야 할 것이다.

유명한 담요, 문제가 되는 담요

아마도 잘 알려져 있는 가장 유명한 이행 대상은 만화 〈Peanuts〉에 나오는 라이너스[2]의 담요일 것이다. 담요에 대한 라이너스의 강렬한 애착에서 '어떻게 아이들이 그것을 포기하게 할 것인가'라는 부모와 임상가들이 자주 마주치게 되는 문제를 볼 수 있다. 라이너스의 담요가 세상에서 가장 유명한 것이긴 하지만 가장 악명 높은 것은 아니다. 내 환자 중 하나인 샐리의 예를 들어 보자. 그녀가 4세 7개월일 때 나는 아이 엄마로부터 급한 전화를 받았다. "샐리의 담요가 없어졌어요!" 어떻게 하면 좋겠냐는 것이었다. 사연을 물어보자 다음과 같은 이야기가 나왔다. 샐리는 한 살 때부터 담요에 강한 애착을 가지고 있었고 그것 없이는 어디에도 가지 않으려고 했다. 시간이 흘러 엄마는 찢어지고 더럽고 냄새 나는 담요를 가끔 세탁해야만 했다. 그럴 때마다 샐리는 담요가 마를 때까지 빨래 줄 아래에서 애처롭게 쳐다보곤 했다. 그날 발생했던 위기 상황은 세월이 흘러서 줄어들고 너덜너덜해진 담요가 세탁기가 돌아가면서 완전 분해되어 형체를 알아볼 수 없게 된 것이었다.

샐리는 담요 없이도 살아 나갈 수 있었고 변호사로 성장하였다. 만일 샐리의 부모가 발달적으로 더 이상 필요 없어진 시점에서 아이가 담요를 포기할 수 있게 했다면 그날의 불안과 고통은 피할 수

---

2) 역주: Charles Schultz의 만화 주인공 중 하나로 항상 낡은 담요를 끌고 다닌다.

있었을 것이다. 두 살이 되면 엄마의 젖이나 우유병을 빼는 것이 아이 발달에 더 이상 필요하지 않은 것처럼, 대상항상성이 생기면 이행 대상에 대한 강력한 애착은 더 이상 필요하지 않다. 이유과정과 마찬가지로 4세 이후까지 아이가 이행 대상을 포기하지 않는다면, 부모는 적극적으로 이를 떼기 위한 과정을 시작해야 한다. 아이가 3~4세가 되면 언어 능력이 생기면서 규제에 대해서 받아들일 수 있게 된다. 아이에게 이제 이행 대상이 없이도 편안해질 수 있다고 안심시켜 주고, 그래야 큰 아이가 된다고 설명한 후에 점진적 분리를 시작해야 한다. 예를 들면, 아이가 처음에는 이행 대상을 집에서만 가지고 있게 한 후에 나중에는 침실에서만, 그다음에는 자기 전 침대 안에서만, 마지막으로는 서랍이나 선반 위에 영원히 두도록 한다. 그렇게 되면 훗날 아이는 먼 과거의 추억으로서 그 물건을 발견할 것이며 그것을 포기하는 과정에서 가졌던 갈등은 잊어버릴 것이다.

걸음마기의 발달장애

걸음마기 아동의 행동을 설명하기 위해 흔히 '얄미운 두 살'이라는 표현을 사용한다. 지금까지 우리는 이 시기의 어떤 증상들이 분리-개별화 과정의 스트레스와 연관되어 있는가를 알아보았다. Anna Freud(1965)는 이러한 행동(증상)들을 '걸음마기의 발달장애(The Developmental Disturbances of the Toddler)'라는 제목하에 상세히 설명하였다.

이러한 행동들은 항문기 가학증이 최고조에 다다른 것과 관련 있으며, 부분적으로는 파괴성, 지저분함, 안절부절못하는 행동으로, 때로는 반응성 행동인 조르거나 떨어지기 어려워하고 징징거리고 혼란스러운 감정 상태(울화통 터뜨리는 행동 포함)로 표현된다. 비록 겉보기에는 무척 심하고 병적으로 여겨져도, 이는 단기적으로 나타나는 증후군이다. 이러한 행동들은 아이의 욕동(drive) 파생물과 감정이 운동적 출구 외에는 발현할 길이 없는 동안에만 나타나며, 점차 새로운 분출 경로가 생겨나면서, 특히 언어 능력이 발달함에 따라서 소실되거나 감소된다(Anna Freud, 1965, pp. 161-162).

따라서 이런 행동들은 폭발적으로 커진 새로운 잠재력을 담고 있는 강하고 성숙된 신체와 새롭게 등장한 감정과 기능들을 수용하고 표현해 내야 하는 마음 사이에 생긴 자연적 불균형으로 인해 발생하는 것이다. 자아가 욕동을 통제할 수 있는 능력을 서서히 획득함에 따라 새롭고 보다 편안한 평형 상태가 생겨난다. 하지만 이 시기가 신체와 마음 사이의 불균형이 일어나는 마지막 시기는 아니다. 사실 가장 두드러진 예는 사춘기의 신체 성숙이 아동기(후기 잠복기)의 평화로움과 균형을 위협하여 중요한 심리적 재조직화를 일으키는 청소년기라고 하겠다.

걸음마기의 발달장애를 구성하는 요소들에 대해서 차례로 알아보자. 걸음마기에 흔히 나타나는 파괴성(destructiveness)은 인과관계와 가치에 대한 개념이 없는 상태에서 나타나는 고삐 풀린 공격성과 호기심의 표현이다. 부모는 아이의 증가하는 호기심을 억제하지 않으면서 동시에 지나친 공격성은 통제해야 하는 과제를 수행해야 한다. 호기심을 갖는 것은 정상 학습과정을 위해 매우 필요한 태도이기 때문이다. 지저분함(messiness)은 정리정돈과 조직화의 필요성을 느끼지 않는 상태에서 정상적으로 나타나는 탐험의 결과다. 신체적 들썩거림(motor restlessness)은 걷기, 뛰기, 말하기, 눈과 손의 협응 같은 새로운 운동 기술을 지속적으로 훈련하려는 욕구에서 나타난다. 어른들이 보기에는 단조로울 수 있으나, 그 같은 활동은 걸음마기 아동에게는 백 번을 반복해도 처음 하는 것처럼 즐거운 것이다.

걸음마기 아동에게는 마음 놓고 탐험하고 연습할 수 있는 안전한 장소를 제공해야 한다. 그들이 아직 위험을 인식할 수 있는 능력이 없기 때문에 날카로운 물체에 다치거나, 층계에서 떨어지거나, 유해한 물건을 삼키지 않도록 보호해야 한다. 아이에게 파괴적이거나 지저분하다고 벌을 주지 말고 어질러진 것들을 치우라고 요구하지도 말아야 한다. 신체 활동이 증가되는 것을 억압하기보다는 안전하게 연습할 수 있는 장소를 제공하고 충분한 영양과 휴식을 취하고 잘 감시할 수 있도록 일상을 체계적으로 운영해야 한다.

분노 발작

분노 발작(temper tantrums)은 Anna Freud가 언급한 징징거리고 혼란스러운 감정 상태의 가장 두드러진 예다. 이는 이 시기에 정상적으로 일어나는 행동이나, 아이는 자신의 감정과 행동에 대해 통제 불능 상태를 보인다. 분노 발작을 하는 도중에 아동은 흔히 몸을 바닥에 던지고, 발버둥치고, 소리를 지르고 울부짖곤 한다. 이것은 아이에게 정말로 공포스러운 경험이기 때문에 부모는 아이가 가능한 한 빨리 통제를 되찾을 수 있도록 도와야 한다. 아이가 안정

될 때까지 분리시키거나 벌을 주기보다는 신체적, 언어적 접촉을 유지하면서 침착하게 지지하고 안심시킨다. 좀 더 큰 아이들이 부모와의 관계를 조종하거나 통제하기 위해서 사용하는 거짓 분노발작은 쉽게 구분이 되는데, 이 경우 규제를 시험하려는 다른 시도와 동일하게 설명과 지속적 엄격함으로 다루어야 한다. 걸음마기 아동의 부모들은 흔히 훈육을 위해서 아이의 엉덩이를 때리는 것이 적절한 때가 언제인지를 물어보곤 한다. 신체적 처벌을 지속적인 훈육방법으로 쓰는 것은 어떤 연령에서든 부적절하며, 이는 흔히 아이들이 부모들을 참을 수 있는 한계 이상으로 화나게 하였을 때 복수하는 것을 정당화하기 위해서 시작된다. 가끔 엉덩이를 때리는 것은 부모나 아이에게 그리 해롭지 않을 것이다. 그러나 아이가 성인이 되고 인생 후반에 접어들었을 때 자신이나 타인에 대한 공격적인 태도는 자신이 아이였을 때 노출된 규제와 훈육 패턴으로부터 강력한 영향을 받는다. 친절한 엄격함으로 훈육된 아이들은 커서 자신의 자녀들에게도 비슷한 방식으로 대할 것이다. 학대를 당한 아이들은 치료적 개입 없이 성인이 되었을 때 자신의 자식을 학대할 가능성이 매우 높다.

수면장애

이 시기에 일어나는 수면장애도 다른 걸음마기의 장애와 동일한 이유로 일어난다. Gesell과 Ilg(1943)는 수면장애를 15~30개월 된 아동에게서 가장 흔히 관찰되는 행동으로 보았다. Nagera(1966)는 항문기의 이러한 문제는 거의 보편적으로 일어난다고 주장하였다. 그 이유는 달라도 수면장애는 구강기, 항문기, 오이디푸스기에 나타날 수 있는 가장 흔한 현상이다.

Nagera는 항문기의 수면장애를 세 가지 유형으로 나누었다. 첫 번째 유형은 아이의 미성숙한 자아 기능과 연관이 있다. 두 살 된 아이는 엄마가 없으면 아직 불안하다. 자러 가는 것은 엄마를 떠나는 것이다. 또한 3세경부터 오이디푸스기 행동의 전구 증상으로 두려움과 악몽이 나타나는데, 걸음마기 아동은 공상과 현실을 구분하지 못하므로 불안해한다. 즉, 아이는 벽장 속의 호랑이를 진짜라고 느낀다.

두 번째 유형의 수면장애는 이미 서술한 바와 같은 새로운 능력의 등장과 연관이 있다. 걸음마기 아동은 연습의 즐거움을 포기한 채 잠자리에 들고 싶지 않다. 결과적으로 취침시간은 걸음마기 아동과 부모에게 모두 힘든 시간이 된다. 이러한 상황은 다음과 같이 해결할 수 있다. 첫 1년 이후 정기적 취침시간을 정해야 한다. 2세가 되면 부모는 취침시간 전의 일과로 간단한 간식을 먹이거나, 목욕을 시키거나, 책을 읽어 주는 등의 활동을 함으로써 아이가 강렬한 신체 활동에서 평화롭고 차분한 상태가 되도록 돕는다. 이 같은 노력에도 불구하고 결국 부모가 잘 자라고 인사를 해야만 하는 시간이 오고 불을 끄고 방을 떠나면 반항의 울부짖음이 수초 또는 수분간 귓가에 맴돌게 되는 순간을 맞이할 것이다. 부모는 아이가 물 한잔을 마시거나 이야기 하나만 더 들려 달라는 부탁을 해 올 때 계속 거절해야만 한다. 만일 침착하고 완고하게 이러한 패턴을 매일 반복한다면, 아이는 서서히 이를 내재화할 것이다. 좌절에 대한 내성이 증가하면 아이의 충동에 대해 외부에서 조절해 주던 것이 서서히 아이의 내적 통제로 대치되는데, 이러한 내적 통제는 아이에게 평생 필요한 능력이다.

세 번째 유형의 수면장애는 항문기 주제 및 갈등과 연관이 있다. 아이가 부모의 요구와 기대를 내재화함에 따라 아이 마음속의 갈등 및 충동과 스스로 만들어 낸 제한과 규칙 사이에 최초로 싸움이 벌어진다. 항문기 갈등의 훌륭한 예로 Bornstein(1953)이 대소변 가리기 훈련 중에 있던 2세 반 된 소녀를 치료한 증례를 들 수 있다. 아이는 침대에 소변을 실수할지도 모른다는 두려움 때문에 자러 가는 것을 두려워한다. 두려운 마음의 기저에는 지리고 싶은 소망과 어머니의 사랑을 잃을 것에 대한 공포 사이의 강렬한 갈등이 있다.

음식에 대한 태도

걸음마기 아동의 자율성 증가와 복잡함은 음식에 대한 태도에서 잘 나타난다. 갓난아기의 식단은 선택의 여지가 별로 없는 반면, 걸음마기 아동은 음식에 대해 강한 선호도를 나타낸다. 또한 건강한 걸음마기 아동은 2세경 자기가 혼자 먹고 마시겠다고 주장한다.

아이들에게 음식은 맛을 보는 것과 마찬가지로 만지고 냄새를 맡는 대상이다. 아이는 포크나 숟가락을 사용할 뿐 아니라 손으로 음식을 쥐어짜고 부수고 집어 던진다. 어떤 음식들은 맛뿐 아니라 색깔이나 재질 또는 온도를 이유로 선호되거나 거절된다. 3장에서 언급했듯이 먹는 행위는 갈등이 없는 즐거움이어야 한다. 그러므로 부모들은 아이가 적극적으로 음식을 만지고 전체 감각을 이용해서 음식을 즐겁게 탐색하도록 권장해야 한다.

아이는 아직 좌절에 대한 내성이 제한되어 있기 때문에 배고픔을 참는 것이 어렵다. 따라서 부모는 식사시간 사이에 아이에게 약간의 간식을 주어야 한다. 일단 음식은 주되, 걸음마기 아동에게 또는 더 큰 아이들일지라도 접시를 비우거나 주어진 모든 음식을 맛봐야 한다고 강요해서는 안 된다. 걸음마기 아동에게는 그렇게 하는 것이 무리이지만, 오이디푸스기와 잠복기를 거치면서 부모나 손위 형제들의 성숙한 행동을 동일시하려는 바람이 생기면 아이들 스스로 그렇게 하기를 바라게 될 것이다.

특히 통제가 심하거나 깔끔한 부모들은 걸음마기 아이의 독립성과 지저분함에 대해서 강렬한 반응을 보일 것이다. 이러한 반응은 아이가 식사를 하는 높은 의자 밑에 기름 천을 깔거나 밀폐형 컵이나 깨지지 않는 접시 또는 식기를 사용함으로써 최소화할 수 있을 것이다. 첫 3세까지 형성되는 음식에 대한 태도는 아이가 일생 동안 건강하고 즐겁게 영양을 섭취하는 사람이 될 것인지, 이후 섭식장애를 갖게 될 것인지를 결정하는 기반이 될 것이다.

대소변 가리기

대소변 가리기에 대해서 본격적으로 서술하기 전에, Anna Freud(1965)가 언급한 발달 경로인 '똥오줌 지리기부터 방광 및 장 조절까지(From Wetting and soiling to Bowel and Bladder Control)'에 포함되는 생물학적 · 환경적 요인들을 먼저 살펴보겠다.

생물학적 · 환경적 요인

이 과정에 관여하는 생물학적 요인으로는 몸의 아랫부분, 대소변을 참고 배출하는 행동, 그리고 신체 배출물 자체에 대한 인식과 통제 능력이 증가하는 것을 들 수 있다. 환경적 영향으로는 이러한 행동과 배출물, 그리고 대소변 가리기 훈련에 대한 일차 양육자의 태도가 중요하다.

생후 2~3세에 걸쳐 하지의 수초화(myelination)[3]가 진행되면서 수의적으로 항문과 요도 괄약근의 개폐를 조절하는 능력이 생겨난다. 이러한 새로운 능력의 등장과 동시에 몸에 있는 구멍과 거기서 나오는 배출물들에 대한 인식이 커진다. 아이는 이런 동작과 배출물에서 큰 재미를 발견한다. 그들은 소변과 대변을 만지고, 냄새 맡고, 맛을 보고, 놀잇감으로 여길 뿐 피하거나 역겨워하지 않는다. 따라서 걸음마기 아동이 자발적으로 대소변 가리기 훈련을 하도록 만들 수 있는 생물학적 요소는 없다.

발달이 진행되면서 아동은 점진적으로 부모로부터 오는 자극을 받아들인다. 분리-개별화 과정 중 아동은 부모의 힘과 중요성을 인식하게 되고, 이러한 인식 덕분에 아이는 자유롭게 싸고 지리는 자유로부터 오는 즐거움과 청결에 대한 환경적 요구 사이에서 갈등한다. 결국 발달을 완성하고 성장하고자 하는 소망, 부모의 사랑과 승인에 대한 필요성이 생물학적 요인과 연관된 즐거움보다 커지고, 아이는 대소변 가리기 훈련을 받아들이게 된다.

대소변 참기, 싸 버리기, 대소변 자체 등은 점차 아이 마음속에

---

3) 역주: 수초화는 신경세포 내 수초(myelin)가 형성되는 과정을 말한다.

서 일차 양육자의 느낌이나 생각과 연결된다. 아이는 자신의 배출물에 대해 분명한 태도를 보이고, 마침내 부모의 대소변 가리기 훈련 요구에 초점을 맞춘다. 그리고 배출물은 부모에 대한 다양한 범위의 생각과 감정, 그중 몇 가지를 든다면 사랑, 증오, 고집, 순응 등을 표현하는 수단이 된다.

똥오줌 지리기부터 방광 및 장 조절까지

Anna Freud(1965)는 '똥오줌 지리기부터 방광 및 장 조절까지'라는 발달 경로를 제시함으로써 대소변 가리기 훈련방법과 부모와 자녀 간의 지속적 상호작용이 아이에게 어떤 정신적 변화를 일으키는지 설명하였다. 4단계 과정으로 이루어진 이 발달 경로는 발달적 체계가 어떻게 실용적 이론으로 이용될 수 있는가를 보여 주는 좋은 예다. 이 발달 경로의 목표는 아이가 편안하게 배설과정을 통제할 수 있는 능력을 키워 줌과 동시에 자신과 타인에 대해 정신내적으로 적응 가능한 태도와 능력을 발달시키는 것이다. 이는 대소변 가리기 훈련을 하루아침에 또는 24시간 내에 완성하기 위한 시도들과는 거리가 멀다.

이 발달 경로는 네 개의 단계로 나뉜다. 첫 번째 단계는 태어나면서부터 시작되는데, 이 시기에 아이는 완전히 자유롭게 싸고 지린다. 이 단계는 대소변 가리기 훈련과정이 시작될 때까지 지속된다. 두 번째 단계인 적극적 대소변 가리기 훈련은 아이가 발달적으로 이 과정에 참여할 준비가 될 때, 즉 대략 두 살이 되기 전까지는 시작하지 않도록 해야 한다. 왜 두 살인가는 곧 설명하겠다. Anna Freud는 대소변 가리기 훈련을 잘 시키기 위한 바람직한 부모의 태도를 다음과 같이 서술하였다.

> 만일 엄마가 아이의 요구에 예민하게 반응하고 수유할 때와 동일
> 한 태도로 대한다면, 청결에 대한 환경적 요구와 아이의 항문과 요
> 도 조절에 대한 반대되는 태도 사이에서 동정적으로 중재할 수 있을
> 것이다. 그렇게 되면 대소변 가리기 훈련은 점진적으로 그리고 큰
> 문제 없이 진행될 것이다(1965, p. 74).

앞서 서술한 것과 같은 양육자와 아이 간의 상호관계는 수개월,
수년간의 적극적 대소변 가리기 훈련과정 중 반복된다. 이 과정이
긍정적 방식으로 진행된다면, 아이가 배뇨와 배변을 통제해야 하
는 환경적인 요구를 받아들이는 시기인 3단계가 2단계와 겹쳐서
나타날 것이며, 보다 큰 정신내적 변화가 이루어질 것이다.
3단계에서는 다음과 같은 변화가 일어난다.

> 아이는 어머니와 환경의 요구인 청결에 대한 태도를 받아들이고,
> 이러한 태도를 동일시하는 과정을 통해서 자신의 자아와 초자아 요
> 구의 통합된 부분으로 만든다. 그 후부터 청결에 대한 요구는 외부
> 가 아닌 내적인 것이 되고, 잘 알려진 억압과 반동 형성과 같은 자아
> 의 방어 활동을 통해서 요도와 항문적 소망에 대항하는 내부 장벽이
> 세워질 것이다(p. 74).

이 시점에서 아이는 큰 아이들이나 어른들처럼 소변과 대변에
대해서 특징적 역겨움을 표현하며, 공격성과 같이 신체와 그 배출
물을 조절하는 새로운 능력에 동반된 강력한 감정을 좀 더 잘 통제

할 수 있게 된다.

하지만 이것이 이 발달 경로의 종점은 아니다. 4단계에 이르면 배뇨 및 배변에 대한 통제가 환경적 요구에 의한 것이 아닌 보다 안전하고 자발적인 자아의 기능이 된다. 잠복기 아동은 스트레스 상황에서도 배뇨 및 배변 조절의 실수를 하지 않는다. 화장실 사용은 부모의 지식이나 지시 또는 지지와 완전히 분리된 활동이 된다. 신체적으로나 심리적으로 건강한 사람은 이러한 상태가 평생 지속되며, 노년기에 신체적 쇠퇴로 인해 장과 방광의 조절 기능이 감퇴될 때까지 지속된다.

대소변 가리기의 기전

앞서 소개한 개념들을 토대로 아이가 신체적 · 심리적으로 순응할 수 있게 되는 시기인 약 2세경에 시작되는 대소변 가리기 훈련 과정에 대해 알아보자. 아이가 이 과정에 협조하기 위해서는 부모의 요구가 무엇인지 이해하고, 항문과 요도 괄약근을 수의적으로 조절할 수 있고, 자신의 의도에 대해서 부모에게 이야기할 수 있어야 한다. 대소변 가리기 훈련은 일차 양육자에 의해서 시작되는 적극적 과정이다. 부모는 아이에게 무엇을 기대하는지 알려 준 후에 모든 기저귀를 없애야 한다. 한동안 옷, 마루, 침대가 더러워지더라도 기저귀 대신 훈련용 팬티를 지속적으로 사용하는 것은 아이에게 부모의 기대를 확실히 알리고, 아이가 대소변 조절 기술에 관심을 갖도록 하고자 함이다. 이와 동시에 아기용 변기를 준비하고 설명해 준다. 아기용 변기를 사용하면 아이가 변기에 편안하게 앉아서 발을 단단히 바닥에 붙일 수 있게 되므로 떨어지거나 균형을

못 잡을까 걱정하지 않아도 된다.

　어떤 아이들은 이와 같은 과정에 비교적 빨리 순응하는 반면, 다른 아이들은 강하게, 때로는 장기간 저항한다. 순응하는 경우에 칭찬으로 반응해 주어야 하며, 저항하는 경우에는 처벌은 하지 않되 다음에는 순응할 것을 기대한다고 말해 준다. Anna Freud의 발달 경로의 개념을 이해한다면, 어른들은 신체적 순응과 정신적 숙달이 오랜 시간에 걸쳐 획득되는 것이라는 것을 인정할 것이다.

　대소변 가리기 훈련은 아이가 신체적으로 건강하고 안정된 환경에 있을 때 시작하는 것이 이상적이다. 몸이 아프거나 환경적으로 불안정해지면, 예를 들어 형제가 태어나거나 부모와 떨어지는 경우 조절 능력의 획득이 늦어지거나 퇴행적으로 없어지기도 한다. 대개는 3~4세경에 낮과 밤에 지속적으로 장과 방광 기능을 조절할 수 있게 되며, 완전히 자주성을 획득하는 것은 7~8세에나 가능하다.

　부모가 아이를 적극적으로 훈련시키지 못하는 경우 비정상적 결과가 초래된다. 이것은 부모가 아이의 저항에 의해 촉발된 자신들의 공격성에 대해 무의식적으로 두려워하는 경우, 또는 부모가 매우 통제적이거나 가혹한 경우에 일어난다. 만일 부모가 아이에게 계속해서 그들의 기대를 전달하지 않는다면, 아이는 신체 배출물과 자신의 감정을 조절하기 위해 필요한 자아 기술을 발달시킬 수 없을 것이다. 대소변 가리기 훈련과정 중 나타나는 일관성 없는 부모의 태도는 이유나 취침 시간과 같은 규제를 정하는 다른 경우에서도 비슷하게 관찰된다. 이런 경우 아이들은 배변 조절의 문제 외에도 또래나 어른과의 사회적 관계에서 어려움을 갖게 되고, 흔히 자기중심적이거나 미숙한 아이로 자라난다. 한편, 지나친 대소변 가리기 훈련은 유뇨증, 유분증, 그리고 배변 참기나 강박 신경증을 일으킨다. 이 같은 경우 부모와 아이 간의 갈등이 아이의 마음속에 내재화되며 반복적으로 증상적 행동으로 표현된다.

성적 및 인지적 발달

성별 차이에 대한 인식

생후 18개월경 핵심 성 정체성(core gender identity), 즉 기초적인 남성성 또는 여성성에 대한 자각이 생긴다. 이후 2세, 3세가 되면서 세상에는 두 개의 서로 다른 종류의 성기가 존재한다는 것을 알게 되는 것이다. 이를 발견하는 과정에서 남자아이와 여자아이는 그들의 성기관의 외관과 기능에 대한 보다 복잡한 이해를 하게 됨으로써 자신의 성 정체성을 확립해 간다.

남자아이는 자신의 음경, 소변 줄기, 그리고 축 늘어져 있는 상태와 발기된 상태의 음경에서 오는 감각을 보다 잘 알게 되면서 부모가 자신의 새롭고 흥분되는 경험에 동참하기를 바란다. 특히, 남자아이가 아버지와 자신의 성기 그리고 소변 줄기가 비슷하다는 것을 알게 되면서 아버지의 중요성이 커진다(Kleeman, 1966). 이 같은 인식은 한 개의 독립된 사건으로 나타나지 않는다. Galenson과 Roiphe(1974)는 생후 2년째 되는 아이들에 대한 관찰을 통해 이 시기의 아이들이 부모의 성기와 배변과정을 관찰하고자 하는 의지가 얼마나 강한지를 알게 되었다.

남자아이가 어머니는 자신과 달리 음경을 갖고 있지 않다는 것을 알게 되면 성 정체성의 확립과 분리-개별화 과정이 촉진되며 거세불안을 갖게 된다. 거세불안은 아동의 제한적 인지 기능과 자기중심성 맥락에서 가장 잘 이해되는 현상이다. 합리적 생각을 하기 어렵고, 인생의 경험과 몸에 대한 인식이 제한된 어린 남자아이에게 있어서 어머니나 누이와 같이 자신에게 중요한 사람에게 음경이 없다는 사실은 같은 일이 자기 몸에도 일어날 수 있음을 시사하는 것이다.

오이디푸스기와 달리 항문기에 아버지는 아들의 거세 공포를 안정시키는 데 중요한 역할을 한다.

> 낙관적인 것은 아버지가 남아의 초기 거세불안을 최소화하고 핵심 성 정체성을 안정화시키는 데 도움이 된다는 점이다. 화해기 갈등 해소를 도와주고 어머니에게 삼켜질 듯한 두려움을 감소시켜 줌으로써 이러한 갈등 안에 내재된 거세에 대한 위협감을 약화시킬 수 있다. 아이는 점차 자신이 남성이라는 것을 인식함에 따라 동일시할 수 있는 남성을 갈구하게 되고, 아버지는 이러한 동일시할 수 있는 남성 인물로서 중요한 역할을 하게 된다. 아버지와의 동일시는 어머니와의 탈동일시(disidentification; Greenson, 1954)보다 쉽다. 아버지와의 동일시는 남자다움에 대한 감각과 온전한 성기에 대한 자신감을 길러 주며, 남아가 안정된 신체상을 갖게 한다(Tyson & Tyson, 1990, pp. 279-280).

Freud(1905)는 생후 3년간 여성의 성적 발달을 남아의 성적 발달과 동일한 것으로 보는 실수를 하였다. 우리는 이제 핵심 성 정체성과 성기 차이의 인식과 같은 개념을 통하여 여성의 성적 발달이 출생 직후부터 고유의 발달 경로를 갖는다는 것을 알게 되었다. 이 같은 여성성에 대한 새로운 정신분석적 이론은 Freud 이후 서서히 수십 년에 걸쳐 발달하였는데, 관심이 있는 독자는 1976년도에 출판된 *Journal of the American Psychoanalytic Association, Supplement, Female Psychology*에서 자세히 읽을 수 있을 것이다(Galenson & Roiphe, 1976). 이 부록에서 발췌된 논문들이 이 책 전반에서 많이 거론될 것이다.

Roiphe와 Galenson(1981)이 서술한 바와 같이, 생후 첫 2년간은 남자아이와 마찬가지로 여자아이도 성별 간 해부학적 차이를 알게 된다. 연구 대상 중 어떤 여자아이는 처음에는 슬프거나 불안하거나 위축된 듯한 반응을 보였다. 생후 2년 된 아이들은 언어로 자신의 생각을 자세히 전달할 수 없다. 그래서 확실하지는 않지만 이런 관찰은 걸음마기 아동의 사고의 구체성, 즉 볼 수 있고 만질 수 있는 음경이 그렇지 않은 질에 비해서 우월하다는 것을 반영한다. 하지만 여자아이가 자신에게 음경이 없다는 것에 대해 보이는 첫 반응을 충분히 이해하기 위해서는 Tyson과 Tyson(1990)의 주장과 같이 보다 넓은 발달적 맥락에서의 고찰이 요구된다.

과거에는 어린 여자아이가 자신의 성기가 남자아이와 해부학적으로 다르다는 것을 발견한 후 일으키는 첫 반응을 거세감 또는 음경 선망을 시사하는 것으로 해석하였다(Mahler et al., 1975; Roiphe & Galenson, 1981). 이런 반응이 일어난다는 것은 의심할 바 없지만, 그것들이 과연 Freud(1940)가 주장한 것과 같이 정상적 여성 발달의 기반이 되는 현상인지에 대해서는 의문이 든다. 여자아이의 반응이 어떤 의미를 갖는지 이해하기 위해서는 어머니의 여성성에 대한 감각과 더불어 아버지의 (성적 감정이 아니라) 정서적 유용성과 같이 아이가 부모에 대해 갖는 관계의 성격을 고려해야 한다. 만일 모자관계가 '충분히 좋고' 어머니가 자신의 여성성에 대해서 편안해한다면, 어린 여자아이는 해부학적 차이를 발견하고는 놀라거나, 일시적이나마 음경에 대해 매료 또는 경외감을 갖거나(Greenacre, 1953), 음경을 볼 수 있는 모든 기회를 놓치지 않으려고 하고 흥분하며 자기도 갖게 되기를 소망할 수 있다. 하지만 아이는 자신이 여자라는 것에 대한 자부심 역시 갖게 될 것이다. 만일 아버지가 아이의 리비도(libido)의 대상이 된다면 음경에 대한 매혹은 아이를 아버지에 대한 일종의 초기 동일시로 이끌 수 있다. 흔히 음경에 대한 매혹은 여자아이가 서서 배뇨를 하려고 시도하는 것과 같이 배뇨기능을 중심으로 한 행동으로 나타날 수 있다. 이것은 음경 선망을 표현하는 것일 수도 있고, 남자아이의 소변 줄기의 웅장함에 대한 선망, 비슷한 신체적 조절력을 갖고자 하는 소망을 표현하는 것일 수도 있다. Kestenberg(1976)가 주목한 바와 같이, "어린 소녀는 음경을 즐거움을 위한 신체기관으로보다는 조절의 도구로 갖기를 원한다"(p. 223; Horney, 1924, pp. 260-261 참조).

인지발달

생후 첫 2~3년에 등장하는 언어 능력은 아동의 인지발달에 큰 변화를 일으킨다. 대개 1세에는 대화를 하지 못하지만, 3세가 되면 수백 개의 어휘를 익히고 언어를 통해 복잡한 생각과 감정을 전달할 수 있는 능력을 갖게 된다. 아이가 상징을 이용하고 단어를 사용하여 내적 그리고 외적 경험을 표현할 수 있게 되면서 정신내적 세계에도 변화가 일어난다. Spitz의 세 번째 정신조정 인자인 '싫어!'

또는 거부증은 이 같은 심오한 정신내적 변환을 외부적으로 시사하는 것이다.

Piaget에 따르면 약 18개월경에 아기는 감각운동기에서 구체적 조작기(18개월부터 12세까지)로 이행한다. 이는 두 개의 하부 시기로 구분되는데, 처음에 오는 전조작기는 18개월부터 7세까지 계속된다. 이 시기의 언어 능력 획득은 아이가 행동을 생각으로 대치할 수 있게 하므로 매우 결정적이다. 하지만 이 새로운 능력은 아동의 경험 부족, 자기중심성, 추상적 능력의 부재로 인해 한계를 갖는다. 즉, 걸음마기 아동은 상황 안에서 자신의 역할을 과장하고 현실과 상상 간의 분명한 구분을 할 수 없으며 일반화할 수도 없다.

걸음마기 아동의 인지 능력과 한계를 이해하는 것은 이 연령군의 아동을 평가하고 치료하는 데 매우 중요하다. 생후 첫 2년 동안 아동의 문제에 대한 진단과 치료는 대개 부모를 통하게 되지만, 언어 능력이 충분히 발달된 2세에서 3세까지의 아동은 일차적으로 그들을 대상으로 하는 정신치료와 같은 다양한 치료적 중재의 도움을 받을 수 있다.

항문기 이후에 존재하는 항문기 특성의 증거

항문기 발달단계의 중요한 주제와 갈등을 성공적으로 해결하는 것은 현재와 미래의 성격발달에 큰 영향을 미친다. 다음과 같은 예를 들어 보자.

어떤 사물에 대해서 쉽게 혐오감을 느끼고, 질서정연하고 깔끔한 것을 추구하고, 더러운 손을 싫어하는 행동을 보이는 것은 애써 억압한 욕구가 다시 올라오는 것을 막고자 하는 시도다. 매사 정확하고 양심적이고 믿을 만하다는 특성 역시 항문기에 나타나는 규칙성에 대한 집착의 부산물이다. 저축하고 모으는 것을 좋아하는 성향은 항문기에 가치 있었던 대상을 다른 대상으로 전치한 것이다. 요약하자면, 이 시기에 일어나는 일들은 생식기 전기인 항문기의 욕동 파생물이 수정되고 변환되는 과정으로서 만일 정상 범위 안에서 일어난다면 개인의 인격에 매우 바람직하고 가치 있는 성격을 부여할 것이다(Anna Freud, 1965, pp. 74-75).

화장실 사용과 관련된 의식적 행동 및 배변에 대한 태도는 분명히 항문기에 그 기원을 두고 있다. 대화, 농담, 문헌에서 나타나는 항문기적 활동이나 행동에 대한 빈번한 인용 역시 그러하다. 항문 영역과 관련된 즐거움 때문에 항문기적 활동은 성적 전희의 정상 부분이다. (물론 변태적 성욕자에게는 일차적 관심의 대상이 되기도 한다.) 정신 치료자들이 이러한 영역에 주의를 기울이면 환자가 갖는 항문기적 문제들과 갈등을 탐색할 수 있는 기회를 갖게 될 것이다.

오이디푸스기(3~6세)

서 론

Freud의 발달이론 중 3~6세 사이에 해당하는 내용은 오이디푸스 신화를 바탕으로 한다. 소포클레스의 비극에서 오이디푸스는 사실을 모른 채 자신의 아버지를 죽이고 어머니와 결혼한다. 이 나이대의 아이들은 반대 성을 가진 부모의 관심과 사랑을 받기 위해 동성의 부모와 계속해서 경쟁한다. 이것이 그 이상도 이하도 아닌 오이디푸스 콤플렉스의 핵심이다. 하지만 이러한 경쟁과 욕망은 성인이 아닌 세 살짜리 아이의 신체 및 정신 발달 수준에서 이해해야 한다.

이 시기의 아이들은 사람들 사이의 관계와 상호작용에 대해 생각하기 시작한다. 특히, 자신의 삶에서 가장 중요한 두 사람인 엄마와 아빠가 그 대상이 된다. 이 새로운 능력은 상대방의 부재 시에도 타인의 정신적 표상을 유지할 수 있는 대상항상성(4장 참조) 능력을 획득한 결과다. 덕분에 아이는 끊임없이 정신적으로 부모와 자신을 엮어 둘 수 있다. 상상을 통해 부모와 상호작용을 하고, 결과를 자기 입맛에 맞게 마음대로 조작한다. 이러한 공상 및 실제 상황에서 엄마와 아이의 양자관계에서 엄마, 아빠, 아이의 삼자관계로 바뀌는 것은 바로 아이가 남과 관계를 맺고 세상과 관계를 맺는 능력이 갑자기 엄청나게 커졌다는 증거다. 다시 말해, 대상관계가 진전된 것이다(Loewald, 1985). 오이디푸스 콤플렉스를 감당할 수 있느냐는 분명 전(前)오이디푸스기(preoedipal) 단계에서 발달이 건강하게 진행된 결과로 새로이 등장한 자아 기능에 달려 있다.

Erikson(1963)은 세 살짜리 아기에게 새로 나타난 지적인 과거 회상 및 미래 전망 능력을 기술하면서 아이가 '주도권(initiative)' 대 '죄책감(guilt)'의 전쟁을 치르고 있다고 하였다.

자율성은 잠재적 경쟁 상대들을 배척하는 데 중점을 두므로, 흔히 어린 동생이 침범해 오는 것을 막는 데 주력하며 질투가 섞인 분노가 동반된다. 이에 비해 주도권은 그것이 지향하는 영역에 우세한 장비를 갖추고 먼저 도착하여 장악하고 있는 기존의 경쟁 상대들과 맞닥뜨려야 한다. 확실한 특권을 확보하기 위해 적개심을 품고 달려들지만 유아적 질투와 경쟁의식은 거의 헛수고에 가까운 시도를 거듭하게 되며, 어머니의 눈에 들기 위한 전투는 막바지에 달한다. 만약 실패하게 되면 체념, 죄의식, 불안으로 이어진다. 낮시간 동안 아이는 거인이 되거나 호랑이가 되는 공상을 즐기지만, 밤이 되면 꿈속에서 목숨을 걸고 공포의 대상과 싸워야 한다(pp. 255-256).

아이의 공상과 집착 중 일부는 성적이지만, 다시 강조하건대 성인 차원의 것이 아니다. 오이디푸스기 아동의 성적 특성을 이해하기 위해 우선 생후 첫 3년간의 성 정체성 형성의 발달 경과를 검토할 것이며, 그 후에 유아기 성적 특성 개념에 대해 알아볼 것이다.

3장과 4장에서 논의한 바와 같이, 생후 첫 18개월 동안에는 핵심 성 정체성이 발달한다. 이후 생후 두 돌, 세 돌이 지나면서 남자와 여자가 다른 성기를 가지고 있으며 자신이 그중 하나만 가지고 있음을 알게 된다. 그리하여 오이디푸스기(oedipal phase)에 접어들 무렵, 아이는 성적 차이를 강하게 인식하게 되지만 구체적이지 않고 내용 면에서도 충분치 않다.

유아기의 성성

'꼬마 한스' 사례

유아기의 성성(infantile sexuality)이란 아이의 입장에서 경험하고 이해한 어린 시절의 성에 대한 생각과 행동의 성질이다. 초기 아동기의 인지 및 정서 발달과정의 진수를 이해하지 못한 일부 어른들은 아이도 어른과 똑같이 신체적으로나 정서적으로 성에 대한 경험을 한다고 잘못 생각한다. 유아기의 성성과 성인기의 성성 사이의 유사점과 차이점을 알아보기 위해 Freud의 '꼬마 한스' 사례를 검토해 보자. '꼬마 한스' 사례의 공식 명칭은 '5세 소년의 공포증 분석(The Analysis of a Phobia in a Five-Year-Old Boy)' (1909) 이다. Freud의 제자이기도 한 한스의 아빠가 한스의 말(horse) 공포증에 대해 Freud에게 도움을 청하면서 꼬마 한스의 치료가 시작됐다. 1909년 당시 비엔나에서 공포증 환자는 제약이 많았다.[1] 아빠가 아이의 문제를 '교수님'께 들고 오면 Freud는 아빠에게 적용 가능한 지침을 들려 보냈다. 꼬마 한스의 사례 보고서에는 유아기 성욕의 특성에 대한 생생한 실례가 많이 담겨 있다. 이들 실례는 지난 80여 년간 부모는 물론 아동 연구자들에 의해 수도 없이 입증된 바 있다. 한스 사례는 남자아이였지만, 여자아이의 경우도 성적 호기심, 성적 행동, 부모와의 상호작용은 다를 바 없다.

성기 특징에 대한 호기심　한스는 세 살이 채 되지 않았지만 자기가 '고추'라고 부르는 부분에 대해서 특별히 꽤나 관심이 많았다 (Freud, 1909, p. 7).

한스는 자기 몸의 다른 곳에서는 느낄 수 없는 상당한 쾌감을 고추에서 얻을 수 있음을 알게 되었다. 고추에 대한 관심이 늘면서 주변 사람들에게 고추가 있는지 없는지에 대한 호기심도 점점 커졌다.

한스: 엄마, 엄마도 고추 있어요?
엄마: 물론이지, 근데 왜 그러니?
한스: 그냥 생각나서(p. 7).

그러던 어느 날 젖을 짜고 있는 암소를 보았다. "와, 보세요. 고

---

[1] 역주: 한스는 말 공포증이었는데, 당시 비엔나 거리에는 말과 마차가 넘쳐났으므로 한스는 집 밖에 나가기가 어려웠을 것이다.

추에서 우유가 나오고 있어요." 몇 달 후 소방차에서 물을 뿜는 것을 보게 되었다. "와, 보세요. 소방차가 쉬를 해요. 쟤는 어디서 고추가 생겼지?" 그러고는 덧붙여 말했다. "개랑 말은 고추가 있어요. 책상이랑 의자는 고추가 없어요."(p. 9)

Freud가 꼬마 마음의 특성을 이해하는 데 있어서 Piaget의 인지발달이론은 별 도움이 되지 못했다. (이는 오늘날도 마찬가지다.) 하지만 Freud는 한스가 동물이나 사람에게 고추나 고추를 닮은 부위가 있음을 이해한다는 것으로 생물과 무생물의 차이를 구분해 낼 수 있음을 확실하게 증명하였다. 어른들의 눈에는 우습기 짝이 없겠지만, 한스의 생각은 분명 세 살짜리 아이의 발달에 딱 맞는 지극히 정상적인 것이다.

부모에 대한 성적 호기심과 지적 갈망 사이의 불가분의 연결고리   오이디푸스 단계에 접어들면서 한스의 성적 호기심은 자기와 가장 가까운 인물인 부모에게 집중되었다. 먼저 부모의 성기가 어떻게 생겼는지 알아내려고 생각과 행동을 통해 노력하였고, 자신과의 성적 놀이에 엄마를 끌어들이려고 하였다.

한스: 아빠, 아빠도 고추 있어요?
아빠: 물론이지.
한스: 그렇지만 아빠가 옷을 벗었을 때 본 적이 없어요(p. 9).

여전히 한스는 엄마의 고추에 대해 궁금해했고, 고추를 볼 수 있는 기회를 잡기 위해 먹이를 노리는 매처럼 엄마 주위를 맴돌았다. 다음은 어느 날 밤에 자러 가기 위해 엄마가 옷을 갈아 입을 때 나눈 대화다.

> 엄마: 뭣 때문에 그렇게 뚫어지게 보니?
> 한스: 엄마도 고추가 있는지 보려고요.
> 엄마: 물론 있지, 너 몰랐니?
> 한스: 아니, 알아요. 근데 엄마 고추는 말처럼 클 거라고 생각했
> 거든요(pp. 9-10).

엄마 고추는 엄청 클 것이라는 한스의 기대에서 볼 수 있듯이, 한스는 크기에 집착하는 유아적 성 특성을 나타냈다. 오이디푸스기에 접어든 아이들은 몸집이 큰 어른들이 지배하는 세상에서 크기가 작아서 겪는 불이익에 대해 인식하기 시작한다. 고추의 기능보다는 무조건 크기가 중요하다는 생각을 한다. 일부 남자 또는 여자 어른들도 그런 생각을 버리지 못한다.

유아기 자위행위　한스가 세 돌 반이 되었을 때 Freud가 쓴 내용이다. "고추에 대한 한스의 관심은 이론적인 것이 아니다. 예상한 대로, 아이는 자기 고추를 만진다."(Freud, 1909, p. 7) 유아기부터 아이들은 다른 이가 목욕시켜 주고 기저귀를 갈아 주는 과정에서 독특한 즐거움을 알게 된다. 점차 자기 성기를 자극하고 조몰락거리면서 즐거움을 느끼게 된다.

네 살이 되고 자위행위에 익숙해질 무렵, 한스는 적극적으로 엄마를 유혹하기 시작했다.

"이날 아침에도 여느 날처럼 엄마는 한스를 씻기고 물기를 닦아 주며 분을 발라 주었다. 분을 바르면서 한스의 고추에 닿지 않으려

고 조심했다. 그러자 한스가 물었다. '왜 거기는 손가락이 안 가요?'"

엄마: 그건 지지란다.
한스: 그게 뭐예요? 지지? 왜요?
엄마: 점잖지 않은 거라서 그렇단다.[2]
한스: (웃으면서) 근데 재밌잖아요(p. 19).

어린아이를 치료하는 우리가 모두 알고 있는 바와 같이, 아이도 어른처럼 자위행위를 할 때 공상을 한다. 한스도 예외가 아니었다.
어느 날 이른 아침, 한스가 놀라서 아빠에게 왔다. 아빠가 무슨 일이냐고 묻자 한스가 대답했다. "내 고추에 손가락을 아주 조금 댔거든요.[3] 엄마가 슈미즈만 입고 거의 발가벗은 걸 봤어요. 엄마가 고추를 보여 줬어요. 우리 그레첼(여자친구)한테 엄마가 했던 것을 보여 줬어요. 내 고추도 보여 주고요. 그러고 나서 곧바로 고추에서 손을 뗐어요." 아빠가 엄마의 슈미즈에 대해 물어보았다. "엄마가 슈미즈를 입기는 입었는데 너무 짧아서 엄마 고추를 봤어요." (p. 32) 여자들은 고추가 없다는 이야기를 들은 후 곧바로 생긴 공상이다. 분명 한스는 그 이야기를 받아들일 수 없었을 것이다. 그레첼에게 고추를 보여 주고 싶어서 그레첼을 공상 속으로 끌어들였다. 엄마가 자기 고추를 보여 준다면 한스가 자기 것을 보여 주는 것도 이상할 것이 없다. 이 나이 또래 아이들이 강렬한 느낌을 가지고 성기를 리드미컬하게 움직인다는 점에서는 절정감을 향해

---

2) 역주: "목욕할 때 엄마한테 고추 만져 달라고 하는 것은 점잖지 않은 거란다."
3) 역주: 자위행위를 했다는 의미다.

자위행위를 하는 것으로 볼 수 있다. 하지만 분명한 것은 정액 분비가 없다는 점이다.

임상가가 어린 아동의 성학대 여부를 판단하는 데 있어서 이러한 발달과정에 대한 지식을 갖고 있다면 대단히 유용할 것이다. 오이디푸스기의 아이들은 성적인 공상에 어른을 끌어들인다. 그러나 꼬마 한스의 경우처럼 이러한 공상은 아이답게 신체적 및 지적 미숙함을 벗어날 수 없다. 성적으로 성숙한 인체에서만 일어날 수 있는 성행위에 대해 아이가 말을 한다면, 이는 성학대가 발생하였을 가능성을 강력하게 시사하는 것이다. 성기가 구강, 질, 항문으로 들어온 것, 정액 사정 등의 경험이 그것이다. 이러한 개념은 아이에게는 완전히 동떨어진 내용이기 때문이다.

성학대를 당한 아이들 중 상당수는 학대에 대해 스스로 말을 하거나 놀이를 통해 표현한다. 그렇지 않은 아이들도 잘 훈련된 성학대 담당요원들이 격려하면 말하게 된다. 가능하다면 학대가 의심되는 아이들은 신체검사를 통해 확인해야 한다.

남자아이의 오이디푸스 발달단계

근본적으로는 남자든 여자든 유아기의 성 특성은 같다고 볼 수 있지만, 두 성 사이에는 큰 차이가 있다. 남성의 성발달에 대한 Freud의 이론 중 많은 부분이 세밀한 수정과정을 거쳤고 확인된 바 있다. 여성성에 대한 부분은 상당 부분 버려지고 대체되었다. 남성 모델로부터 잘못 추론하였기 때문이기도 하고 여성성에 대해 부정적으로 기술하였기 때문이다.

전오이디푸스기의 남자아이에게 엄마는 세상의 중심이다. 엄마는 아이에게 신체적으로 필요한 것을 제공해 주고, 심리적 개별화를 촉진시켜 주고, 세상을 가르쳐 준다. 남자와 여자의 관계에 대한 성적 차이와 호기심을 어렴풋이나마 이해하기 시작한 우리의 꼬마 오이디푸스는 엄마를 성적인 인물로 여기고 자신만의 유아적 성 세계로 엄마를 끌어들인다. 자신의 남성성에 대한 깨달음(Edgcumbe & Burgner, 1975)과 함께 아빠가 자신과는 뭔가 다른 관계를 엄마와 맺고 있음(예를 들면, 자기는 혼자 자는데 아빠는 엄마랑 함께 잠)을 알게 되면서, 남자아이는 점차 엄마의 애정과 관심을 받기 위해 아빠와의 경쟁을 시작한다. 이러한 적대적이고 경쟁적인 느낌은 내적 갈등을 불러일으킨다. 이미 자리 잡고 있던 아빠에 대한 깊은 애정과 충돌하기 때문이다.

아빠의 존재감(Tyson, 1982)과 아들의 적개심에 대한 반응은 아이의 발달 경과를 결정하는 데 매우 중요하다. 아빠가 아이의 태도에 대해 유혹하는 것으로 여기지 않고 처벌하지도 않고 잘 견디고 수용해 주면, 아이는 갈등을 불러일으키는 생각과 느낌에 대항하여 싸울 수 있는 제한적이지만 충분한 심리적 자원을 갖추게 된다. 특히, 자신의 공상을 물리칠 수 있다. 아빠를 공격하고 쫓아내고 때로는 죽이고 싶은 소망은 만족을 주기도 하지만 스스로를 깜짝 놀라게 만든다. 아빠는 자기보다 훨씬 크고 힘도 세다. 때로는 자기에게 벌도 주고 꼼짝 못하게 만들기도 한다. 따라서 아빠를 공격하고픈 소망은 매번 두려움을 동반하게 되고, 아빠의 복수를 걱정한다. 아이의 제한된 능력으로는 공상과 현실을 정확히 구별하기 어렵기 때문에 자신의 적개심과 아빠의 복수에 대한 두려움은 점점 더 위협적이 된다. 바로 이러한 이유 때문에 남자아이, 여자아이 구별 없이 오이디푸스기 아이의 허세와 경쟁심, 특히 동성 부모에 대한 것은 처벌하지 않도록 하는 것이 매우 중요하다. 오이디푸스기의 도전적 행동 문제에 대해 광범위한 제한이 필요한 것은 분명하다. 하지만 이는 일시적이며 오이디푸스기의 독특한 행태이고 정상발달 과정에 필수적임을 감안하여 이해해 주고 받아 주어야 한다. 사실 자신의 성에 대해 확신이 있는 건강한 부모라면 아이와의 전쟁에서 경합하고 쫓겨나 보기도 하고 도전을 즐길 수도 있다.

아이는 점차 고추에 몰입하고 고추를 소중하게 생각한다. 자위행위를 통해 엄마와의 사랑과 아빠와의 경쟁에 대한 공상은 점차 강화되고 거세불안을 경험하기 시작한다. 아빠가 자기에게 복수하기 위해 남성성을 빼앗아 갈 것이라는 두려움이 거세불안의 핵심이다. 아이의 현실적인 마음에서는 이러한 위험이 상징적이 아니고 실제다. 여자도 고추가 있었는데 어쩌다 보니 고추를 잃어버렸다는 잘못된, 그러나 그럴듯한 믿음 때문에 위험에 대한 두려움은 점점 고조된다. 이러한 생각이 어른의 마음에서 나온 것은 아니다. 이 나이 또래 남자아이와 여자아이의 마음속에 반복해서 나타난다. 최근 세 살짜리 남자아이 엄마에게 들은 일화가 생각난다. 아이가 유치원에 다니기 시작했는데 그 곳에는 화장실이 하나밖에 없었고, 여러 개의 변기가 있고 남녀 구분 없이 사용하도록 되어 있었다. 유치원에 다니면서부터 아이가 자주 고추를 만지려고 해서 엄마가 왜 그러는지 물어보자 고추가 제대로 붙어 있는지 확인하려고 그런다고 대답했다. 유치원에 다니면서 여자아이에게는 고추가 없다는 것을 알게 되었고, 자기 고추를 잃고 싶지 않아서 자주 확인한다는 것이다. 어른에게는 황당하게 들리겠지만 구체적이고 자기중심적 사고체계를 가진 세 살짜리 아이 입장에서는 완벽하게 논리적이다.

한편 타고난 호기심과 엄마에 대한 깊은 애착 때문에 남자아이는 여자의 신체를 동경하게 된다. 여성의 성기에 큰 관심을 보이며 엄마의 유방과 아기를 가질 수 있는 능력을 부러워한다(Ross, 1975). 그런 생각을 말로 옮기게 되면 부모는 아들의 남성성을 의심하고 소아정신과를 찾기도 한다. 오이디푸스 초기 단계에서 가끔 일어나는 일이다. 이 경우 임상가는 항상 그렇듯이 철저한 진단평가를 시행해야 한다. 하지만 세 살짜리 아이가 그런 소망을 갖게 되는 것이 발달학적으로 적절한 것임을 명심해야 한다. 대부분의 남자아이는 그러한 소망은 곧 억제되고 다시 입 밖에 내는 경우는 거의 없다.

자위행위는 오이디푸스 단계에서 필수적 정상 경험이며, 강력한 성기 부위의 즐거움이 더해져서 공상 생성이 강화된다. 이후 거세 불안이 고조되면서 오이디푸스 콤플렉스의 '해결'에 일조한다. 이 시기 아이들의 전형적 자위행위 공상은 꼬마 한스 시절 이후에도 달라진 것이 없다. 엄마와의 성적 유희를 포함하지만 삽입이나 사정은 없다. 남성의 성에서 삽입이나 사정은 사춘기 무렵 생물학적 변화에 의해 자극이 시작되는 청소년기까지는 일어나지 않는다.

엄마에 대한 성적 소망보다 거세에 대한 두려움이 강해지면서 오이디푸스 콤플렉스는 점차 '해결'된다(Freud, 1924b). 아이 스스로 자신이 어른이 조종하는 세상에서 상대적으로 약한 존재임을 서서히 깨닫고, 아빠나 다른 어른 또는 형들처럼 되고 싶다는 욕망이 커지면서 해결 구도로 접어든다. 마침내 초자아의 내재화 과정(6장에서 다룸)의 도움을 받아 다음과 같이 현명한 결정을 내린다. "상대방이 날 해치지 않으면 같은 편이 될래요." 일단 목표를 정한 아이는 자기 고추, 강렬한 공상 세계, 그리고 엄마나 여자아이로부터 관심을 돌리게 된다. 엄마나 여자아이를 깎아 내리면서 잠복기로 들어가고, 아빠, 친구, 문화에서 남성적이라고 하는 것이 무엇인지 배우게 된다.

여자아이의 오이디푸스 발달단계

앞서 기술한 것처럼 생후 첫 18개월 동안 모든 여자아이에게서 미래의 성 발달을 좌우할 기본적 여성성인 핵심 성 정체성이 발달한다. 이 이론은 여성의 성적 특성에 대한 새로운 이정표를 세운 것으로, 오이디푸스기 이전에는 남자아이나 여자아이나 모두 똑같이 남성에로의 지향성(orientation)을 가지고 있다고 여겼던 기존의 Freud 이론과는 크게 다르다. Freud는 모든 아이가 고추를 자기의 성기로 여기고 있으며, 따라서 여자아이는 자기에게 무슨 일이 일어난 것인지, 자기가 거세된 이유가 무엇인지 알아야 하는 고통스럽고 열등한 입장에 처할 수밖에 없다고 가정하였다.

두 살과 세 살짜리 아이들의 성발달을 연구한 Galenson과 Roiphe(1976)는 많은 여자아이가 남자아이의 성기를 본 뒤 슬픔 혹은 위축 같은 일시적 정서 변화를 보였다고 보고하였다.

오이디푸스 이전 단계의 여자아이에게 남자의 성기와 여성의 질을 비교하는 과제는 대단히 어렵다. 인지발달 능력의 제약도 있고, 여성의 성기는 남자아이의 고추나 고환처럼 쉽게 보이거나 개념을 잡기가 어렵기 때문이다. 두 살짜리 여자아이가 자기 성기의 특성을 이해하기 위해 '뭔가 있음'과 '아무것도 없음' 사이의 차이를 알아내려는 초창기 정신 작업에는 큰 노력이 필요하다. '있음'과 '없음' 같이 단순한 개념에서 점차 자신의 성기는 복잡한 구조이며 부분적으로는 몸 내부에 있고 강력한 즐거운 감각의 원천이라는 내용으로 바뀐다(Kestenberg, 1968). 여자아이가 음핵(clitoris) 자체보다 전반적 성기 부위(음핵, 음순, 질)에 관심을 갖는 또 다른 이유는 남자아이의 성감대가 귀두 부위에 집중되어 있는 것과는 반대로 여자아이의 성감대가 더 넓게 퍼져 있다는 생각 때문이다. 여자아이가 자신의 성기는 좀 더 넓게 퍼져 있고 복잡하고 일부는 내부에 있다고 경험한다는 생각은 내용 면에서 상당히 풍부하며, 과거 Freud가 생각한 것처럼 청소년기 전에는 자신의 성기에 대해 거의 아는 바가 없다는 것과 크게 다르다. 여자아이는 생애 초기에 그렇게 어려운 개념적 과제에 직면함으로써 여성적 직관, 민감성, 인식이 출현할 수 있게 된다. 반대로 남자아이는 자기의 다리 사이에 무엇이 있는지 보는 것과 같은 비교적 단순한 과제만 주어지기 때문에 지적 또는 정서적으로 발달할 수 있는 자극이 충분치 못하다.

여자아이가 오이디푸스 단계에 입문하기 위해서는 대단히 고통스러운 단계를 하나 더 겪어야 한다. 남자아이와 달리, 여자아이는 엄마와의 끈끈한 애착을 포기하고 성적인 관심과 애정을 아빠에게 돌려야 한다. 일단 그것이 달성되고 나면 여자아이의 오이디푸스 발달은 남자아이와 비슷하게 진행된다. 여자아이는 아빠의 몸에 대한 관심이 점차 커지고 자신의 성적 목적을 위해 아빠의 몸을 탐색하고 갖고 싶어 한다. 아이는 엄마가 아빠에게 특별한 신체적 및 심리적 친근감을 가지고 있음을 알게 되고, 자신이 엄마를 대체하고 싶어 한다. 엄마를 대체하고픈 욕망 때문에 유아기부터 지속되어 온 엄마와의 깊은 사랑에 대해 고통스러운 갈등을 겪게 된다.

결국 여자아이도 남자아이처럼 같은 방식으로 오이디푸스 콤플렉스를 해결한다. 엄마에 대한 사랑과 덩치가 크고 힘센 부모의 복수에 대한 두려움 때문에 점차 자신의 성적 욕망과 공상에 대해 입을 다물게 된다. 그리고 엄마와 다른 여자 어른과의 동일시를 통해 여성이 된다는 것이 무엇인지 이해의 폭을 넓혀 가면서 잠복기 단계로 돌입한다.

음성적 오이디푸스 콤플렉스

아이는 양쪽 부모를 모두 사랑하기 때문에 음성적(negative) 오이디푸스 콤플렉스[4]도 경험한다. 오이디푸스 콤플렉스와 관련된 공상과 행동들의 집합 속에서 아이는 같은 성의 부모의 애정과 관심을 얻기 위해 반대 성을 가진 부모와 경쟁을 벌인다. 초기 아동기에 양쪽 부모 모두에게 아이가 경험한 애착의 깊이를 생각해 보면 새삼스러운 일이 아니다. 아이의 정서적 측면에서 보면 음성적 오이디푸스 콤플렉스는 일관된 주제이며, 지속되는 도전과 경합 속에서 같은 성의 부모와 애정관계를 유지하는 데 도움이 된다. 동성애적 느낌을 심리적으로 표현하고 수용하는 형판(template)으로서의 기능도 담고 있다.

---

4) 역주: 동성 부모를 향한 오이디푸스 콤플렉스를 의미한다. 이성 부모를 향하는 경우는 양성적(positive) 오이디푸스 콤플렉스로 칭한다.

전형적 오이디푸스 현상의 의미와 성인의 반응

두려움, 공포증, 악몽: 유아적 신경증

3~4세가 되면 아이는 두려움과 공포를 느끼고 악몽을 꾸기 시작한다. 갑자기 어둠을 겁내고 혼자 자기를 겁낸다. 창가에 보이는 그림자는 집 안으로 들어오려는 귀신이다. 옷장 문이 열려 있으면 침실로 들어와 꼬마를 잡아먹으려는 괴물이 잠복해 있는 것이다. 더 이상 평화로운 잠은 없다. 악마의 지령을 받은 누군가가 불쌍한 아이에게 달려들고, 아이는 자주 꼼짝달싹 못해서 도망칠 수 없는 악몽에 시달린다.

이런 현상은 이 또래의 발달에서는 정상이다. 아이가 적절히 오이디푸스 갈등에 접어들었고, 아이 마음에 넘치고 있는 강력한 성적, 공격적 생각을 다루기 위해 증상 형성으로 대체하고 있음을 나타내는 것이다. 이러한 증상 형성 능력이야말로 유아적 신경증이며(Freud, 1918), 억압, 투사, 전치(displacement)와 같은 방어기제를 사용할 수 있음을 보여 주는 진일보된 자아발달 상태다. 오이디푸스기의 공포증 증세는 훗날 발생하는 공포신경증과 같은 구조를 가지고 있으나, 성인기와 달리 유아기의 이러한 형태는 정상적인 발달이 진행되고 있다는 조짐이다. 또한 내적 갈등을 조절해 보려는 세련된 방어기제 사용 능력의 출현과 오이디푸스 콤플렉스를 둘러싼 한판 전쟁을 알리는 최초의 신호다.

계속되는 두려움, 공포, 악몽 등이 정상적이라고 여겨지는 시기는 일생을 통틀어 오이디푸스기뿐이다. 잠복기 후기나 청소년기 같은 다른 발달단계에서 나타난다는 것은 진단적 개입을 요하는 병적 상태를 의미한다. 1장에서 기술했던 것처럼, 어떤 발달단계에서는 정상인 경우가 다른 발달단계에서는 비정상일 수 있다는 이론의 좋은 표본이다. 후기 아동기나 청소년기에 신경증적 증상이 발생한다면, 임상가는 모든 신경증이 해결되지 못한 오이디푸스 갈등에서 비롯됨을 염두에 두어야 한다. 꼼꼼하게 발달력을 조사하다 보면 신경증 형성에 기여한 내적 및 환경적 요인을 이해하는 데 속도가 붙는다. 오이디푸스기의 생각과 느낌의 특성을 인식하면 치료적 상황에서 신경증적 증상 뒤에 숨은 내적 갈등의 표현을 판독하는 데 도움이 된다.

이러한 발달이론에 관한 지식으로 무장한 임상가는 오이디푸스기의 아이를 진단적으로나 치료적으로 접근하기가 수월하고, 부모나 다른 어른에게 이 또래 아이를 어떻게 다룰지 조언해 줄 수 있다. 부모는 아이에게 두려워하지 말라고 설득하거나 유령, 도깨비, 괴물이 실제로 있지만 물리칠 수 있다는 믿음을 심어 주려고 시도하지 말아야 한다. 대신 부모가 지속적으로 편안함과 안전함을 제공할 수 있다는 확신을 주어야 한다. 아이가 잠복기로 접어들면서 유아기적 신경 증상은 저절로 줄어들고 신경증이 사라진다는 것은 오이디푸스 콤플렉스의 '해결'과 초자아의 내재화를 의미한다.

크기 비교

오이디푸스기의 아이들은 크기 비교에 열중한다. 크기와 관련된 힘에 대해 눈뜨면서 자신들에게는 힘이 없음을 알게 되고 부모가 가진 것을 부러워한다. 이 또래 아이들은 흔히 어른 옆에 딱 붙어

서서 키를 재 보거나 어른 손에 자기 손을 대어 본다. 종종 괴롭다는 듯 또는 화가 난 듯 다음과 같은 말을 덧붙인다. "아빠는 왜 이렇게 커요?" "내가 크면 아빠는 조그맣게 될 거야." 그렇게 비교할 때 보이는 분노감은 같은 성을 가진 부모의 성기를 겨냥한 신체적 폭력으로 전환되어 나타난다. 장난 삼아 그랬다든가 우연히 실수로 그랬다며 빤히 보이는 변명을 한다. 부모는 아이들이 크기 비교하는 것을 격려해서는 안 될 것이고 또 무시해서도 곤란한데, 아이로서는 상당한 분노와 아픔을 동반하는 심각한 사안이기 때문이다. 무슨 일이 일어나고 있는지 이해해 줌과 동시에, 부모는 아이가 되받아 치는 것을 민감하게 눈치채고 받아주어야 하며, 이어지는 육체적 공격도 예상해야 한다.

성인의 개입을 잘못 해석함

오이디푸스기 아동은 어른에 대한 적대적 충동과 복수에 대한 기대에 사로잡혀 있다 보니 자신을 향한 어른의 의도를 처벌이나 유혹 등으로 잘못 해석한다. 의학적 및 수술적 처치와 관장이나 좌약의 사용 등이 그 예다. 이러한 이유 때문에 선택적으로 시행할 수 있는 의학적 및 수술적 처치는 이 시기를 피하는 것이 좋다. 시술을 수행하는 어른이 얼마나 민감한가와 상관없이, 아이는 어른의 의도를 왜곡하고 어른의 행위를 공격으로 여긴다. 자기가 자라서 어른의 힘과 권력을 자기 것으로 대체해 버리는 공상에 집착하는 데 대한 어른의 복수를 예상하는 것이다. 성기 부위와 관련된다면 그러한 느낌은 최고조에 달한다. 성기 부위와 관련되지 않는다해도 아이는 성기 부위에 대한 관심을 표현한다. 예를 들어, 편도

선 제거술을 위해 속옷을 벗어야 할 때도 이 나이 또래의 아이들은 거부한다. 관장과 좌약도 침습적 과정으로, 통증은 물론 크게 자극적인 느낌을 준다. 부모가 이러한 처치를 해 줄 경우 의학적 목적과는 거의 상관없이 아이는 어른의 복수 또는 유혹으로 받아들인다. 부모가 의사인 경우 지속적으로 자기 아이를 검사하거나 치료하지 말아야 하는 것도 같은 이유에서다. 부모와 의사의 역할을 각기 다른 어른이 지속적으로, 돌봐 주는 태도로 실행할 때 아이가 가장 잘 받아들인다.

자위행위

앞서 말했듯이, 자위행위는 오이디푸스 단계에서 정상 현상이며 발달과정의 필수 현상이다. 유아기 자위행위를 발견한 Freud(1923)의 발표에 대한 당시 사람들의 반응은 충격, 불신, 경악 그 자체였다. 일부 부모는 오늘날도 비슷한 반응을 보인다. 임상가는 이런 부모를 대할 때 공감적 태도를 취해야 한다. 그런 부모의 마음속에는 종종 성에 대해 해결되지 못한 갈등이 자리 잡고 있다. 이는 아이의 성적 행동이 줄어들기보다는 점차 강도가 세지고 공공장소에서 이루어지는 것 때문에 자극을 받는다. 이 나이 또래 아이들의 경우에도 자위행위는 혼자만의 공간에서 해야 하지만, 때로는 공공장소나 (꼬마 한스처럼 부모를 특별히 엮어 넣기 위한 특별한 목적이 있는 경우) 부모 앞에서도 한다. 다른 대부분의 정상적인 성적 행동처럼 부모는 아이의 자위행위를 나무라지도 말고 칭찬하지도 말아야 한다. 부적절한 상황에서 일을 벌인다면 부모는 아이에게 멈추도록 점잖게 타이르고, 그러한 행동은 자기 방에서 혼자 하는 것이라고 찬찬히 일러 준다. 이 나이에 강박적으로 자위행위를 한다면 아이가 성적으로 과도한 자극을 받고 있으며 생각, 느낌, 공상 등으로는 일차적으로 성적 관심을 처리할 수 없음을 보여 주는 조짐이다.

성적 호기심

오이디푸스기의 아이는 자신은 물론 다른 이의 성에 대해서도 호기심이 부쩍 늘어난다. 성에 대한 질문이 많아지고 부모와의 신체적 접촉을 시작하려는 시도도 늘어난다.

성에 대한 질문에 대해서는 아이가 알아들을 수 있도록 간단명료하고 솔직하게 대답해 주어야 한다. 아이가 물어본 내용에 대해서만 반응하되 설교로 이어지지 않도록 한다. 예를 들어 보자. 아이가 "아빠, 아기는 어디서 와요?"라고 물어봐서 아빠가 "엄마 몸 안에서 온단다."라고 대답했을 때 아이가 만족했다면 질문은 여기서 끝날 것이다. 만족스러운 답이 되지 못했다면 앞선 질문에 이어서 다른 질문이 이어진다. "아기가 어떻게 나와요?" 이때 아빠가 "엄마 다리 사이에 특별한 구멍이 있단다."라고 답변했고, 아이가 만족스럽다면 "아, 그렇구나."라고 반응한다.

아이가 물어본 것 이상으로 자진해서 알려 준다거나, 어른의 신체나 기능을 알려 주기 위해 부모의 몸을 사용해서 시범을 보인다거나 하는 것은 오히려 아이에게 너무 많은 정보를 쏟아붓는 꼴이된다. 아이는 인지 능력과 용량이 한계가 있으므로 그 많은 정보와 느낌을 차분히 통합해서 처리하기에는 역부족이다.

성인의 성을 실제적, 경험적 또는 정서적으로 이해하기 위해서는 신체적으로나 정신적으로 준비가 필요하다. 오이디푸스기의 아이들은 전혀 준비가 되지 않은 상태임을 이해해야 하는 것이 어른에게는 가장 중요한 과제다. 오이디푸스기의 '해결책'은 부분적으로는 강력한 성적 느낌과 일부 사실적 정보와 수많은 오해를 얼마나 편안하게 다뤄 주느냐에 달렸다. 다시 말해서, 어른들이 직접 몸을 보여 주거나 성적인 지식을 전달하는 것이 발달과정을 촉진시키는 최선의 방법은 아니다. 아이들이 어른들의 성성(sexuality)을 이해할 수 있는 능력은 훗날 발달하게 된다. 즉, 잠복기 때도 발달은 진행되지만, 신체적으로 성숙한 몸과 추상적 사고 능력을 갖추는 사춘기 때 비약적으로 발전한다. 학교에서의 정식 성교육이 초등학교 고학년에 시작하여 중·고등학교로 이어지도록 하는 것이 바람직한 것은 바로 이런 이유에서다. 이 나이 또래의 아이들에게는 아이들의 신체적, 인지적, 사회적 성숙도에 걸맞는 정보를 제공해 주어야 한다. 예를 들어 보자. 초등학교 고학년 시절에는 사춘기 무렵의 신체적 및 심리적 변화에 초점을 맞춘다. 중학생이 되면 데이트, 성관계, 피임, 성병, 도덕적 태도 등에 중점을 두게 된다. 고등학생 및 대학생의 경우는 결혼, 부모 노릇하기, 아동은 물론 성인의 정상 및 비정상 발달과정 교육을 통해 성인생활의 준비가 완료된다. 학교에서의 공식 성교육이 성공하려면 정상 청소년기 및 초기 성인기의 성 활동에 대해 편하고 책임감 있는 태도를 지닐 수 있도록 지도하는 부모의 도움이 필수적이다.

　어린 시절에는 성에 관한 지식과 경험을 행동으로 옮기려는 시도가 끊이지 않는다. 고추 보여 주기, 옷 벗고 집 근처 돌아다니기, 부모 침대에 끼어들기, 부모가 옷을 갈아 입거나 샤워할 때 가까이서 (특히 성기 부위) 쳐다보기 등은 아이들이 부모를 자신의 성적 공상과 관심사로 끌어들이는 방법 중 하나다. 만약 부모가 이러한 상호작용을 규칙적으로 허용한다면 아이들로서는 이해할 수도 없고 참을 수도 없는 성적 느낌과 생각을 자주 하게 된다. 이러한 과도한 자극은 종종 증상 형성으로 이어진다.

아이들을 치료하다 보면 부모들이 본의 아니게 또는 무심코 아이들을 과도하게 자극하는 경우를 자주 접하게 된다. 다른 일로 진료를 받고 있는 한 젊은 아빠가 세 살 난 딸을 데리고 샤워하는 것이 큰 기쁨이자 자랑거리라고 말한 적이 있다. 어린 딸과 육체적으로 밀착된 관계를 즐기고 있었으며, 딸이 커서도 사람 몸에 대해 수치심이 없기를 바란다고 하였다. 하지만 꼬마 키가 아빠 고추 높이 정도까지 자란 세 살 반 무렵의 어느 날, 아이가 샤워 중에 아빠 고추를 꽉 움켜쥐면서 기쁨에 찬 목소리로 말했다. "아빠, 너무 크다!" 이 날이 부녀가 함께 한 마지막 샤워였다.

두 번째 예는 좀 더 병적인 경우로 심한 악몽과 공포증에 시달리다 치료받으러 온 여덟 살짜리 여자아이였다. 자세히 병력을 들어 보니, 아이는 자주 밤에 부모 침실로 와서 발치에서 부모의 성관계를 보곤 했다. 부모에게 아이가 성적으로 과도하게 자극을 받는 것과 공포증 및 악몽과의 관계에 대해 설명해 주었고, 부모는 침실 문을 잠그고 자는 데 동의하였다. 이러한 부모의 협조와 정신치료를 수행하면서 아이의 악몽은 점차 줄어들었다. 그러다 갑자기 아이의 악몽이 재발하였다. 부모가 몇 주일 동안 침실 문 잠그는 것을 잊었기 때문이었다. 그 후 아이와 동생들을 데리고 유럽 여행을 간 부모가 내게 그림엽서를 보냈다. 엽서 사진은 암스테르담의 유명한 홍등가 풍경이었고, 다음과 같은 글이 써 있었다. "여자애들은 정말 이런 걸 보는 걸 좋아하네요."

한부모의 여정

양쪽 부모가 서로 사랑하고, 제한 설정을 적절히 해 주며, 아이가 경험하고 있는 것이 무엇인지 잘 이해시키면 오이디푸스기의 아이는 자신의 기능을 십분 발휘한다. 부모가 별거 혹은 이혼하게 되면 이러한 발달과정은 복잡해진다. 그러나 부모가 약간만 이해하고 도와주면 한부모가정에서 자라는 아이도 오이디푸스기를 성공적으로 넘길 수 있다. 헤어져 살고 있는 한쪽 부모를 아이가 규칙적으로 만날 수 있도록 해 주고, 함께 살지 않는 부모를 비난하지 말아야 한다. 아이를 데리고 잔다든가 배우자 역할을 하게 한다든가 해서 한부모 자신의 상실을 보충하고 위안을 얻으려고 해서는 안 된다. 이는 계속 조심해야 할 문제이며, 한부모 스스로 한계를 확실히 해 두어야 한다. 부모의 데이트나 성적인 상황에 아이가 노출되지 않도록 해야 한다. 장차 의붓부모가 될 인물과의 관계가 확실해지고 계속될 상황이 되면 천천히 아이에게 소개하되, 그 인물이 친부모를 완전히 대체하는 것은 아님을 분명히 해 둔다.

아이 입장에서 동성의 부모가 없고 대체할 만한 인물이 없다면, 주변에서 대체 가능한 인물을 찾아도 된다. 이웃이 될 수도 있고, 교사, 친구의 부모, 친척 중에서 동일시 및 경쟁 대상을 물색한다. 이러한 관계가 적절한 경우, 아이와 반대 성을 가진 부모는 이를 적극 지원해야 한다. 게다가 아이는 오이디푸스적 경쟁 상대를 창조하기 위해 공상과 상상에 의존할 것이다. 한부모가정은 확실히 아이에게도 어려운 상황이며 오이디푸스 과제를 원만하게 해결하는 데도 도움이 되지 못한다.

잠복기로의 이행

제대로 된 초자아가 아직 없는 까닭에 오이디푸스기의 아이는 성적 공상과 공격적 공상을 즐기면서도 내적 죄책감과 관련된 두려움을 느끼지 않는다. 하지만 이런 생각과 느낌이 부모에게 쏠리는 경우가 많아지고, 부모에게 거절당하거나 무시당하거나 야단도 맞게 되면서 자신의 행동에 의문을 품게 된다. 점차 아이는 자신의 오이디푸스적 경쟁심을 입 밖에 내지 않고 부모의 기대에 부응하려고 노력한다. "신체적 위협, 자기애적 손상, 사랑 상실의 세 가지 위협이 겹쳐 있기 때문이다. 부모가 요구하는 행동 기준에 맞추려고 할 뿐 아니라 스스로 윤리적 및 도덕적 규준을 만들어 가려고 한다." 이들 규준이 만들어지는 과정에서 "견고하고 이상화된 부모의 도덕적 기준과 동일시하는 내적 도덕성이 형성된다."(Tyson & Tyson, 1990, pp. 217-218) 이러한 내부의 목소리가 점차 커지면서 아이는 근친상간적 소망과 관련된 집착을 멀리하고 억압하고 부인하려 한다. 그러면서 오이디푸스 갈등이 해소되는 과정이 시작되며, 초자아가 지속적 존재로 내재화된다. 초자아는 강력한 내부의 목소리가 되고, 이어 생각, 느낌, 행동의 극적 변화가 일어나며, 다음 발달단계인 잠복기로 넘어간다.

06

잠복기(6 ~ 11세)

초등학생이라고 하면 쉬는 시간에 뛰고 뒹굴고, 평균대 위에서 균형을 잡고, 활기차게 오르고 미끄러지고, 흔들어대고, 리듬에 맞춰 소리 지르고, 막대사탕을 빨고, 손에는 만화책을 들고, 서로 잡으려고 쫓아다니는 모습이 떠오른다. 도로 위의 롤러스케이트 소리와 길가에 그려진 사방치기, 줄넘기를 하는 소녀들의 재잘거리는 소리가 들려오는 듯하다(Kaplan, 1965, p. 220).

서 론

잠복기(latency)는 6~11세의 발달과정을 포함하는 용어다. '잠복기'라는 표현은 강렬한 심리적 혼란 상태를 보이는 오이디푸스기와 뚜렷한 생물학적, 심리적 변동을 보이는 청소년기에 비해 상대적으로 차분한 시기라는 뜻을 내포한다. 여기서 '상대적'이라는 표현이 중요한 이유는 겉으로 보기에 오이디푸스기나 청소년기에 비해 잠복기의 발달과 성장이 차분한 듯하지만, 이 시기에도 역시 중요한 발달적 변화가 일어나기 때문이다. Freud는 잠복기의 시작은 심리학적 사건인 오이디푸스 콤플렉스가 해소되는 시점이라고 하였고, 종료되는 시점은 생물학적 성숙인 사춘기가 개시되는 때로 정의하였다.

오이디푸스기 아동은 자신이 동성 부모와 싸워서 그 자리를 차지하기는 어렵다는 것을 깨닫고 그들처럼 되기를 원하면서 정상 잠복기가 시작된다. 이러한 변화는 새로운 정신적 구조인 초자아의 형성에 의해서 촉진된다. 즉, 내재화된 부모의 권위를 바탕으로, 조절되지 않은 성적, 공격적 소망과 공상에 집착하거나 즐기는 것에 대해 끊임없이 경계심을 갖는다. 다른 말로 하자면, 현실 원칙과 이차 사고과정이 점차 쾌락 원칙과 일차 사고과정을 압도한다(Freud, 1924b). 자아와 초자아가 욕동에 대해 조절력을 갖게 되면서 행동과 사고에 극적 변화가 일어난다.

잠복기의 구분

Bornstein(1951)은 잠복기를 초기($5\frac{1}{2}$~8세)와 후기(8~10, 11세)로 나누었다. 초기 잠복기는 변화의 시기다. 이 시기의 아동은 오이디푸스 콤플렉스를 억압하고, 초자아의 제한에 적응하고, 핵가족에서 지역사회로 나오게 된다. 또한 자주 긴장하고 불안해하거나 양가감정을 보이고, 빈번한 감정 변화나 퇴행을 보이기도 한다.

반대로, 후기 잠복기는 정상 아동의 경우 평탄한 성장과 발달의 시기다. 이 시기의 짧은 평안함을 아동기의 황금기라 부르기도 한다. 이 시기의 아동은 또래 및 어른과 편안한 관계를 맺고 세상을 탐험하고 새로운 기술을 배우는 데 강렬한 흥미를 갖는다.

Shapiro와 Perry(1976)는 일곱 살을 기준으로 일 년 전후 동안 성숙 인자들이 집중되는데, 특히 중추신경계의 변화로 말미암아 중기 잠복기에 관찰되는 인지 및 행동의 급격한 변화가 초래된다고 하였다. 여기에는 Piaget의 구체적 조작기, 이차 사고과정, 충동 조절의 증가, 그리고 오이디푸스기에 나타나는 활성화된 공상 세계의 억압이 포함된다.

잠복기의 발달 과제

다른 모든 발달과정과 마찬가지로, 정상적 발달 이행과정이 일어나기 위해서는 잠복기에도 몇 가지 특정 주제들을 경험하고 숙달하여야 한다. 여기에는 초자아의 강화, 남성적 또는 여성적 동일시의 구체화를 통한 성 정체성의 지속적 확장, 중요한 또래관계의 형성, 새로운 정신적 · 신체적 기술과 흥미의 획득이 포함된다.

초자아 형성

1914년 Freud는 인간의 마음속에 자아를 관찰하고 이상적인 기준과 비교하는 구조가 있음을 처음으로 소개하였다. 성격의 판단적 측면으로 자리 잡는 이 구조는 부모의 비판에 의해 자극되며,

아이가 성장함에 따라 교육, 훈련, 문화 기준에 의해 확장된다. 1921년 Freud는 이 개념에 대해 보다 상세히 기술하면서, 생각과 행동이 양심의 기대에 부합되었을 때 승리감과 쾌감을 갖게 된다고 하였다.

The Ego and the Id(1923)에서 Freud는 구조이론(이드, 자아, 초자아)을 소개하였는데, 그중 초자아는 오이디푸스 콤플렉스가 해소되고 잠복기가 시작되면서 형성된다고 하면서 죄책감이라는 고통스러운 감정을 겪지 않고는 성적, 공격적 소망을 의식적으로 즐길 수 없게 하는 정신적인 장치가 필요하다고 하였다. 초자아의 형성은 아이가 오이디푸스기의 집착에서 벗어나 도덕성을 내재화하기 위한 방편으로서 발달에 긍정적 자극을 준다.

초자아는 잠복기에 이르러 본격적으로 조직화되지만 실제로 오이디푸스기 이전 단계 및 오이디푸스기부터 형성되기 시작하고, 특히 아이가 부모의 규제 설정을 위한 행동을 내재화하는 과정과 깊은 연관이 있다. 걸음마기 아동이 부모의 '안 돼.'라는 말을 적극적으로 통합하고 그것을 자신 그리고 다른 사람의 행동을 판단하는 데 사용하는 것이 그 예다.

초기 잠복기 아동에게 초자아는 아직 외부의 이물질처럼 느껴진다. 따라서 이 시기의 아이들은 아직 원초적이고 지나친 요구를 하거나 변덕이 심하고 감정 변화도 빈번하고 퇴행 행동을 보이기도 한다. 후기 잠복기에 이르러, 초자아는 비로소 보다 통합적이고 적절해지기 때문에 8~11세의 아동들은 차분하고 이성적이며 자신감을 보인다.

일단 초자아가 생겨나면 부모의 역할을 대신하여 자존감의 주요 원천이 된다. 이러한 초자아의 '사랑하고 사랑받는' 측면은 생각과 행동의 통제라는 기능과 함께 건강한 발달에 중요한 역할을 한다(Schafer, 1960). 초자아의 형성에 관여하는 주요 작동 기제는 함입과 동일시다(Sandler, 1960). 함입물은 대상의 전체 또는 부분을 대신하며 자기애적 동일시의 근원이 된다. 이러한 함입을 통해 실제 대상인 부모와의 관계는 보존되나, 억압과 판단을 하는 사람이자 자존감의 원천이었던 부모의 기능은 감소된다. 부모와의 동일시를 통해서 자기는 수정되며, 이는 자아에 의해 지각되는 대상인 부모의 이미지와 부합된다.

초자아가 내재화되고 오이디푸스기의 소망과 경쟁심이 억압됨으로써 잠복기 아동과 부모와의 관계에는 큰 변화가 일어난다. 아이는 더 이상 자극적이며 방해가 되는 공상에 집착하지 않으므로 부모와 서로 흥미 있고 현실적으로 중요한 일들을 중심으로 안정적이며 보다 통제된 관계가 된다. 아이가 부모에 대해 가졌던 경쟁심은 동일시와 경외심으로 대치되며, 즐겁고 편안하고 상호적인 '성숙한' 관계가 이루어진다. 잠복기는 아이뿐 아니라 부모에게도 황금기다.

우정을 형성하는 능력의 등장

친구들과 우정을 형성하기 위해서는 오이디푸스기 갈등의 표상, 충동을 조절하고 만족을 지연할 수 있는 자아 능력의 발달, 그리고 가정에서 보다 넓은 지역사회로의 이동이라는 발달과정이 중요한 전제 조건이 된다.

Freud(1921)는 우정이 성적인 사랑과 같은 뿌리에서 나온 사랑의 한 형태라고 정의하였다.

우리는 '사랑' 이라는 이름으로 불리는 이 모든 것, 즉 한편은 자기애, 다른 한편은 부모와 자녀에 대한 사랑, 우정, 인류애, 그리고 구체적 물건과 추상적 사고에 대한 사랑을 서로 구별하지 않는다(p. 90).

이성 간에 일어나는 충동은 "성적 결합을 추구하지만, 다른 상황에서의 충동은 이러한 목표로부터 벗어나려고 하고 이를 추구하는 것을 방해한다."(pp. 90-91) 따라서 사랑과 우정의 중요한 차이점은 우정의 경우 충동의 목적이 억제되어 표현된다는 것이다. 그러나 모든 인간은 상대를 사랑하면서도 공격적으로 대한다.

결과적으로 그들의 이웃은 조력자 또는 성적 대상이 될 수도 있고, 동시에 그들의 공격성을 충족시키려는 사람, 자신의 능력을 보상 없이 착취하려는 사람, 동의 없이 성적으로 이용하려는 사람, 자신의 소유물을 차지하려는 사람, 그에게 굴욕감을 주고 고통스럽게 하고 고문하거나 죽일 수 있는 사람들이다(Freud, 1930, p. 111).

이와 같은 생각을 토대로 Nemiroff와 나(1985)는 우정에 대해서 다음과 같이 정의하였다. "우정은 상호성, 평등, 선택의 자유를 기반으로 하며, 성적·공격적 충동의 목적이 억압되어 나타나는 가족 외의 대상관계다."(p. 75)

우정을 가족 외의 관계에 국한시킴으로써 부모와 자녀 사이나 애인 또는 형제 사이에 나타나는 친근한 관계는 배제하였다. 왜냐하면 이러한 상호작용의 필수적 특성은 애인 사이처럼 성적 충동의 직접적 표현이거나 부모, 자녀, 형제처럼 취사 선택이 불가능한 관계이기 때문이다.

우정의 전구체

Rangell(1963)은 아기와 어머니 사이의 만족스러운 관계가 우정의 기초가 된다고 하였다. 그 후 오이디푸스기 이전 단계와 오이디푸스기 동안 핵가족 이외의 사람들에게 친밀감을 느끼기 시작하는 것 같지만, 이는 "일과성이며 대체로 불특정하고 자기 내부를 향한 것으로서, 일차적으로 내적 정신발달의 확립을 위해 사용된다."(p. 116)

오이디푸스 콤플렉스가 해소되고 나면 발달적 정점을 향했던 강렬한 "사랑은 이제 희석되고 감소되며, 대상은 다시 전치되고, 목적은 억압되며, 전보다 덜 직선적으로 추구하게 된다."(Rangell, 1963, p. 17) 초자아의 형성, 승화 능력의 증가, 가정에서 지역사회 및 학교로의 이동과 같은 변화들은 모두 초기 잠복기의 우정 형성의 필요 조건들이다. 이러한 새로운 관계는 잠복기 경험의 매우 중요한 통합적 부분이 되기 때문에 성 정체성 확립과 놀이 같은 다양한 발달 경로의 진행에 중요한 영향을 미친다.

성 정체성과 또래관계의 발달

생후 첫 세 단계의 발달(구강기, 항문기, 오이디푸스기)을 거치는 동안 성 정체성의 발달 경로를 추적해 보면 다음과 같다. 첫 단계는 핵심 성 정체성이 생기는 구강기며, 이후 성별에 따라 성기가 다르다는 것을 알게 되는 항문기, 이어지는 오이디푸스기 동안에는 부모와의 관계에서 성 역할에 집착한다. 잠복기 동안에는 가정 이외의 환경에서 남성성과 여성성의 차이를 알게 되고 여기에 주관적 문화 영역이 추가된다.

초자아에 의해서 억제된 오이디푸스기적 흥미를 계속해서 억압하고 회피하기 위해서 잠복기 동안의 관심은 동성을 향하며 적극적으로 이성을 회피한다. 소년은 자기들끼리 놀고 소녀를 미워하며, 소녀도 소년에 대해 같은 태도를 보인다. 남성적 또는 여성적이 되기 위해 더 맹렬히 노력하고 거의 모든 활동은 동성 친구와 함께한다. 이러한 주관적 성 역할의 결정은 일차적으로 가족의 가치관과 또래의 영향을 받는다. 예를 들면, 아버지, 할아버지, 삼촌이 클래식 기타를 연주하는 가족에서 잠복기 소년이 기타에 관심을 갖는 것은 매우 '남성적'인 것이다. 그러나 음악적이지 않은 가족에서는 이러한 관심이 '여성적'인 것으로 간주될 것이다.

이처럼 남성적, 여성적 경향을 임의적으로 구분하려는 태도가 또래 집단 내에서 매우 강해지는데, 이는 이성에 대해 관심을 보이거나 '경멸하는' 반대 성과 어울리는 활동이나 게임에 참여하고자 하는 바람에 대한 지속적인 경계심으로 인해 강화된다. 남성적 또는 여성적인 것에 대한 광범위한 문화의 영향이 추가되는데, 이는 스포츠, 문학, 대중 매체의 인물에 대한 관심이나 동일시를 통해 일어난다. 이렇게 성별 간 차이가 강화되는 것은 정상적이며 특별히 이 단계에 국한된다. 이는 청소년기 이전부터 사라지기 시작하고 청소년기에는 완전히 사라지며, 생물학적으로 결정되는 이성관계에 대한 이끌림으로 대체된다.

이성애적 관심이나 활동을 피하려는 강력한 노력에도 불구하고 대부분의 잠복기 연령의 아이에게는 자위행위가 삶의 한 부분이다 (Clower, 1976). 오이디푸스기나 청소년기에 비해서는 덜 빈번하고 의식적 공상이 동반되지 않기도 하지만, 성기에 대한 직접 또는 간접 자극으로 이루어지는 자위행위를 한다. 이 연령군의 아동은 특히 자신의 자위행위를 비밀로 하려고 하고 신뢰하는 치료자와도 그에 대해 이야기하는 것은 꺼려한다.

또래관계는 성 정체성의 확립뿐 아니라 핵가족에서 지역사회로의 이동, 그리고 정신구조와 욕동(drive) 방출방식이 변화하는 데에도 중요한 역할을 한다. 또래 친구나 교사와 같은 중요한 성인의 태도와 기준은 초자아에 중요한 균형 요소를 추가함과 동시에, 토론과 집단 활동을 통해 성적 그리고 공격적 충동을 방출할 수 있는 비근친상간적 관계의 틀을 제공한다.

잠복기 또래관계의 성격을 이해하는 것은 임상적으로, 특히 진단적으로 매우 중요하다. 잠복기의 또래 집단은 다소 냉혹하지만 분명한 분류 기준을 가지고 있다. 부모와 분리되어 잠복기의 발달 과제를 이행할 수 있는 친구들은 받아들이는 반면 퇴행되고 미숙한 또래는 배제한다. 결과적으로 동성 또래 집단에 수용된다는 것은 잠복기 동안의 심리적 건강을 측정할 수 있는 가장 좋은 지표이며, 따돌림당한다는 것은 흔히 병적 상태를 의미하고 치료를 찾게 되는 가장 흔한 증상이기도 하다.

이 시기의 아동은 이성을 피하는 경향이 있으며 자연적으로 동성 친구끼리 모이고자 하는 성향을 갖는다는 것을 이해하는 것은 교육자, 부모, 전문가에게 매우 중요하다. 학교자문의인 내가 경험한 사례를 통해 설명해 보겠다.

어느 날 늦은 오후, 나는 한 초등학교 교장으로부터 '도움'을 청하는 급한 전화를 받았다. 조니에 대한 훈육을 두고 한 3학년 교사와 부모 사이의 싸움을 말리려고 했으나 실패했다며 '이제 어쩌면 좋을까요?' 라는 내용이었다. 교사는 학급 학생들에게 조회에 참석하기 위해 두 줄로 강당으로 들어가라고 했다. 학생들은 친구를 찾아서 뒤섞였다가 동성의 짝으로 나뉘어서 줄을 만들었는데 조니와 한 여학생만 남았다. 조니는 교사가 지시한 대로 자신에게 정해진 짝 옆에 서서 손을 잡고 가기를 거절하였다. 아이에게 몇 번이나 지시했으나 말을 듣지 않자, 교사는 조니를 반항적인 애라고 부르고는 교장실로 보냈다. 이후 교사는 조니의 집으로 이 일과 그에 대한 그녀의 반응에 대해 서술한 노트를 보냈다. 화가 난 부모들의 요청에 의해 교장, 교사, 부모의 만남이 이루어졌다. 교사가 예민하지 못한 것인지, 또는 훈육이 꼭 필요한 것인지에 대한 토론은 결국 서로 고함을 치고 언쟁하는 것으로 끝나게 되었다. 만일 교사가 발달이론에 대한 이해가 조금만 있었더라면 조니에게 줄 끝에서 혼자 따라오도록 허락했을 것이고, 이 모든 사건을 피할 수 있었을 것이다. 교육, 양육, 그리고 치료적 기법은 모두 정상 발달과정에 대한 이해가 선행되어야만 효과가 있다.

학교와 공식적 학습에 대한 적응

잠복기 아동이 또래 집단에 의해 받아들여진다는 것은 정상 발달과정이 진행되고 있다는 좋은 증거가 되므로 그 자체가 초등학교 환경에 성공적으로 적응함을 의미한다. 학교는 아동을 집중적으로 그리고 현실적으로 평가하는 핵가족 밖의 첫 사회 집단이기 때문에 초기 발달에서 평가 기준으로서의 역할을 하게 된다. 생후 첫 5~6년간 핵가족의 보호막에 의해 사회적 판단이 유예되지만, 이제 학령기에 도달한 아이는 복잡하고 목적 지향적인 환경에서 독립적으로 기능할 수 있는 능력이 있는지를 증명해 보여야 한다.

대부분의 아동이 순조롭게 가족에서 학교로의 이행을 이루어 내고, 성공적인 적응은 아동의 발달이 다양한 발달 경로상에서 정상적으로 이루어지고 있음을 시사한다. 유치원이나 1학년 적응을 위해서 아이는 장과 방광을 잘 조절할 수 있어야 하며, 차분하게 앉아 있을 수 있을 만큼 신체 기능을 조절할 수 있어야 하고, 읽기와 쓰기 활동의 준비과정을 위한 인지적 성숙도를 보여야 한다. 또한 부모와 떨어져서 낯선 어른과 관계를 맺을 수 있어야 하고, 타인과 흥미와 애정을 나눌 수 있어야 하고, 또래와 소란스럽게 어울릴 수 있어야 하며, 이 모든 과정에서 충동을 조절하고 퇴행하지 않는 상태를 유지해야 한다.

학교에서 보내는 시간이 길어지고 이를 위해 요구되는 능력이 강화됨에 따라, 잠복기 아동은 개인 또는 팀 운동을 하고 악기를 연주하며 취미를 개발시키는 등 다양한 종류의 신체적, 정신적 기술을 획득할 준비를 갖추게 된다. 이런 모든 활동은 정신과정의 발달을 촉진하고 청소년기 이후에 보다 풍부한 지적, 신체적 삶을 살기 위한 기초가 된다.

잠복기는 Piaget의 구체적 조작기에 해당한다. 잠복기 아동은 행동하기보다는 생각할 수 있고, 변수, 유사성, 차이점을 고려할 수 있고, 시간 개념을 이해하기 시작한다. 보다 현실중심적인 관점이 생기면서 부가적인 정보와 과거의 경험을 토대로 생각할 수 있게 된다.

Erikson(1963)은 잠복기 아동이 유용한 기술을 획득하는 능력에 대해서 주목하였다. 자신이 속한 문화에서 필요한 지식과 그것을 사용하는 방법을 획득하고자 하는 소망을 근면이라고 부른다. 생산적이 되는 방법을 배우는 것은 매우 중요하다. 그렇지 못하면 열등감에 빠지기 때문이다. "많은 아이들의 발달이 저해되는 이유는 그들이 학교생활을 잘할 수 있도록 부모가 준비해 주는 데 실패했거나, 초기 발달과정에서 보였던 가능성이 학교생활을 통해 유지되지 못했기 때문이다."(p. 260)

아동기의 놀이

놀이는 아동의 삶 속에 녹아 있는 활동이다. 비록 잠복기 이전부터 놀이가 시작되어서 그 후에도 계속되지만, 아동기 놀이는 무엇보다도 잠복기의 특징을 잘 반영하므로 이 시기 놀이의 형태와 기능에 대해 소개하고자 한다.

아동기 전반에 걸쳐 아이는 놀이를 하면서 많은 시간을 보낸다. 한 교장선생님이 3학년 학생들에 대해서 다음과 같이 언급하였다. "쉬는 시간에 애들이 노는 것을 멈추게 할 수가 없어요." 놀고자 하는 욕구가 그렇게 강한 이유는 놀이가 아이의 발달 과제를 숙달하는 데 중요한 역할을 하기 때문이다.

즉흥적이거나 제멋대로 하는 활동이라는 놀이의 낭만적 개념은 실제 놀이가 가지고 있는 목적지향적, 정신적 특성을 무시한 것이다. Waelder(1932/1976)가 정의한 바와 같이, "놀이는 한 번에 다 동화시키기엔 너무 큰 경험의 조각을 지속적으로 동화시키기 위한 활동으로 이루어져 있다."(pp. 217-218) 다시 말해, 아이는 정신적 기능의 미성숙으로 인해 새로운 경험을 빨리 또는 용이하게 통합하지 못한다. 즉, Waelder가 언급한 바와 같이 "아동기에 외상적 자극을 받는 것은 일상적인 것이다."(p. 217) 대신 아이는 내적 세계와 실제 경험을 숙달하기 위한 놀이를 반복한다. 이것이 아동의 놀이를 이해하는 것이 중요한 이유다. 놀이에는 아이의 중요한 생각, 감정, 갈등이 자신들에게 편안하고 자연스러운 행동과 말로 표현된다.

'반복 강박(repetition compulsion)', 즉 숙달을 위해서 반복하고자 하는 욕구는 일생 동안 계속 정상 그리고 병적 상황 모두에서 나타난다. 예를 들면, 반복 강박은 외상후 스트레스 장애의 기본적인 특징으로 나타난다. 놀이에서 사용되는 두 번째 기전은 피동성을 극복하기 위한 능동성이다. 아동은 유아기부터 피동적으로 경험한 사건을 숙달하기 위한 시도로 자신의 놀이를 적극적으로 활용한다. 예를 들어, 네 살 된 아이가 소아과에 가서 아픈 주사를 맞고 집에 오면 의사놀이를 한다. 이제 아이는 의사가 되어서 인형을 계속해서 쑤셔대고 인형이 울게 만든다. 이러한 예는 놀이가 왜 소아 환자의 치료자에게 이해를 돕는 과정이 되는지를 잘 보여 준다. 놀이를 통해 아이는 자신에게 문제가 되는 것이 무엇인지, 어떤 갈등이 있는지를 치료시간 내에 보여 준다.

하지만 놀이가 항상 실제 사건에 대한 아이의 반응을 표현하는 것은 아니다. 놀이는 소망이나 공상을 표현하기도 한다. 예를 들어, 부모가 이혼한 7세 아동은 반복적으로 인형집 놀이를 하면서 아버지를 자신의 인생으로 되돌려 놓는다. 인형집 안에서 엄마와 아빠는 서로 사랑하고 아이와 함께 시간을 보낸다.

Waelder의 선구적 작업을 기초로 Peller(1954)는 놀이를 발달적으로 접근하여 각 발달단계마다 놀이의 주제, 불안, 보상적 공상에 대해서 묘사하였다. 생애 첫 2년간 아이의 놀이는 신체 기능과 관련되어 이루어지며, 다양한 기능을 다른 말로 바꾸어 표현하거나 과장하기도 한다. 이후 Mahler는 이 같은 활동을 '연습(practicing)'이라고 불렀다. 아이는 신체 부분을 대체하기 위한 장난감, 모래나 물과 같은 놀이 재료를 이용하는데, 이러한 놀이를 통해 자신의 몸이 적절히 기능하지 않으면 걱정을 하게 되고, 이에 대한 보상으로서 자신의 몸이 소망 충족을 위한 완벽한 도구라고 상상하는 것을 표현한다. 초기 놀이의 또 다른 변형으로 분리-개별화 과정과 연관된 '까꿍놀이(peekaboo game)'를 들 수 있다.

1~3세 아동의 놀이는 전지전능하게 여겨지는 전(前)오이디푸스기의 엄마와의 관계를 반영한다. 아이는 엄마가 자기에게 한 것을 장난감이나 테디 베어에게 셀 수 없이 반복한다. 이 시기의 놀이는 아이 혼자 또는 엄마나 다른 주 양육자와 함께 이루어진다. 대개의 경우 이 연령대의 아이들은 함께 놀지 않는다. 흔히 아이들은 같이 있으면서도 각자 노는데 이것을 평행놀이(parallel play)라고 부른다.

어른들이 흔히 놀이라고 하는 것은 오이디푸스기와 잠복기 아동의 활동을 말한다. 3~6세 아이의 놀이는 때로 괴상해 보이기도 한다. 그 이유는 그 놀이들이 주로 아동의 공상에서 비롯되기 때문이다. 하지만 발달적으로 동일한 역동적 주제를 다루고 있기 때문에 아이들 사이에 비슷한 주제가 보이기도 한다. "소꿉놀이 하자. 난 엄마를 할 테니까 넌 아빠를 하고, 너는 아기를 해." 처음으로 다른 아이들이 놀이 안에서 어떤 역할을 맡게 되며 이러한 역할은 점차 자세하고 복잡해진다.

이 시기 아동들의 기본 불안은 '나는 작고 어른들이 즐기는 즐거움과 특권을 누리지 못한다.'는 것이다. 이러한 불안을 보상하기 위한 공상은 '나는 크고 어른들이 하는 것을 할 수 있다.'는 것이다. 이 같은 어른과의 동일시는 자신이 천하무적이며 항상 승리할 것이라는 순진한 내용을 놀이에 담게 한다. 예를 들면 "나는 원더우먼처럼 강해." "난 아빠보다 빨리 달릴 수 있어." 등이다.

잠복기에 이르러 신체적으로 성숙하고 사회적, 심리적 요소가 복합성을 띠게 되면서 아이의 놀이는 극적으로 변화한다. 지속적으로 평탄한 성장이 이루어지고 신체 협응력이 매우 증가한다. 읽기, 셈하기, 쓰기, 또래와 독립적으로 관계 맺기 같은 능력이 생기면서 새로운 가능성의 영역이 펼쳐진다. 마지막으로 초자아가 내재화되면서 규칙과 처벌을 중요시 여긴다. 이제 게임은 오이디푸스기에 했던 것처럼 상상에 기반을 둔 것이 아니다. 잠복기 아동은 자기보다 나이 많은 아이들로부터, 놀이를 배운 또래들로부터 놀이를 어떻게 하는지 배운다. 즉, 이제 놀이는 문화를 반영하기 시작한다.

Peller(1954)에 따르면 잠복기 아동의 놀이는 초자아를 혼자서 견디는 것과 관련된 불안을 대처하기 위한 보상적 공상으로서, 동일한 불안을 나눌 수 있는 집단의 일부가 되어서 규칙을 철저하게 따른다는 역동에 기반을 둔다. 오이디푸스기 놀이가 미래에 대해서 그리고 성장하고자 하는 욕구에 초점을 두고 있다면, 잠복기의 놀이는 시계바늘을 뒤로 돌려놓고 다시 시작하고 더 잘하며, 그럼으로써 초자아를 만족시키고자 하는 기회를 계속해서 만드는 것이다.

잠복기 아동의 대표적 놀이로 킥볼과 모노폴리가 있다. 야구와 비슷한 킥볼은 신체 협응력과 팀원들과 협동할 수 있는 능력을 필요로 한다. 두 팀 모두 투수, 타자, 수비수와 같이 서로 협동하는 역할로 이루어져 있다. 이 게임은 규칙과 처벌에 의해서 진행된다. 세 번 직구를 맞으면 아웃이고, 세 번 아웃이 되면 그 회가 끝나고 다음 팀의 순서가 된다. 그 안에는 좌절을 견디고 충동을 조절하려는 욕구가 들어 있다. 모노폴리는 읽고 셈하는 능력뿐 아니라 돈을 모으고 사고 팔고 교환하는 것과 같은 보다 세련된 개념에 대한 이해가 요구된다. 아이들은 자기 순서를 지켜야 하고, 출발점을 지나면 200불을 받고, 감옥에 가는 경우에는 출발점을 지나도 200불을 벌 수 없다는 것을 받아들여야 한다.

잠복기 이후에도 놀이의 형태가 크게 변하지 않고 청소년과 성인 역시 야구, 체커,[1] 모노폴리를 한다. 하지만 놀이의 목적은 극적으로 변하고, 이는 각 시기의 주요한 발달 주제를 반영한다. 예를 들면, 중년에 이르러 시간의 제한성과 자신의 죽음에 대한 불안을 갖게 되는데, 이때 시간을 정복하는 기회를 제공하는 놀이를 통해 이러한 불안을 숙달하게 된다. 테니스를 하면 항상 새로운 게임과 새로운 세트, 새로운 매치를 맞이할 수 있는데, 이는 시간을 되돌리고 새롭게 시작할 수 있는 기회가 주어지는 것을 상징한다.

---

1) 역주: 서양 실내 놀이의 하나로, 흑색 칸과 백색 칸이 가로 세로 여덟 칸씩 번갈아 놓인 판에 양편 각각 12개의 말을 써서 모로 상대편의 말을 넘어서 다 잡거나 움직일 수 없도록 만들어 승부를 겨룬다.

문학작품 속의 잠복기

　많은 문학작품에서 잠복기에 일어나는 발달의 질적 변화에 대해 다루고 있다. 모든 사람들이 사랑하는 동화, 영화, 만화, TV 프로그램은 잠복기 아동의 첫 10년 동안의 중요한 발달 주제를 다루고 있다.

　이런 이야기 중 흔히 마술적 힘을 가지고 있거나 가지고 있는 사람과 연관이 있는 아동이 영웅으로 나타나는데, 이는 신비로운 성인 세계 안에서 느끼는 무력감을 보상하기 위한 것이다. 예를 들어, 피터팬, 이상한 나라의 앨리스, 오즈의 마법사의 도로시가 있다. 그들이 모두 형제가 없는 외동이라는 것은 자기애적 그리고 자기중심적 관점을 반영한다. 형제자매가 있는 경우에도 신데렐라에서와 같이 못생기거나 형편없는 존재들이다. 때로 동물이나 특이한 캐릭터들이 자기와 타인의 어떤 측면을 상징하기도 하는데 밤비, 백설공주에서의 난쟁이들이 그 예다.

　초자아의 상징 역시 여러 작품에서 생생하게 나타난다. 예를 들면, 〈피노키오〉에서 지미니 크리켓은 그의 어깨에 앉아서 충고와 경고를 속삭인다. 옳고 그른 것의 모호함은 없다. 슈퍼맨, 원더우먼과 같은 영웅은 매우 정의로운 데 비해 후크 선장이나 서쪽에서 온 사악한 마녀는 매우 나쁜 사람이다. 영웅은 자신의 초능력을 선과 정의를 위해 사용하고 결코 유혹에 빠지지 않는다. 단, 슈퍼맨이 루이스 레인의 속옷을 보기 위해 엑스레이 투사력을 사용한 것은 예외로 하자.

　오이디푸스기 주제 역시 많은 작품에서 볼 수 있다. 예를 들면,

백설공주와 사악한 여왕 간의 경쟁을 보자. "거울아, 거울아, 우리 중 누가 가장 예쁘니?" 신데렐라, 계모, 의붓자매들 간에 잘생긴 왕자를 사이에 둔 경쟁 역시 그 예다. 이러한 작품들에서 오이디푸스기 대상을 소유하고자 하는 소망이 나타나지만 성에 대한 표현은 완전히 배제된다. 백설공주는 잘생긴 왕자로부터 키스를 받은 후 왕비의 저주에서 벗어나지만, 그것은 상상할 수 있듯이 아주 깔끔하고 순수하다. 신데렐라에서는 구두에 발이 맞는 여인만이 왕자에게 선택된다. 이 두 이야기에서 오이디푸스기의 성적인 공상은 철저히 금지되어 있고, '그리고 그들은 영원히 행복하게 살았다.'라는 식의 일반적인 초자아적 깔개 밑으로 들어간다.

잠복기 후기와 청소년기에 대한 문학작품은 이러한 주제에 대해 보다 세련된 묘사를 한다. 영웅은 종종 베이브 루스[2]나 헬렌 켈러[3]와 같은 실제 인물이나, 하디 보이스[4]나 낸시 드류[5]와 같이 지능이나 재치를 이용하여 성인 세계의 복잡함과 신비에 도전하는 아이가 된다. 이 주제에 대해서 보다 탐구하고 싶은 사람들은 Bettelheim (1976)의 저서 *The Use of Enchantment: The Meaning and Importance of Fairy Tales*를 참고하라.

---

2) 역주: Babe Ruth(1895~1948). 미국 프로야구의 전설적 홈런왕.

3) 역주: Helen Keller(1880~1968). 청각 및 시각 장애인이었으나 설리반 선생의 지도로 세상과 소통하기 시작하였으며, 문학적 재능을 인정받아 훗날 작가가 된다. 시청각 장애인 최초로 대학을 졸업하였다.

4) 역주: Hardy Boys. Frank Hardy와 Joe Hardy. 청소년을 위한 추리소설에 등장하는 가상의 아마추어 탐정 형제. 1927년 최초로 소개된 이후 현재까지 작가나 형태는 바뀌지만 꾸준히 독자들의 사랑을 받고 있다.

5) 역주: Nancy Drew. 1930년 소개된 이후 현재까지 소설이나 영화에 등장하는 젊은 아마추어 여성 탐정.

청소년기에 대한 준비

잠복기는 부모에게서 떨어져서 지역사회로 들어가는 시기며 오이디푸스기 갈등을 해소하고, 초자아를 내재화하고, 또래관계를 발전시키고, 학습 능력과 취미생활을 갖게 하는 시기다. 이러한 긍정적 발달단계는 그 자체로도 중요하지만, 다가올 청소년기의 심리적 격변을 이겨 낼 수 있는 힘의 원천과 단단한 기초를 다진다는 면에서도 중요하다. 잠복기의 이러한 발달 과제들을 얼마나 숙달했는가를 평가하는 것은 진단가가 청소년기 환자의 병리가 얼마나 심한지, 그리고 성공적으로 치료를 수행할 수 있는 능력이 있는지를 결정하는 데 도움이 될 것이다.

07

청소년기(12 ～ 20세)

청소년기는 경계가 뚜렷한 발달과정인 사춘기와 더불어 시작되지만 그 끝은 모호하다. 단순 연령 계산으로는 만 20세에 도달하면 청소년기는 끝난다. 하지만 사춘기의 심리적 과제는 청년기에 들어서도 계속될 수 있다. 청소년기는 청소년 직전 단계(11～13세), 초기 청소년 단계(13～15세), 중기 청소년 단계(15～17세), 후기 청소년 단계(17～19세)의 네 단계로 나뉜다.

사춘기

사춘기란 소녀가 처음 생리를 시작하고 소년이 처음 사정을 시작하는 시점을 포함하는 생물학적 및 심리학적 사건들을 일컫는다. 이러한 사건들은 신체적 변화과정이 시작되는 신호다. 잠복기에는 신체적 및 성적으로 성숙해진 몸을 조절하는 일이 부적절하지만, 사춘기가 진행되면서 정신적 조직화가 가능해진다. 간단히 말해, 청소년기란 자기와 다른 사람과의 관계에서 일어나는 변화들을 통합하는 능력을 발전시키는 시기라고 정의할 수 있다 (Erikson, 1956). 이 장의 자료는 대부분 고전적 교과서격인 Blos의 *On Adolescence*(1962)에서 인용하였으며, 청소년 심리를 보다 심층적으로 이해하는 시발점이 될 것이다.

사춘기 이전과 이후 시기를 특징짓는 급격한 성장과 성적 변화에 대해서는 이미 잘 알려져 있으며, 이 책에서는 언급하지 않을 것이다. 그러나 이러한 사건들에 대한 심리적 반응은 임상적 관련성이 있으므로 다루고자 한다. 이 시기의 많은 아이들이 평가 의뢰되는데, 그 이유는 사춘기에 대한 반응 또는 시작 시점에서의 반응 때문이다. 일반적으로는 12~14세 사이이며 소년보다 소녀가 조금 더 빨리 시작한다.

만약 사춘기 이전 발달에서 문제가 있었다면 아마도 사춘기에 이르러 심각한 증상의 발현이 촉발될 수도 있다. 이는 오이디푸스기 또는 잠복기에 정신치료나 정신분석을 '성공적'으로 마쳤던 사람에서도 일어날 수 있다. 왜냐하면 청소년기는 약점을 노출시키고 강화시키는 과정이며, 이전에 발달한 내용을 모든 측면에서 재정비하는 시기이기 때문이다.

특히, 사춘기를 너무 일찍 또는 너무 늦게 시작하는 아이들은 또래들과 신체적·심리적으로 많이 동떨어져 있기 때문에 더욱 취약하다. 사춘기 전 단계에 있는 17세 남학생이 여학생에게 학기 말 프롬[1]에 같이 가자고 했다가 웃음거리가 되고 나서 자살 생각을 하는 경우가 그 예다. 꼼꼼히 평가해 본 결과, 정신적으로는 심각한 장애를 보이지 않았으나 '고등학생치고는 마치 아기 같았기 때문에' 완전히 불행하다고 느낀 것으로 나타났다. 11개월 뒤 자연스럽게 사춘기가 시작되었고 약 2년간 정신치료를 시행한 결과, 그는 순탄하지는 않았지만 성공적으로 후기 청소년기로 도약할 수 있었다.

청소년기의 발달 과제

신체적 · 성적으로 성숙한 몸을 받아들이기

신체적으로 미성숙한 몸이 성숙한 몸으로 변해 가는 과정은 몇 년씩 걸린다. 이러한 몸의 성장은 일정하지 않고 통제할 수 없는 방식으로 일어난다. 그래서 이 시기에는 가장 아름다운 소녀 또는 잘생긴 소년에게조차 자기 만족감의 일시적 상실과 자기애의 손상이 동반된다. 청소년은 자기 몸을 또래나 성인의 몸과 비교하고, 실제 또는 상상의 차이를 확대하고 왜곡한다. 팔다리나 코가 너무 길어 보이거나 여드름이 너무 커 보이고 눈에 거슬린다. 혼자 생각할 때 또는 가장 친한 친구와의 대화에서 가슴이나 성기가 너무 작다 또는 너무 크다 등의 내용이 오가기도 한다.

또래 친구들도 같은 걱정을 하고 있기 때문에 일부 아이들은 자기 자신의 고통을 표현하는 방법으로 친구의 몸에 대해 가혹하게 표현하기도 한다. 중학교 교실에서 한 남학생이 여학생의 가슴을 보면서 "너 이제 가슴이 커져서 들고 다닐 바구니가 있어야 되겠

---

1) 역주: 미국과 캐나다의 고등학교에서 고학년 대상으로 일 년에 한 번 열리는 정장 무도회.

다."라며 심하게 놀렸던 이야기를 들려주며 그 여학생은 어쩔 줄 몰라 했다.

천천히 자라면서 편안했던 잠복기의 몸은 사라지고, 이제 위대하기도 하면서 잠재적으로 불행을 불러올 수도 있는 예측 불허의 몸으로 바뀐다. 소년은 때때로 자연스러운 발기를 경험하는데, 교실에서 다른 친구들이 보는 데 일어서도록 지명을 받았을 때나 체육시간이 끝나고 샤워할 때가 가장 곤란하다. 소녀의 경우 생리 주기가 초기에는 딱딱 맞아떨어지지 않는다. 결국 소녀는 피가 묻어나와 굴욕감을 느끼는 상황에 대해 지속적으로 경계해야 한다. 몽정을 하는 횟수도 일정하게 늘어나지만, 소년은 "제게 무슨 일이 일어났는지 엄마에게 알리고 싶지 않아요. 자위행위든 몽정이든 말이에요."라고 말한다

이러한 변화를 수용하고 통합해 가면서 또다시 몸을 통해 지속적으로 자부심과 기쁨을 느끼게 된다. 초기 청소년기에는 몸을 탐색하고, 혼자 거울 앞에서 몸치장을 하거나 머리를 묶고 푸는 일에 많은 시간을 보낸다. 꽉 끼는 옷을 입어서 자신의 몸을 다른 사람들에게 보여 주고 싶어 한다. 15~16세 청소년에게는 남에게 칭찬받기 위해 자랑스럽게 자신의 몸을 보여 주는 것만큼 대단한 일도 없을 것이다.

의심의 감정과 보여 주고자 하는 욕망은 종종 서로 갈등을 일으킨다. 한 14세 소녀가 내 맞은편 의자에 앉아서 몸을 늘어뜨린 채 가슴에 팔짱을 끼고 자신의 가슴을 위로 밀어 올리는 행동을 하였는데, 그녀는 자신이 하고 있는 행동에 대해 분명히 인식하고 있지 못하였다.

임상가에게는 이러한 생각들이 모두 대단히 중요하다. 임상가가

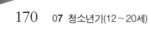

청소년의 몸에 대한 감정에 대해 무감각하면 치료적 관계가 파괴되거나 방해받을 수 있기 때문이다. 관계가 제대로 형성되기 전까지는 아무리 긍정적 표현이라고 해도 옷, 차림새 또는 몸 자체에 관해 언급하는 것은 피하는 것이 좋다. 때가 되었다고 하더라도 몸에 관한 한 민감성과 정서적 중립성을 갖고 전략적으로 접근해야 한다.

부모로부터 신체적·심리적으로 떨어져 나가기

Blos(1967)는 Mahler의 유아 시절 분리-개별화 이론에 준하여 청소년기를 '이차 개별화' 시기로 명명하였다. 유아가 엄마로부터 분리되고 개별화되는 것과 마찬가지로, 청소년기에는 신체적 및 심리적으로 부모와 가정으로부터 분리가 시작되며 자율적이고 독립적인 청년으로 기능할 것이다. 신체적, 인지적 성숙이 달성되면 홀로서기가 가능해진다. 성적 성숙이 시작되면 반드시 성적 감정을 가족 외부로 향하도록 하는 것이 급선무다. 청소년기와 같은 이행단계의 초반에는 아이가 자기의 원가족에게 의존적이고 성적으로 미숙한 존재이지만, 이행기가 끝날 때가 되면 독립적이고 성적으로도 활발해져서 출산을 통해 가족을 이룰 준비가 완료된다. 초기 성인기에서도 논의될 내용이지만, 심리적 분리와 성 정체성 형성과정은 청소년기가 끝날 때 완성되는 것이 아니고 청년기와 그 이후에도 지속된다.

이차 개별화에 대한 지식으로 무장한 임상가라면 청소년 환자들이 캠프에 갔을 때 향수를 느끼는지, 친구를 사귀거나 데이트를 할 때 어려움을 겪는지, 대학 진학을 위해 집을 떠나는 것이 불가능한

지 등에 대해 이해하고 성공적으로 치료할 수 있을 것이다.

임상 사례　L양은 또래 친구들에게 따돌림을 당하고 남자친구를 사귀지 못했기 때문에 청소년기를 매우 불행하게 보냈다. 이러한 문제는 일차 개별화 시기(엄마에 대한 과장된 의존)와 오이디푸스 시기(아빠와 심리적으로 유혹관계)에 그 뿌리가 있었다. 10학년 때 여자친구들에게 특히 잔인하게 거절당한 경험을 하고 난 후, L양은 3년 후배인 소녀에게 관심과 애정을 돌리게 되었다. 이렇게 승화된 동성애적 관계와 부모하고만 가까운 관계를 지속해 나가며 L양은 지난 2년간의 고등학교 후반부를 사회적 그리고 성적으로 고립되어 지냈다. 고등학교 졸업반 때 정신치료를 시작하였으나 '죽을 힘을 다해 부딪혀 보겠다.'는 L양의 결심과 집에서 멀리 떨어진 대학으로 진학하게 되면서 치료는 조기 종결되었다. 대학생활은 비참하고 외로웠다. 고향에 있는 대학으로 편입하고 가장 친했던 친구, 부모, 치료자와의 관계를 재정립하면서 증상이 완화되었고, 일차 및 이차 개별화의 미해결 측면에 대해 심도 있는 치료가 재개되었다.

성적 성숙을 받아들이고 적극적 성생활 정립하기

성적으로 성숙한 몸을 받아들이고 적극적 성생활을 정립하기 시작해야 할 필요성에 따라 청소년기에는 성 정체성의 발달 궤도가 크게 확장된다. 이러한 발달 궤도에 따른 과정은 초기, 중기, 후기 청소년기로 구분할 수 있다. 청소년기 직전 단계와 초기 청소년 기에서의 과제는 성적으로 성숙된 몸을 받아들이는 것이다. 특히, 겨드랑이와 음부 털의 성장, 성기와 유방의 성장, 자위행위를 통한 새로운 성적 기능의 탐색 등이 포함된다. 중기 청소년 단계에서는 아직 불확실한 토대를 기반으로 다른 성을 향해 머뭇거리며 한 걸음씩 다가간다. 그러나 대개 상대와의 실제 접촉보다는 공상이나 자위를 통해 성적인 감정을 다룬다. 후기 청소년기가 되면 대부분은 성교를 포함하는 적극적 성생활을 할 심리적 준비를 마치게 된다.

임상가는 이러한 정상 시간표를 통해 청소년 환자의 치료과정에서 탐색할 필요가 있는 성적 주제를 정의할 수 있다. 특별히 강조되어야 할 것은 자위할 때의 공상 같은 성적 공상에 관한 내용이다. 이는 청소년의 성이 부모로부터 얼마나 잘 분리되어 있으며 얼마나 적절한 방향으로, 즉 근친상간적이지 않은 상대에게 향하고 있는가에 대한 정신내적 지표가 된다.

성적으로는 성숙하지만 이러한 궤도에 따른 진행이 없다면 종종 신경증적 억제를 생각해 봐야 한다. 그러나 성적 경험을 일찍 하는 것이 급속한 발달 진행을 의미하는 것은 아니다. 이 또한 병리가 존재하는 것을 의미하는데, 충동 조절 문제와 관련이 있거나 부모의 제한 설정을 통한 개입이 없었음을 의미한다. 성 정체성의 발달 궤도에 따른 환자의 이전 경험을 완전히 이해하지 못하고 현재의 공상 세계와 활동에 대해 상세히 알지 못한다면, 청소년의 성적 기능을 이해한다는 것은 어렵거나 불가능할 것이다.

직업 준비하기

다섯 살짜리가 커서 우주비행사 또는 환경미화원이 되겠다고 하면 어른들은 그저 웃어 넘긴다. 하지만 청소년이 자신의 직업 취향에 대해 말하면 누구나 귀 기울여 듣는다. 신체적, 성적, 사회적으로 관심이 어느 한쪽으로 쏠려 있는 청소년기에 앞으로 평생 영향을 미칠 수 있는 직업과 경력에 대해서 결정(배제 혹은 선택)하도록 강요하는 것은 아이러니가 아닐 수 없다. 예를 들어, 영국과 중국 같은 일부 나라에서는 청소년기에 실시한 잠재성 평가에 기초하여 인구의 1~2%만 대학에 진학하도록 허용된다. 미래에 대한 선택이 극히 제한적이다. 그러나 미국과 같은 나라에서는 미래의 교육과 직업 및 전문적 성취에 대한 선택이 무한하게 열려 있으므로 청소년기 경력 선택에 관한 결정이 덜 중요하다.

청소년기 동안 성인기의 경력을 준비하는 것은 다양한 자아 강도 및 초자아와 자아 이상의 기능에 달려 있다. 이는 충족 지연, 충동 억제, 승화, 인지 능력 및 운동 기술 발달, 미래 예견, 놀이하는 아이로서의 모습보다 일할 때 어른으로서의 자기 모습 그려 보기 능력 등을 포함한다.

청소년기에 일하는 것이 발달 잠재력을 확대시킬지 혹은 방해할지는 개인마다 큰 차이가 있다. 특히, 장사를 하거나 대학과 관련 없는 일을 계획하고 있는 청소년이라면 청소년기에 일하며 얻은 경험은 대단히 소중하고 만족스러울 것이다. 한편, 어떤 청소년은 미래 계획을 위해 고등교육을 받아야 할 필요가 있든 없든 간에 일하는 데 시간을 소모한 것이 성인기 직장생활에서는 매우 유용할 수 있는 사회적, 정서적, 성적 기술과 태도 발달을 지체시키는 결과를 낳는다.

정체성 대 역할 혼란

Erikson(1963)은 청소년기를 정체성과 씨름하는 시기라고 기술하였다.

자기 내부로부터의 거대한 심리적 변화와 자기 앞에 놓인 중요한 성인 과제에 직면한 채 계속 성장하고 발달해야 하는 젊은이들은 이제 자신들이 생각하고 느끼는 자신의 모습과 비교할 때 다른 사람의 눈에 비친 모습이 어떨지에 대해 우선적으로 관심을 갖는다. 이전에 터득한 기술과 역할을 청소년기의 직업 모델에 어떻게 연결시킬 것인가 하는 과제에도 관심이 쏠린다(p. 261).

만약 청소년기에 이 시기의 발달 과업을 완성할 수 없다면 역할 혼란을 겪게 된다. 이것은 개별화, 성, 성인 세계에서의 위치 등에 대한 혼란이다.

사춘기에 대한 반응

성장 호르몬과 성 호르몬 분비가 급격히 늘면서 잠복기에는 안정적이었던 몸과 마음 사이의 균형이 흐트러진다. 자아와 초자아가 충동성을 조절하고 통제하는 능력보다 충동성이 갑자기 더 강해진다. 이는 마치 한 살에서 세 살로 넘어갈 때 보이는 불균형 때문에 걸음마기의 발달에 지장을 초래하는 것과 비슷하다.

어리석고 미성숙하며 예측할 수 없는 형태로 나타나는 퇴행은 공통적으로 나타나는 정상 반응으로, '공개'에서 '입 다물기'로의 전환을 의미한다. 사생활에 대한 욕구가 늘고 바깥 활동에 대한 정보 공유를 거부하면서 자녀들은 비밀에 둘러싸인다(Blos, 1970). 이러한 현상이 담고 있는 발달상 목적을 이해하지 못하는 부모는 마음에 상처를 받고 화가 난다. 솔직함과 지속적 협력을 기대하는 임상가도 비슷한 느낌을 경험한다. 학교 및 또래 집단 내에서 성적 정보(잘못된 정보 포함)를 공유하는 비밀 클럽, 동아리, '절친'을 형성하는 것은 바로 이러한 입 다물기를 반영하는 것이다.

옷을 입는 것이 갑자기 엄청나게 중요해진다. 새로 성적으로 성숙해진 몸에 대해 관심을 끌거나 혹은 관심을 다른 데로 돌리기 위한 것이며, 또래 친구들에게 받아들여진다는 증거이자 자율성과 부모로부터의 독립에 대한 지표로서 작용한다. 머리 스타일, 화장, 기타 장신구 등도 한몫 한다. 최대한 허용 폭을 넓게 설정하여 자유롭게 옷과 머리 스타일을 선택하도록 허용하는 이해심 많은 부모가 됨으로써 자녀의 자율성과 건강한 성을 향한 욕구를 지지한다.

임상가는 청소년의 옷, 머리 스타일, 장신구 등을 역동에 대한 병식을 찾아내는 잠재적 자료로 활용한다. 한 13세 소년이 쇠징이 박힌 신발, 찢어진 청바지, 'Hilter's Triumphant Tour Across Europe'[2]라고 선명하게 새겨진 티셔츠 차림으로 진료실에 오곤 했다. 이러한 옷차림과 웃지 않는 냉랭한 표정은 또래와 어른에게 겁을 주고 혐오감을 주고자 하는 것이었고, 그는 쉽게 목적을 달성할 수 있었다. 친부모와 양부모 모두에게 거부당해서 생긴 분노감

---

2) 역주: 1940년 프랑스가 독일에 항복한 뒤 히틀러가 파리를 방문한 여행.

과 받아들여지지 못함에 대한 감정을 숨기려는 이러한 표현의 방어적 기능이 점차 분명해졌고, 마침내 임상가가 그에게 이를 해석해 주었다. 이후 외모 변화가 나타나기 시작했으며, 부모와의 관계와 성에 대한 수정 작업이 동시에 진행되면서 사회적으로 받아들여지는 경우가 늘었고, 여자친구와 적절한 성적 관계를 수립할 수 있었으며, 자신감도 크게 늘었다.

또래관계와 우정

잠복기에서 청소년기로 접어들 무렵, 발달단계상 특별한 과제를 맞닥뜨려 해결해야 하는 인간 상호 간 필요성 덕분에 우정은 사람 사이의 경험에서 핵심 역할을 한다. 특히 초기 청소년기에는 발달 압박 때문에 우정에 과부하가 걸릴 수 있다. 성적 욕동과 공격적 욕동이 일시적으로 너무 강해서 자아와 초자아가 그것들을 수용할 만큼의 능력이 모자라기 때문이다. 이는 또래 간 동성애 및 이성애적 실험 모두에서 관찰되는 것 같은 억제 기능을 망가뜨릴 수도 있다. 그러나 생애 주기 중 어느 순간에도 우정이 이렇듯 발달 경과에 중요한 역할을 하는 경우는 없다. 부모와의 심리적 분리, 직업, 놀이, 성을 향한 어른스러운 태도를 통합하기 같은 결정적 과제들을 맞닥뜨린 후 해결해 내는 과정을 촉진하는 것이 바로 우정의 역할이다.

여자아이는 남자아이에 비해 1~2년 먼저 급성장기가 지나가면서 종종 힘이 더 세지고 키도 더 커진다. 이러한 '아마존의 어린 여전사'들은 종종 또래 남자아이를 하찮게 여기며, 더 나이 많은 소년에게 관심을 갖는다. 같은 성의 또래 집단 내에서 그들은 종종 서로 극도로 잔인하게 굴거나, 그때그때 우정의 대상이 바뀌기도 하고, 공개적으로 경쟁자나 적을 공격한다. 이러한 행동의 이유는 부모에 대한 양가감정의 전치, 신체적 및 성적 변화에 대한 불안정 감, 초자아의 조절 약화 등 다양하다. 초기 청소년기 소녀들은 신체적으로 발달되어 있고 성숙한 것 같은 자태를 갖추게 되므로 심리적으로는 준비되지 못한 채 중기 또는 후기 청소년기의 사회적, 성적 행동에 빠져들 수 있다. 부적절한 관계를 예방하기 위해서는 부모의 통제가 대단히 중요하다. 치료자들은 초기 청소년기 소녀들이 비록 신체적 및 사회적으로 성숙한 모습일지라도 또래 소년들과 마찬가지로 여전히 부모로부터의 심리적 독립과 성적으로 성숙한 몸을 이해하고 받아들여야 하는 발달 과제에 당면해 있음을 이해해야 한다. 따라서 그들은 강렬한 관계를 형성할 준비가 되어 있지 않다.

청소년기 직전 단계와 초기 청소년기에 있는 소년은 이러한 '아마존의 어린 여전사'에게 큰 위협을 느끼며 그들의 성적 감정과 두려움을 감추기 위해 무모한 짓이나 과장된 행동을 한다. 심지어 그들에게 신체적 공격을 가하기도 한다. 그들은 대부분 잠복기 때처럼 소녀들을 '혐오스럽게' 대하는 태도를 유지하고, 대부분 같은 성의 또래 집단을 편하게 느낀다. 소년들은 보이스카우트, 야영, 단체 운동처럼 구조화된 틀을 갖춘 집단 활동을 통해서 부모로부터의 분리 과업을 이루고 성적, 공격적 에너지를 처리한다.

양쪽 성 모두, 특히 소년은 신체적으로 미성숙하고 자신들의 성적 감정을 같은 성의 또래 집단 내에서 해결하려는 경향이 있다. 그리하여 청소년기 직전 단계와 초기 청소년기는 '정상적으로' 동성애를 경험하는 시기다. 양쪽 성 모두 몸의 변화를 비교하고 서로 자위행위에 참여한다. 이러한 활동의 기본 목적은 지금 발생하고 있는 신체적 및 성적 변화로부터 편안해지고자 함이다. 기본적으로 성적 지향(sexual orientation)이 이성애적인 사람은 신체적 변화에 대해 심리적 통합이 이루어지면 이러한 행동을 중단하고 점차 반대 성의 인물 쪽으로 눈을 돌린다.

임상가는 환자의 사춘기 전 단계와 사춘기 초기 단계에서의 성적 행동이 정상인지 병리적인지 평가하기 위해 성 정체성의 발달 노선을 따라 개인의 과거 경험에 대한 자세한 지식과 정보를 활용할 필요가 있다. 성적 지향은 사춘기 때 '고정' 되는 것이 아니라 중기 사춘기, 후기 사춘기, 성인기 초기의 성적 경험에 영향을 받을 수 있다는 가능성을 충분히 열어 놓아야 한다.

성인기의 동성애 성향을 초래하는 발달과정에 대해서 아직 충분히 합의된 바가 없고 개인적으로 지식이 충분치 못하여 이 장에서는 성인기의 동성애 성향에 이르는 발달 경로는 다루지 않는다. 동성애가 병리적이지 않다는 미국정신과학회의 공식 입장에도 불구하고, 성인의 동성애가 정상이냐 병적이냐에 대한 논란은 계속되고 있다.

청소년과 부모 사이의 관계

청소년기 직전 단계와 초기 청소년기에는 부모와 아이 사이의 관계가 불편해지기 시작한다. 잠복기에서처럼 쉽게 솔직해지고 상냥하고 상호 존중하던 모습은 사라진다. 대신 청소년은 회피하고 비밀을 만들고 공공장소에서는 당황스러워한다. 예를 들면, "엄마, 제발 학교에서 한 블록 떨어진 곳에 내려주세요. 친구들이 나랑 엄마랑 함께 있는 것을 보는 게 싫어요!" 부모들은 어리둥절해하고 슬프고 화가 난다. 이런 태도는 다양하게 나타난다. 청소년기를 포함해서 인생 주기상 모든 시점에서 부모와 자녀 사이의 정상관계의 기본을 형성하는 오래된 친밀감과 상호 의존이 번갈아 나타난다.

아이를 이끄는 역동적 힘은 다양하며, 현재는 물론 과거의 발달 주제들과 모두 관련 있다. 현재 시점에서 보면 호르몬에 의해 유도된 성성(性性, sexuality)은 부모와의 관계를 포함하여 모든 관계에 영향을 미친다. 몇 달 전까지도 편안하고 아무 생각 없었던 감정적 상호작용은 갑자기 환영받지 못하는 성적 요소로 인해 오염된다. 포옹이든 입맞춤이든 엄마나 아빠와 살이 닿는 어떠한 형태의 접촉도 불편한 감정을 초래할 수 있고, 의식적이든 무의식적이든 성적 느낌과 공상을 자극한다. 몸이 어떻게 반응할지는 예측 불가능하다. 왜냐하면 살짝 스치거나 가볍게 포옹만 해도 성기나 유두가 발기할 수도 있기 때문이다. 부모와 거리를 두기 위해 사춘기 아이들은 침실이나 욕실 문을 꼭꼭 잠근다.

잠복기 때는 비교적 수월하게 오이디푸스 콤플렉스의 억제 상태를 유지할 수 있었으나, 이제는 호르몬의 힘으로 작동되는 공상에 의해 무의식적 수준에서 위협받는다. 부모에 대한 노골적인 성적 공상이 의식 수준으로 돌아올 가능성도 제기된다. 오이디푸스 단계의 아이들과 달리 초기 청소년기는 성행위도 가능하다. 청소년의 성적 성숙에 의해 근친상간의 장벽이 무너질 수 있다는 가능성은 오히려 오이디푸스식 공상과 소망을 재처리하고 더 나아가 포기하도록 만든다. 성인 발달에 대한 논의에서 나오겠지만, 오이디푸스 콤플렉스는 절대 완전하게 '해소' 되거나 포기될 수 없다. 인생과정 전반에 걸쳐 발달 압력에 의해 변화되고 변형된다.

이러한 갈등은 청소년기 자녀의 방에서 관계에 대한 표현을 통해 종종 볼 수 있다. 예를 들면, "부모님 출입 금지!"와 같은 문에 써 붙인 말 때문에 당황할 수도 있지만, 분명히 발달과정 중의 하나가 일어나고 있는 것으로 받아들여야 한다. 거친 장식, 외설 포스터, 지저분함, 어지르기 등을 고수하는 것은 (한편으로는 부모에게 안전하게 보호받기를 원하면서도) 부모의 공간과 가치관으로부터 독립해야 할 필요성을 강하게 주장하는 징표다. 현명한 부모는 이렇듯 대단히 괴상하고 극단적인 개편 작업을 잘 견뎌 낸다. 그러한 반항과 쌀쌀맞음에 온화함이 숨어 있음을 인식하기 때문이다. 그러한 행동이 가정의 화목함이나 평정에는 도움이 되지 않겠지만, 집 안에만 국한된다면 자녀의 발달과정 촉진에는 유리하고 스스로 조절도 가능하다. '딸아이의 침실 벽을 도배한 브루스 스프링스틴(Bruce Springsteen)[3]의 야한 모습 사진' 을 보고 펄펄 뛰며 반대하던 한 아버지도 결국 그것이 단지 사진에 불과하다는 조언을 듣고서야 다소 진정되었다. 딸은 안전한 청소년판 '성적 판타지(sex-fantasy)' 를 즐기고 있을 뿐이다. 아버지는 딸의 행동과 쌀쌀맞은 태도가 사실은 엄마, 아빠를 위한 것이라는 것을 인식하고는 안심했다. 이웃, 친구, 선생님 모두 이구동성으로 아이가 발달 경과상 퇴행과 혼란을 겪으면서도 판단력과 책임감을 보인다면서 딸에 대해 칭찬을 늘어놓았다.

---

3) 역주: 미국 록 음악의 대가로 가수 겸 작사가이자 기타 연주자다. 아카데미상(1993)과 에이미상(2001)을 수상한 바 있다.

임상가에게는 청소년기 성성의 오이디푸스적 요소가 명백하게 보인다고 해도 환자에게는 그렇지 않을 수도 있다. 따라서 성적 판타지와 행동을 해석할 때 상당한 주의가 필요하다. 예를 들어 보자. 일 년 이상 치료해 온 열네 살짜리 신경 증상을 가진 소년이 부모 침대에서 계속 자위행위를 하고 있다고 밝혔다. 이 말을 할 때 아이는 거북스러워하기는 했지만 그 의미는 모르고 있었다. 어머니가 눕는 쪽으로 얼굴을 대고 누워서 성행위 동작을 하면서 성기 아래 깐 휴지에 열심히 사정을 했다. 결국 자신의 자위행위와 어머니에 대한 성적 소망 사이의 관계를 해석해 주었고, 이를 통해 자위행위에 변화가 일어났으며 어머니로부터의 정신내적 분리가 더욱 진행되었다.

이 시기에 필히 개정해야 할 유아기적 과거의 두 번째 중요한 주제는 생후 몇 년간 만능, 전지전능이었던 전오이디푸스기 엄마와의 무의식적 관계다(Brunswick, 1940). 모든 소년, 소녀는 엄마가 덜 강력하고 더 불완전한 존재임을 알게 되고, 엄마의 힘을 점차 자기 것으로 만들어 간다. 남녀 모두 아버지보다는 엄마와의 갈등 관계가 더 많은 경향이 있다. 오래전 걸음마기에 그랬던 것과 크게 다르지 않게 융합을 위한 의존적 소망을 피해 나가면서 끝내야 하기 때문이다. 지금까지 아버지는 항상 합리적이고 균형을 잡고 있는 인물이었다. 이제는 아버지가 엄마와 아이 사이에서 중재자로 활동하면서 조율과 완화를 담당한다. 걸음마기에 일차 개별화 과정을 통과하기 위해서는 부모의 존재가 계속 필요했던 것과 마찬가지로, 청소년도 앞에서 언급한 발달 과제를 안전하게 달성하기 위해서는 부모와의 규칙적 접촉이 필요하다. 부모의 역할은 지속적 돌봄은 물론 성숙한 판단과 제한 설정 연습의 복합체다. 한편

아이에게 점차 더 많은 자유와 책임을 허용해 주는 것도 잊지 말아
야 한다.

아마 인생의 그 어떤 시점에서도 아동 발달과 어른 발달 사이의
관계가 청소년과 중년 부모 혹은 청년과 중년 부모 사이의 상호작
용보다 명백한 경우는 없을 것이다. 성인기의 포괄적 발달단계로
나가기에 앞서, 부모는 사춘기의 폭풍을 감당할 수 있는 안정된 기
둥을 단단히 고정해 놓아야 한다. 청소년기 자녀에 대한 부모의 반
응은 부모 자신의 발달 갈등에 크게 영향을 받는다는 것을 알게 되
었다. Pearson이 1955년 처음 소개한 '세대 간 갈등' 개념을
Nemiroff와 내가 좀 더 정교하게 다듬었다(Colarusso & Nemiroff,
1981). 부모 관련 주제는 10장 '청년기' 와 11장 '중년기' 에서 자세
히 다룰 것이다.

청소년과 부모의 관계 문제는 진료실을 찾는 주된 이유이며, 청
소년 환자와 성인(부모) 환자 모두에게 상당히 중요한 주제다. 다
시 강조하지만, 발달과정에 대한 지식은 임상가가 진단과 치료 계
획을 세우는 데 도움을 주고 청소년과 부모 모두를 더 잘 이해할 수
있게 해 준다.

초자아와 자아 이상

초자아

잠복기 후기에는 초자아가 공상과 행동을 통제하는 일이 비교적
효과적인 데 비해, 초기 청소년기에는 그렇지 못하다. 충동성이 강

해지고 부모는 물론 초자아 내부의 부모상도 심리적으로 멀어져 있기 때문이다(Loewald, 1979). 초자아가 성적, 공격적 표현을 제어할 수 있도록 재정비하는 발달단계가 필수적이다. 따라서 이 중간 과정에서 행동 통제가 다소 느슨해지고, 청소년은 부적절한 행동에 휘말릴 소지가 커진다. 특히, 또래 친구가 압력을 가할 때 더욱 그렇다. 안정적으로 자란 아이도 거짓말, 도둑질, 부정행위를 하게 될 수 있다.

래리는 두려움과 공포증으로 치료받는 13세 소년이다. 과거력상 제한과 억제가 특징적이었으며 충동성은 없었다. 어느 날 래리는 전혀 그답지 않은 행동을 했다고 말했다. 한 친구의 제안으로 아이들은 지나가는 차에 달걀을 던졌고, 경찰이 나타났을 때 담장을 뛰어넘어 추적자들을 따돌리는 데 성공했다.

부모의 세밀한 지도감독과 또래 집단에 대한 주의 깊은 관찰을 통해 이러한 이행단계 동안의 행동화 위험을 줄일 수 있다. 비록 청소년이 실제 및 정신내적 세계 모두에서 부모의 영향과 제한으로부터 벗어나 있다고 하더라도, 아이들은 부모를 갈등 속으로 끌어들여 통제하도록 만드는 경향이 있으며 그럼으로써 일부 외적 통제를 확보한다.

환자의 초자아가 재구성되는 과정은 종종 위험한 행동을 동반하게 되므로, 이 과정을 관찰하고 촉진시키는 일을 하는 치료자는 불안과 근심을 가득 안고 아슬아슬한 곡예를 하는 셈이다. 예를 들어보자. 청소년기 후반에 접어든 한 친구는 주말마다 술 마시고 놀기 위해 친구들과 멕시코 국경을 넘나들었다.[4] 조심하라는 부탁과 통

---

4) 역주: 원저자의 진료실은 미국 캘리포니아주 샌디에이고에 있는데 멕시코 국경에서 30분 정도 거리에 있다.

제가 모두 소용 없었다. 특히, 대마초를 제3세계로 운반하는 일에 대해서도 하지 말라고 신신당부했지만 그 짓을 몇 달 동안 계속했다. 본인도 위험하다는 것을 알고 있었지만 "그 사람들은 절 잡지 못해요. 제가 억수로 운이 좋거든요."라고 말하였다. 다행히 잡히지는 않았다.

건강한 청소년은 행동화하는 경향을 최소화하기 위해서 공상, 자위행위, 잠복기 시절 활동의 재활용 등을 이용한다. 한 소녀는 우표 수집을 다시 시작했다. 또 다른 소녀는 가장 친한 친구와 책을 모으기 시작했다. 한 남자아이는 야구 카드[5] 수집에 투자하기 시작했다.

자아 이상

Blos(1974)는 청소년 발달과정의 결과를 새로운 정신구조의 형성, 즉 자아 이상(ego ideal)이라고 하였다. 본질적으로 자아 이상은 인격의 일부분이며, 개인의 미래에 기대 가능한 최댓값을 포함한다. 일부 임상가들은 자아 이상을 초자아의 한 부분으로 간주하기도 한다. Blos는 성인기에 등장하는 성, 친밀한 관계, 직업 성취 등의 목표를 달성하기 위해서 청소년기의 초자아를 수정하고 확장할 필요가 있다고 강조하였다.

이것이 가능하도록 하려면 부모의 유아적 이상화와 이미 초자아에 내재화된 부모의 '아이'에 대한 기대치를 축소시키고 결국은

5) 역주: 프로야구가 발달한 나라에서 유명한 선수나 기록을 담아 파는 작은 카드. 미국, 일본, 캐나다, 쿠바 등에서 인기가 많다. 참고로 1900년대 초에 제작된 호너스 와그너 선수의 야구 카드가 2010년 한 경매장에서 22만 달러에 팔린 바 있다.

새로운 기준 세트로 대체해야 한다. 새로운 세트에는 청소년의 성적 및 정신적 성숙, 야망, 목표, 그리고 근친상간과 무관한 친구, 애인, 스승의 영향력 등을 반영해야 한다. '탈이상화(deidealization)' 과정은 초기 청소년기에 이렇게 사랑스럽고 이상화된 감정이 부모로부터 (부모의 정서적 중요 부분을 일부 획득한) 가장 친한 친구에게로 옮겨 가면서 시작된다. 따라서 이러한 친구관계는 과도기적이며, 의존적인 아이가 자율적인 어른으로 옮겨 가도록 촉진한다.

가장 친한 친구와의 관계는 대개 쉽게 알 수 있으며, 정서적 투자(emotional investment)도 매우 강렬하다. 동일시를 통해서 친구의 어떤 자질이 내재화되고 그 발달 목적이 제공되고 나면 그 관계의 중요성은 감소되거나 완전히 사라지고, 종종 유사한 강도와 기간을 가진 또 다른 것으로 대체된다. 이렇게 겉보기에 동성애적 애착은 시기 적절한 것이며, 이성애적인 강렬한 사랑과 열병으로 대표되는 성인의 성성을 향해 나아가는 과정의 선구자다.

이성애로의 변천: 사랑에 빠짐

중기 청소년기 동안 육체적·성적으로 성숙한 몸을 받아들이고 자아 이상을 형성해 가면서 점차적으로 이성애로의 전환이 이루어진다. 다른 성과 관계를 맺는 이러한 초창기 노력은 떨리기도 하고 두렵기도 하다. 누군가의 사랑을 받아들이면 노래와 시 속에 영원히 남아 있는 것처럼 사랑에 빠지는 경험을 하게 된다. 좀 더 적절한 표현을 찾는다면 청소년기의 사랑의 열병이다. 성숙한 성인의 사랑과는 꽤 차이가 나는 청소년기 열병을 위한 필수 전제 조건들은 오이디푸스기의 대상들과의 정신내적 연결을 느슨하게 만들고 비근친상간적 관계에서 사랑하는 느낌과 성적 느낌을 갖도록 해줌으로써 발달이 진행되도록 한다. 하지만 청소년의 사랑의 대상은 어느 정도까지는 어린 시절의 이상화된 부모, 즉 부모의 특성이 투사된 이성 친구다. 이처럼 부모와의 정신내적 분리과정에 필요한 발달단계 때문에 새로운 사랑의 대상을 실제 있는 그대로 보는 일이 쉽지 않다. 그리하여 투사된 이상화를 철회하고 나면 남자친구나 여자친구에서 느끼는 환멸은 강렬해질 수밖에 없다.

또한 청소년기 사랑의 열병은 동성애적 및 양성애적 성향을 해결하는 데 도움이 된다. 남자아이에게는 여성적 특성의 저장소, 여자아이에게는 남성적 특성의 저장소를 제공함으로써 가능하다. 예를 들어, 소녀가 한 소년을 사랑하고 소년도 소녀를 사랑하게 되면, 그녀는 자신의 여성성과 사랑받음을 느끼는 한편, 자신의 남성적 호기심을 남자친구에게 투사할 수 있고 그를 통해 그것을 즐길 수 있다. 같은 과정이 남자아이에게도 적용된다. 성행위가 남녀관계의 일부가 될 때, 편안한 세팅에서 수동적 및 능동적 성향을 표현하고 서로 실험해 볼 수 있다. 이러한 상호 동일시는 사랑의 열병의 기초를 이루며, 각각 다른 이와의 새로운 관계를 통해 정제된다. 결혼을 하게 되면 상호 동일시는 양성애적 성향을 확실히 해결하고 부모의 정체성 완성을 위한 필수 기전이 된다.

이러한 관계의 빈약한 특성 때문에 종종 현실이 되기도 하는 거절에 대한 엄청난 공포와 피할 수 없는 자기애적 손상 경험이 발생한다. 몇 번씩이나 열병에 빠져드는 능력은 강함과 회복력의 지표가 된다. 사랑의 열병관계가 끝날 때면 찾아오는 고통에도 불구하고 각 관계마다 더 큰 분리와 개별화로 연결되기 때문이다. 치료자는 관계를 맺으려는 시도조차 없는 경우에 관심을 가져야 한다. 이는 종종 신경증적 억제를 의미하기 때문이다. 또한 중기를 지나 후기 청소년기까지 이어지는, 때로는 결혼까지 하는 강렬한 관계로 빠져드는 경우에도 신경을 써야 한다. 두 경우 모두 청소년기 사랑의 열병에서 필수불가결한 부분인 외로움, 불확실성, 거절로부터 자신을 보호하려는 방어적 경향을 보여 준다.

건강한 청소년은 자기애적 만족을 위한 많은 원천을 가지고 있으며, 외로움과 거절의 고통을 완화시키고 사랑의 열병 사이의 시간을 채워 줄 공급원이 있다. 잠복기의 흥미거리를 정교하게 완성하기, 지적 과제와 운동에 집중하기, 자동차 정비나 수집 같은 취미 활동하기 등이 모든 것을 통해 성 이외의 것에서 즐거움을 찾고, 청소년이 성인기로 잘 넘어가도록 하는 데 도움이 되는 유용한 기술과 능력 획득 및 승화과정을 촉진한다.

후기 청소년기의 성 정체성

후기 청소년기가 되면 대부분의 사람들은 몸을 성적인 도구로 받아들이고, 부분적으로는 부모가 일차적 사랑의 대상으로 교체되며, 활발한 성생활을 시작한다. 일부는 이러한 주제에 대한 작업을 청년기까지도 지속한다. 성인기의 조직화된 이론을 전개하기에 앞서, 성 정체성의 발달은 후기 청소년기에 끝이 나고 성숙된 성인기의 성을 위한 모든 능력이 자리 잡은 것으로 간주할 수 있다. 이제 청소년기의 성은 평생 이어지는 성적 진화과정의 한 단계로 인식된다. 10장에서는 청년기의 발달 주제인 친밀함, 성숙된 성, 부모

되기 등에 초점을 둘 것이다. 이 모든 것은 청소년기의 경험과 통합의 기초 위에 세워진다.

인지발달

Piaget(1954)에 따르면 청소년기는 '형식적 조작 사고'라고 부르는 가장 높은 사고단계에 이르는 시기다. 성인기에 관한 장에서 보게 되겠지만, 다른 많은 연구자들은 인지발달이 청소년기를 지나서도 지속적으로 잘 이루어지며, 형식적 조작보다 더 발전된 사고 형태를 갖추게 된다고 하였다.

청소년은 더 한층 추상적 사고가 가능하다. 구체적 참고 자료 없이도 이론을 세우고 가정을 시험할 수 있다. 더구나 모든 부모와 치료자가 알고 있는 것처럼 청소년은 자신의 생각이든 다른 사람의 생각이든 논리적으로 평가하고 날카롭게 감정할 수 있는 능력이 발달한다(Anthony, 1982). 특히, 후기 청소년기가 되면 추상적 사고 능력 및 초자아와 자아 이상의 변환을 통해 이 시기의 특징적인 이상주의와 사회적 변화에 대한 기대를 갖추게 된다.

청소년기에는 사고의 특성상 치료과정에 큰 변화가 일어난다. 놀이는 지엽적인 활동이 되거나 결국 완전히 사라지고 생각, 공상, 개념 등의 '놀이'로 대체된다. 환자와 치료자의 말과 행동에 대한 해석과 병식은 성인은 물론 청소년에서도 가능하다. 그러나 치료에서 얻은 병식을 활용하는 능력과 성숙한 판단을 연습하는 능력은 여전히 제한이 있다. 그 이유는 충동을 조절할 만한 능력이 모자라고 현재 갖고 있는 병리 때문이다.

제2부
청년기에서 고령기까지

08

성인 발달의 역사적 개관 및 일반 원칙

고전에서 발견되는 성인 발달에 대한 개념

인생 주기와 성인 발달에 대한 개념의 역사는 인류의 역사와 같다고 할 정도로 오래되었다. 고대 그리스 철학자이자 시인인 Solon(BC 630~560년경)은 성인기의 여섯 단계를 서술하고 단계별로 특정 발달 과제를 기술하였다. 그중 하나를 예로 들자면, 자신의 능력을 최대한으로 발달시키고 미덕을 쌓는 것이다. 공자(孔子, Confucius, BC 551~479년)는 나이에 따른 인생 경험의 주제를 제안하였다. 15세에는 학업에 열심을 다해야 하고, 30세에는 뜻을 확고하게 세워야 하며, 50세에는 명을 깨달아야 하며, 60세에는 마음이 흐르는 대로 살아야 한다는 것이다. 지속적으로 발달과 변화가 일어난다는 것은 결국 일생 동안 이룩해야 할 유교적 과업인 자기 성찰로도 표현된다. 유사한 개념을 서구 사상에서도 발견할 수 있다. *Talmud*에는 신앙 안에서 성숙되는 단계에 대한 설명이 있고, 기독교에서는 만족과 구원을 향한 소명을 말하고 있다. 이는 모두 중요한 성인기 발달 주제들이다.

인생 전반에 걸친 발달적 변화가 어떤 특성을 갖고 있는가에 대한 다른 참고문헌으로 고전과 현대 문학을 들 수 있다. 발달에 대한 가장 직관적인 발달적 관찰자였던 Shakespeare의 작품이 가장 유명한 참고문헌이라는 것은 그리 놀라운 일이 아니다.

한 남자는 평생 여러 가지 역할을 하는데,
그의 행동은 일곱 개의 연령대에 따라 다르다. 먼저 갓난아기,
유모의 팔 안에서 가냘프게 울고 토한다.
학생이 되면 투덜대면서 책가방을 메고
눈부신 아침 얼굴을 하고는 달팽이처럼 천천히
마지못해 학교에 간다. 그리고 연인,
용광로처럼 탄식하고 비통한 발라드를 짓는다.
애인의 눈썹에 대해. 그 다음은 군인,
이상한 맹세를 가슴에 품고 표범처럼 수염을 기르고
영광 안에서 질투하고, 급작스럽게 싸우고
거품과 같은 명성을 추구한다.
대포의 아가리 속에서조차. 그리고 재판관,
뇌물을 받아먹어 뱃살이 두둑해지고
눈초리는 날카로워지고 단정하게 단장한 수염을 뽐내며
현명한 격언과 진부한 말들을 능란하게 떠들어 대며
자기의 역할을 다 해낸다. 여섯 번째 역할로

수척한 늙은이가 나오는데

콧등에는 돋보기를 걸치고, 허리에는 돈주머니를 차고

젊었을 때 헤질세라 아껴 두었던 긴 양말은 말라빠진 정강이에

헐렁하게 걸려 있고 사내다웠던 굵은 목소리는

애들 목소리처럼 가늘게 변해

삑삑 소리를 낸다. 파란만장한 인생의

마지막 장면으로는

제2의 유년기랄까, 이도 빠지고 눈도 침침해지고

입맛도 없고 세상만사가 모두 망각.

- William Shakespeare, *As You Like It,* II ,vii

성인기 발달에 대한 고전과 현대 문헌에 대해 더 배우고 싶은 독자는 이에 대한 간략한 역사적 고찰을 정리한 *Adult Development* (Colarusso & Nemiroff, 1981)의 1장을 참고하라.

성인 발달 연구의 개척자

현대에 이르기까지 성인 발달에 대한 관심을 이끈 과학적 토대는 다음의 네 명(세 명은 정신과 의사이자 정신분석가, 한 명은 인류학자)의 연구에서 나왔다. 그들은 모두 20세기 전반부에 등장해 큰 업적을 이루었다.

Arnold van Gennep(1873~1957년)

Arnold van Gennep은 인류학자다. 1908년 그는 범문화적으로 개인과 사회가 발달의 한 시기에서 다음 시기로의 이행을 어떻게 정의하고 겪어 내는지에 대해 *The Rites of Passage*라는 책에서 서술하였다. 그의 이론은 발달과정의 보편성과 역동적 특성을 강조함과 동시에 문화적 영향이 크다는 것을 서술하였다.

Sigmund Freud(1856~1939년)

비록 각자 독자적으로 활동하였으나, Freud와 van Gennep의 발달 가설은 서로 3년간의 시간 간격을 두고 발표되었다. *The Three Essays on the Theory of Sexuality*(1905)에서 Freud는 모든 발달 과정에 깔려 있는 개체와 환경 간의 기본적 상호작용에 대해 설명하였다. 성숙과정에 내재된 잠재력이 환경적 영향과 상호작용함으로써 예측 가능한 변화와 단계가 일어난다(Abrams, 1978). 이 책에서 자주 인용된 Spitz의 발달에 대한 정의는 이와 같은 Freud의 생각에 분명한 기초를 두고 있다. 또한 발달단계의 개념을 도입하였고 아동기를 다섯 부분으로 나누었다. 현재 우리가 가지고 있는 지식은 Freud의 개념을 넘어서는 것이지만, 여전히 그가 사용했던 구강기, 항문기, 오이디푸스기, 잠복기, 청소년기라는 단계에 대한 명칭을 사용해서 아동기 발달을 서술하고 있다. 불행하게도 Freud는 발달단계를 성인기까지 연장하지 않았고, 이 실수로 인해 보다 포괄적인 성인기 발달이론의 등장은 수십 년간 지연되었다.

Carl Gustav Jung(1875~1961년)

Jung(1933)은 성인기에도 인격의 진화와 변화를 지속한다는 것을 제안한 첫 연구자 중 한 명이다. 이러한 측면에서 그는 Freud를 넘어서서 자신의 이론을 구축하였다. Jung은 생물학적 퇴행과 노화가 성인기 정신발달에 중요한 것임을 인식하였고, 집중적으로 중년기에 대해 연구하였다. 그는 이 시기를 인생의 '정오(noon)'라고 불렀다. 중년기에 남성은 자신의 여성적 경향에 대해 더 많이 인식하게 되고 여성은 자신의 남성적 특성과 더 많이 만나게 된다는 개념은 동일 주제를 대상으로 한 Gutmann(1971)의 범문화적 연구의 토대와 자극제가 되었다. 아동기와 성인기 경험의 영향에 대한 Jung의 균형 잡힌 접근은 'Puer' 또는 젊은이, 그리고 'Senes' 또는 노인이라는 원형에 대한 묘사에 잘 나타나 있다. 그것들은 인류의 긴 역사에 기원을 둔 근본적 무의식의 상(image)이다. Jung은 이러한 젊음과 늙음에 대한 원초적 상들이 노화에 대한 태도에 영향을 주고 개인적 경험에 의해서 수정된다고 제안하였다.

Erik H. Erikson(1902~1994년)

발달이론에 대한 Erikson의 두 가지 가장 위대한 업적은 아동기뿐 아니라 전체 생애주기를 여덟 개로 나누어 동일하게 중요한 단계로 구분한 것과 각 단계에 중요한 역동적 양극성(polarity)이 존재한다는 것을 제안한 것이다. 그의 이론이 널리 받아들여지면서 발달이 청소년기에 그치지 않고 인생 전반에 걸쳐 이루어진다는 생각이 대중화되었고, 모든 현대 성인 발달 이론가에게 영향을 미쳤다. Erikson은 정신적 과정의 발달에 미치는 사회적, 문화적 영향에 주목한 소아 정신분석가로서, 발달이 이루어지기 위해서는 정상적으로 갈등이 필요함을 강조하였다. 그에 의해 널리 알려진 성인기의 양극성인 초기 성인기의 친밀감 대 고립감, 중년기의 생산성 대 침체감, 노년기의 자아 통합성 대 절망감은 성인기 발달 과제와 어려움을 최초로 묘사한 것이다. 이미 아동기에 대해 설명한 바와 같이, 이러한 내용은 대부분의 독자들이 대학 학부과정이나 대학원과정에서 의심할 바 없이 친숙하게 접했을 *Childhood and Society*(1963)라는 저서에서 소개되었다. 또한 Erikson은 어떻게 다양한 문화가 양육방식에 영향을 미쳐서 그 문화의 파생과 생존을 책임지는 성인 인격구조를 만들어 내는가를 설명하였다.

현대의 성인 발달 이론가

수십 년간 아동기 발달에 대한 복합적 이론들이 등장하고 발전해 온 것에 비해 성인기 발달에 대한 포괄적 이론은 이제 막 시작하는 단계다. Stevens-Long(1979)은 아동기에 대한 연구가 성인기에 대한 연구보다 앞선 이유로 경제적, 사회적, 심리적 요인을 꼽았다. 특히, 의무교육의 확대와 성인기 정신병리에 영향을 미치는 아동기 경험에 대한 Freud의 발견이 중요하다고 하였다. 최근 성인기에 대한 관심이 높아진 것 역시 비슷한 경제적, 사회적 요인에 의한 것으로 보인다. 특히, 20세기 들어 평균 수명이 30년가량 길어진 것은 중요한 이유 중 하나다. 점차 늘어나는 노인 인구를 이해하고 그에 적응하기 위해서 인생의 후반부에 대한 연구가 활발해진 것이다.

지난 20년간 성인기 발달은 인정받는 연구 영역이 되었고, 학부와 대학원 과정에서 중요한 과목으로 채택되는 경우가 증가했다. 이 분야에서 널리 알려진 연구자들의 업적을 요약하고 관심 있는 독자들을 위한 연구 영역을 소개하고자 한다.

Daniel Levinson

Levinson과 그의 동료들은 성인기에 대한 체계적 연구 결과를 *Seasons of a Man's Life*라는 저서로 출간하였다(Levinson et al., 1978). 그들은 인생 주기를 '시대(era)'라고 불리는 20년 간격으로 성인기 이전 단계(0~20세), 청년기(20~40세), 중년기(40~60세), 노년기(60~80세), 고령기(80세 이후)로 나누었다. 평생에 걸쳐 인간은 진화하는 인생구조를 만들어 내는데, 이는 삶의 기본 무늬이자 세상 속에서 살아가는 자기의 유형이 된다. 이러한 인생구조가 그 시기의 발달적 요구를 만족시키지 못하면 내적으로 수정되고 변화의 시기를 거치게 된다. 따라서 각 시대에는 안정적 구조와 변동기가 교차된다. 예를 들어, Levinson 등은 아동기와 초기 성인기 사이, 초기 성인기와 중기 성인기 사이, 그리고 중기 성인기와 후기 성인기 사이에 존재하는 세 가지 중요 변동시기에 대해 정의하였다.

비교적 소수의 사람을 대상으로 한 집중적 연구 결과를 토대로 한 이 이론체계는 중년기 변화와 중년기 위기(11장 '중년기'에서 다루어질 주제임)를 이해하고 성인기에 나타나는 증상의 주요한 주제를 파악할 수 있게 한다는 점에서 임상적으로 상당히 유용하다.

George Vaillant

발달에 대한 종단적 연구는 매우 드문데 그중 하나가 Grant Study다. 이 연구에서는 1939년 하버드 대학에 재학 중이던 268명의 남자 대학생을 대상으로 주기적 인터뷰와 설문지 조사를 시행하였다. 이 종단적 연구의 결과 중 일부는 Vaillant의 *Adaptation To Life*(1977)라는 저서에 보고되었고, *American Journal of Psychiatry*(1990)라는 잡지에 논문으로도 발표되었다. 이 연구 결과를 통해 주요 발달 주제를 숙달한 후 다음 단계에 도전한 사람이 인생을 가장 충만하고 성공적으로 살게 된다는 기본적 발달 개념을 확인할 수 있었다. 예를 들면, 청년기의 성생활과 친밀감의 발달, 그리고 중년기의 생산성이 그러한 발달 과제들이다.

Vaillant는 특히 방어기제의 성숙에 관심을 두었는데, 나이가 들수록 '미성숙' 한 방어기제(행동화, 심기증, 투사 등)에 의존하지 않고 '성숙' 한 방어기제(억제, 이타주의, 승화, 예상, 유머)를 보다 빈번히 사용한다는 것을 발견하였다. 이러한 관찰은 성인기에 정상적 정신구조의 진화가 이루어진다는 것을 확인시키는 반면, 청소년기가 끝나면 정신구조가 고정되고 확고하게 된다는 주장이 틀린 것임을 시사한다.

Calvin A. Colarusso와 Robert A. Nemiroff

1970년대 후반, Nemiroff와 나는 성인기 발달에 관심을 갖게 되었다. 이러한 관심은 아동 발달에 비해 성인 발달 이론체계가 빈약하다는 것을 알게 되면서, 아동기 이후의 경험이 성인 환자들의 증

상에 어떤 영향을 주는지 이해하고자 하는 시도로 시작되었다. 우리
는 정신과 의사이자 정신분석가로서의 임상 경험을 토대로, 1981년
*Adult Development: A New Dimension in Psychodynamic
Theory and Practice*라는 책을 발간하였다. 이 책은 정상 성인기
경험에 대한 설명과 이해, 그리고 이러한 개념들을 성인의 진단과
이해에 어떻게 사용하는가에 초점을 두고 있다. 그리고 우리는 다
른 동료들과 함께 *The Race against Time: Psychotherapy and
Psychoanalysis in the Second Half of Life*(Nemiroff & Colarusso,
1985)라는 책에서 40~80세 연령대의 환자들을 위한 역동적 치료
의 유용성을 제시하였다. 이 책에 이어 다양한 주제에 대해 20명의
선도적 학자들과 임상가들의 지견들을 모아 *New Dimensions in
Adult Development*(1990)를 발간하였다.

Bernice Neugarten과 시카고 인간발달 학파

Neugarten과 동료들(1964, 1975, 1979)은 대규모 비임상 집단을
대상으로 한 연구를 바탕으로 중년기 및 노년기 성인에 대한 이해
를 넓히는 데 기여하였다. 이 책에서는 중년기 및 노년기 성인이
신체 변화를 감지하고, 태어나서 지금까지 지내온 시간보다 앞으
로 남은 시간을 더 생각하면서 인식하는 노화와 죽음을 자신의 것
으로 받아들이는 과정에 대해서 다루고 있다. 중년의 성인은 인생
초기에 깨닫지 못했던 자신감을 느끼며 청년과 노인에 대한 독특
한 관점을 갖게 된다. 나이가 들면서 내적 성찰력이 증가하고 '내
적 경험'에 대한 관심은 커진다(Butler, 1963). 노년기에 이르러 인
생의 끝에 도달할 즈음에는 자신의 인생 전반에 대해 면밀히 재검

토하게 된다.

이상에서 소개한 학자들의 노력과 다른 많은 사람들의 연구에 의해 성인 발달은 개별적 지식 분야로서 임상가뿐 아니라 인류학자, 사회학자, 역사학자, 철학자들의 관심을 받게 되었다. 최근까지 발간된 많은 논문과 책 중 다음 저서들은 꼭 읽어 볼 가치가 있다. *The Course of Life*(Greenspan & Pollack, 1981), *Normality and the Life Cycle*(Offer & Sabshin, 1984), *The Middle Years* (Oldham & Liebert, 1989), *New Techniques in the Psychotherapy of Older Patients*(Myers, 1991).

성인기 발달의 특징에 대한 가설

성인기 발달의 기본적 특징을 알아내기 위한 시도로 나와 Nemiroff는 다음 일곱 가지 가설을 제시하였다(Colarusso & Nemiroff, 1981). 1981년에 처음으로 이 가설들을 제시했을 때 많은 사람들이 이를 지지하였으나, 그중 일부는 아직까지도 상당히 논란거리가 되고 있다. 지금 이 가설들을 소개함으로써 이제까지 다루었던 아동기 발달과 어떠한 접점이 있는지 알아보고 합의가 이루어진 가설과 그렇지 않은 가설은 어떤 것들인지 보여 주고자 한다.

가설 1은 "성인과 아동에서 발달과정의 특성은 기본적으로 동일하다."(Colarusso & Nemiroff, 1981, p. 61)는 것이다. 이 가설은 Spitz의 발달에 대한 정의를 기반으로 하며, 아동에서와 같이 성인

인격은 생물학적, 정신내적, 환경적 영향에 의해서 지속적으로 형성된다고 주장한다. 이 생각은 다음에 소개되는, Eissler(1975)의 '성인은 생물학적, 환경적 영향에 대해 아동기보다 상대적으로 자유롭다.' 는 일반적으로 받아들여지는 개념과 모순된다.

인생 초기에는 생물학적 요구와 현실의 일차 요구들이 발달 지침을 제공한다. 잠복기, 사춘기, 청소년기는 이와 같이 문화와 성적 성숙의 요구에 의해 이루어진다. 그러나 성인기는 비록 일반적인 생물학적 틀에 의해 제한되기는 하나 비교적 자유롭다. 이상적인 경우, 내적인 과정은 이전 발달단계에서처럼 즉각적인 생물학적 요소 또는 사회문화적 요소들에 의해 일차적으로 결정되지 않고 자율적이다(p. 139).

이 같은 관점은 노화가 정신적 발달에 미치는 영향을 고려하지 못하고, 성인기 환경인 애정관계, 부모 되기, 직업과 우정 같은 중요한 경험들의 영향을 최소화한 것이다.

따라서 우리가 주장하는 관점의 핵심은 유기체와 환경 간의 상호작용은 출생부터 사망까지 계속되고 정신발달에 지속적으로 영향을 준다는 것이다. 성인은 환경으로부터 절연된 완성물이 아니고, 아이와 비슷하게 지속적 영향을 받는 역동적 긴장 상태에 있다. 여기에서 두 번째 가설이 도출된다(Colarusso & Nemiroff, 1981, p. 63).

가설 2는 "성인기의 발달은 계속되는 역동적 과정"(p. 68)이라는 것이다. 이 가설은 발달과정이 출생에서부터 아동기, 성인기를 거처 죽음에 이르기까지 지속된다는 것을 제시한다. 이 가설의 추론은 너무나 단순하다. 신체, 마음, 외부 환경은 항상 존재하고 상호작용한다. 그러나 최근까지도 성인은 아이와 다르게 발달과정 중에 있지 않다는 것이 지배적이었다.

이 경우 평가하고자 하는 것은 지속되는 과정이 아닌 완성된 산물로서, 궁극적 발달과정에 도달했는지의 여부다. 발달학적 관점은 오직 성인 인격의 성숙 또는 미성숙을 정의하는 수준에 도달하는 데 성공했는가, 그리고 그것을 유지하는가에 대한 것이다(A. Freud, Nagera, & W. E. Freud, 1965, p. 10).

훌륭한 현대 발달 연구자들이 만들어 낸, '성인은 완성된 산물이고 지속되는 발달과정에 있는 것이 아니다.' 는 관점은 얼핏 보기에도 의아스럽다. 그러나 이 같은 두 가지 관점은 보이는 것처럼 전혀 다른 상반된 관점이 아닐 수 있다. 이 두 관점 간의 연결점은 성인에서 발달이 없다는 것이 아니라 성인과 아동의 발달과정이 어떻게 다른가를 이해하는 것에서 찾을 수 있을 것이다.

발달학적 관점이 청소년기 이후에는 제한적으로만 유용하다고 보는 사람들은 아동기에 일어나는 생물학적, 심리학적 성숙과 정신구조의 형성이 발달의 필수불가결한 요소라고 말한다. 대조적으로, 성인 발달 이론가들은 신체 노화과정과 이미 존재하는 정신구조의 변화가 성인기의 성장과 정신구조 형성에 대체된다고 주장한다. 이러한 생각들은 가설 3인 "아동기 발달은 일차적으로 정신구조의 형성에 초점을 두고 있는 반면, 성인기 발달은 현존하는 정신구조와 그 이용의 지속적 진화에 관한 것이다." (p. 65)와 가설 6인

"성인기의 발달은 아동기와 같이 몸과 신체적 변화에 의해 깊은 영향을 받는다."(p. 71)에 포함되어 있다.

가설 4와 5는 치료자들이 환자의 생각과 감정을 개념화하고 해석하는 방식을 언급하므로 임상적으로도 중요하다. 가설 4는 "아동기의 근본적 발달 주제들은 성인기에도 중심적 주제이지만 변형된 형태로 나타난다."(p. 67)는 것이다. 이는 분리-개별화 과정과 오이디푸스 현상과 같은 중요한 주제들이 아동기 이후의 정신발달에 지속적인 영향을 미치기 때문에 그것들을 인생 첫 10년간의 중요한 사건으로만 이해하려고 해서는 안 된다는 것을 시사한다. 예를 들면, Mahler는 분리-개별화가 인생 전반에 걸친 과정이라고 기술하였다(Winestine, 1973). 왜냐하면 상실의 위협은 인생 어느 시점에서도 일어날 수 있기 때문이다. 생후 3년간 경험하는 어머니의 상실에 대한 두려움과 인생 후반의 상실감을 역동적으로 연결시키기 위해서는 아동기의 어머니에 대한 절대적 의존도를 성인기의 상대적 의존도로 대치해서 보아야 한다. 7장에서 우리는 Blos(1967)가 청소년기의 분리-개별화를 이차 개별화라고 묘사한 것을 설명하였다. 동일한 주제를 10장에서는 젊은 성인기의 '삼차개별화'라는 이름하에 다루려고 한다. 임상적으로 분리-개별화 과정은 현재의 발달 과제 및 갈등과의 관련성 안에서 이해해야 하며, 아동기 초기에만 국한되어 나타나는 현상으로 보지 않아야 한다.

가설 5는 "성인기의 발달과정은 아동기 과거뿐 아니라 성인기 과거에 의해 영향받는다."(p. 69)는 것이다. 이 가설은 성인기에 보이는 기능과 증상이 어떤 연령에서든 아동기와 성인기 경험의 혼합물이라는 것을 의미한다. 따라서 임상가는 아동기 과거뿐 아니라 성인기 과거에도 관심을 가져야 하며, 어떻게 두 가지 요인이 상호작용하여 현재의 증상 양상과 성격 패턴을 만들어 내는지 알아봐야 한다.

종합하자면, 이러한 가설들은 치료자들의 환원주의적 태도와 모든 행동을 인생 첫 5~6세의 발달 현상의 맥락으로만 이해하려는 경향을 지적한다. 이 같은 사고방식은 역사적으로 오이디푸스 콤플렉스와 전(前)오이디푸스기에 대해 강조되었던 것에 기인한다. 성인기 발달에 대한 이론이 대두됨에 따라 이제 아동기 초기를 인격발달과 병리의 근본이기는 하지만 성인기 정신병리의 결정 인자로 간주하지는 않게 되었다. 아동기와 성인기에 대한 세심한 발달력을 알고 나면 각 발달단계에서 온 경험들의 상대적 영향을 평가하는 데 도움이 될 것이다.

가설 7은 성인기 경험의 가장 강력한 조정 인자에 대한 것이다. "성인 발달의 핵심적이고 단계 특정적(Phrase-Specific)인 주제는 시간의 제한성과 개인적 죽음의 불가항력성을 인식하고 받아들임으로써 생겨나는 정상적인 위기다."(p. 75) 인간은 분명 죽음에 대해서 생각하기를 피하고 인생에서 그것을 제거하고자 하는 경향이 있다(Freud, 1915). 과거를 연장하고자 하는 바람은 청소년기 말기에 처음 나타나지만(Colarusso, 1988; Seton, 1974), 이는 젊은이들의 이상화 경향에 의해 신속히 부인된다. 이것은 Jacques(1965)가 언급한 바와 같이, "인생의 두 가지 기본 원칙, 즉 결국 죽게 된다는 불가피한 사실과 모든 사람의 마음 안에 미움과 파괴에 대한 충동이 있다는 것"(p. 505)을 부인하고자 하는 시도다.

이러한 방어는 중년기에 이르러 신체 노화가 보다 확실해지고, 부모가 사망하고, 아이들이 성인이 되는 것을 보면서 깨진다. 또한 시간의 제한성으로 말미암아 인생의 모든 목표와 야망을 성취할 수 없다는 사실을 더 또렷이 인식하게 된다.

'정상적 위기(normative crisis)'라는 용어는 시간의 제한과 개인의 죽음을 직면할 수밖에 없다는 사실에 대한 자각이 잠재적으로는 발달을 촉진한다는 것을 의미한다. 비록 힘들고 고통스럽지만, 중년에 이르러 사람은 죽는다는 사실을 깨닫는 것은 발달에 있어서 긍정적 자극이 된다. 이제까지의 관심사와 관계, 우선순위에 있었던 것들이 달라지고 아직 변화할 수 있는 시간이 남아 있을 때 진실로 중요하고 가치 있는 것에 집중하게끔 한다.

중년기와 노년기 환자들을 치료하는 임상가들이 시간의 제한성과 개인의 죽음이 정신적으로 중요한 의미를 갖는다는 것을 인식하는 것은 매우 중요하다. 이러한 인식은 증상과 병적인 행동 밑에 깔려 있는 환자들의 생각이나 행동을 이해하게 하고, 치료자가 이러한 주제에 대한 자신의 갈등을 살펴보고 해결하게끔 한다. 많은 치료적 관계 속에서 시간의 제한성과 개인의 죽음에 대한 주제는 이를 피하고자 하는 환자와 치료자 간의 무의식적 결탁에 의해 전혀 논의되지 않는 경우가 많다. King(1980)은 이것이야말로 많은 치료자들이 노인 환자들과 작업하기를 꺼리는 이유 중 하나라고 주장하였다.

두 가지 논란

성인기에 발달이 일어난다는 관점은 두 가지의 이론적 논란에 부딪힌다. 하나는 결정 인자들의 중요성에 대한 의문이며, 다른 하나는 노화와 발달이 양립할 수 있다는 생각에 대한 도전이다.

생물학적 인자 대 심리적 인자의 영향

최근까지 생물정신의학의 발전은 정상발달과 정신병리에 있어서 생물학적 혹은 심리적 변인 중 어떤 것이 일차적 원인인지 밝혀내고자 하는 다소 엉성한 양극화 현상을 초래하고 있다. Spitz의 발달에 대한 정의를 감안한다면 생물학적 또는 심리학적 요인 중 어느 하나를 무시하는 어떤 이론이든 결함이 있다고 하겠다(Nemiroff & Colarusso, 1990, p. 98).

점차적으로 양 진영의 학자들은 이 두 주장을 통합하기 위한 시도를 하고 있다. Reiser의 저서 *Mind, Brain and Body*(1984)에 대한 고찰에서 Kandel(1986)은 다음과 같이 언급하였다.

진화하는 학문적 학파로서 정신분석이 해야 할 가장 중요한 과제 중 하나는 행동학적 그리고 생물학적 과학 사이에 상호작용이 효과적으로 일어나도록 하는 것이다. 그 한 축은 인지심리학이고, 다른 한 축은 세포 및 분자 신경생물학이다.

Cooper(1985)는 'Will Neurobiology Influence Psychoanalysis?'라는 논문에서 이러한 주제를 정신분석학적 관점에서 접근하였다.

최근 신경생물학적 연구들을 통해 뇌에서 일어나는 감정 상태와 행동 패턴의 기전이 밝혀지고 있다. 불안과 성 정체성에 대한 연구결과 덕분에 과거 분석가들이 심리적 원인으로만 설명했던 행동들을 보다 넓은 시야로 볼 수 있게 되었다. 이제 정신분석 이론가들의 과제는 생물학에서의 새로운 발견을 어떻게 수용할 것이며 앞으로의 연구 방향에 대한 어떤 중요한 제안을 할 수 있는가 하는 것이다 (pp. 1395-1402).

발달에 대한 Spitz의 균형 잡힌 관점은 그로부터 시작된 것은 아니고 사실 Freud가 그 시초다. 그는 자신의 논문 'The Dynamics of Transference'(1912)에서 이 문제를 직접 다룬 바 있다.

이 기회에 태내적(기질적) 요소들이 중요하지 않다고 부인했던 과거의 오류에 대해서 방어하고자 한다. 사실 나는 영아기에 보이는 기질이 매우 중요하다고 생각하기 때문이다. 사람들은 병리의 원인이 단일한 것을 선호한다. 정신분석학에서는 사고로 발생하는 요인들에 대해서는 크게 생각하면서 타고난 기질적 요인에 대해서는 거의 언급하지 않았다. 하지만 이는 환경적 요소에 대해 새로운 지식을 보태기 위해서 그랬던 것이고, 흔히 받아들여지는 기질적 요인에 대해서는 부가해서 강조할 필요가 없었기 때문이었다. 우리는 이 두 가지 원인적 요소들을 반대되는 것으로 보지 않는다. 오히려 두 가지 요소가 서로 정기적으로 협동 작업을 하여 눈에 보이는 결과를 초래한다고 본다. 타고난 자질과 기회는 그 사람의 운명을 결정한다. 그중 어느 하나만이 작용하는 경우는 드물거나 없다(p. 99).

노화의 영향

이제 성인기의 두드러진 생물학적 요소인 신체적 퇴행(노화과정)에 대해서 알아보자. 아동기 발달에서 성장이 그랬던 것만큼, 노화

과정도 성인 발달에 강력한 영향을 준다고 생각한다(Colarusso & Nemiroff, 1981). Phyllis Tyson과 Robert Tyson(1990)은 그들의 저서 *Psychoanalytic Theories of Development*에서 이에 반대되는 의견을 피력한 바 있다.

인생 주기의 전반에 걸쳐서 변화가 일어나고 결혼, 부모 되기, 상실을 동반한 외상적 경험 등 중요한 사건들이 정신구조의 재조직화에 자극으로 작용한다는 것에는 동의한다. 하지만 우리는 여전히 성숙을 위한 견인력이야말로 발달과정에 중심적인 것이라고 생각한다. 이러한 관점에서 볼 때, 성숙과정 안에서 일어나는 심리적 변화들은 정신구조의 형성, 분화, 그리고 통합으로 구별된다. 성인의 삶에서는 아동기와 청소년기에서와 동일한 정도의 성숙을 위한 견인력이 존재하지 않고, 따라서 청소년기 이후에 나타나는 구조적 변화는 많은 경우 적응과 관련 있다. 여기에는 기존 정신구조의 재편성이 포함되지만 새로운 구조의 형성과는 다르다(p. 15).

Settlage, Curtis 그리고 Lozoff(1988) 역시 비슷한 의견을 피력하였다. "우리는 생물학적 쇠퇴로 인한 기능의 상실, 그리고 퇴행을 통해 이미 이전에 발달된 기능 양식에 적응하는 것은 발달에 대한 정의에 맞지 않는다는 의견을 반복하고자 한다."(p. 366)

나는 이러한 Settlage 등의 의견에 대해서는 다음과 같이 반응하였다. "내가 성인 발달에서 노화과정이 아동 발달에서 성장이 미치는 영향만큼 중요하다고 주장하였을 때는 뇌나 신체의 기질적 병리로 인한 정신 기능의 감소를 포함한 것이 아니다. 이 같은 기질적, 특히 뇌 기능의 쇠퇴는 분명 심리적 기능을 감소시킬 것이다.

이전 초기 기능으로의 퇴행에 대해서도 마찬가지다."

발달은 정신구조의 형성과 동의어라는 Anna Freud의 생각을 반복한 듯한 Tyson의 주장에 대해서 동의하며, 성인기에는 새로운 정신구조가 형성되지 않는다는 생각도 수용한다.

하지만 이러한 비판들에서는 젊은 성인이 중년기를 거쳐 노년기에 접어들게 되면서 노화를 인식하고 시간의 제약성과 죽음에 대한 집착이 강렬해지고, 이것들이 의식과 무의식에 강렬한 영향을 준다는 사실에 대한 고려가 빠져 있다. 이는 발달이라고 부를 정도로 정신에 새로운 수준의 복잡성을 요구하고 정신내적 변화를 초래한다.

발달의 절대적 필요조건으로 새로운 정신구조의 형성을 포함시킨 것은 Freud가 발달단계와 구조 이론을 개념화하던 초기의 생각을 고려한 것이지만, 그 이후에 등장한 이론적 발달을 무시한 것이다. 이미 언급한 바와 같이, Freud가 성인기에 대해 발달단계에 대한 개념을 세우지 못한 것은 수십 년간 발달학적 사고를 저해하는 결과를 초래하였다. Erikson(1963)은 인생 주기 전반에 걸쳐 발달 개념을 적용시킨 '인간의 8단계'를 제시함으로써 돌파구를 마련하였다. 하지만 불행하게도 그가 제안한 심리적 극성들은 각 발달 단계에서 한 가지 측면의 정신 기능만을 언급하였고 성인기에 대한 보다 포괄적인 이론을 구축하는 데에는 실패하였다.

Erikson의 선구적 노력을 토대로 여러 분야에서 많은 학자들이 발달과정을 아동기로 제한하고 있는 개념을 무너뜨리고, 아동기보다 3~4배는 더 길고 그만큼 중요한 20세 이후의 삶에 대한 발달이론을 정립하기 위해서 열심히 연구하고 있다. 성인기에 정신구조의 의미 있는 변화가 온다는 증거는 수많은 연구 결과로 제시되고 있다. 그중 가장 두드러진 것은 Vaillant(1977)의 연구다. 그는 나이가 들수록 성숙한 방어기제를 더 많이 사용한다고 보고하였고, Berkeley Guidance Study와 Oakland Growth Study(Block, 1971)에서는 성인기의 지능과 인격구조의 변화에 대해서 설명하고 있다. Levinson 등(1978)은 성인 발달과정에서의 기본적 변화로 인해 나타나는 정신내적 안정기와 이행기의 교차 현상에 대해 연구하였다.

이들 연구와 다른 성인기에 대한 연구들을 고찰한 후, 훌륭한 정신분석 연구자인 Emde(1985)는 다음과 같이 결론 내렸다.

무엇보다도 우리는 발달의 추진력이 청소년기에 끝나지 않고 더 오래 지속된다는 것을 깨달아야 한다. 이후에도 역동적 과정이 지속되며 성인의 인격은 구조적 변화를 거친다. 게다가 이 과정에는 단계-특정적 측면들이 존재한다. 성인기 발달심리학은 초기 발달심리학만큼 임상적 정신분석에서 중요한 위치를 차지할 것이다(p. 109).

성인기 발달에 대한 개념화

아동기의 발달은 우리에게 친숙한 구강기, 항문기, 오이디푸스기, 잠복기, 청소년기로 이루어져 있다. 성인기 발달을 서술하기 위해서 이 같은 단계를 사용하면 몇 가지 개념적 문제가 발생한다. 예를 들면, 우리가 Erikson(1963)이 한 것과 같이 성인기를 20년 단위에 따라 구분한다면 한 단계는 전체 5개 아동기를 모두 합친 만큼 길어질 것이다. 또한 성인에서 발달 주제는 대부분 아동기에서처럼 연대기적으로 정확한 시점에 나타나거나 특징적이지 않다. 영아의 발달학적 이정표는 수주 또는 수개월을 사이에 두고 일어난다. Mahler의 분리-개별화 이론에 의해 서술한 정신내적 과정의 단계나 Piaget의 인지발달 순서는 몇 개월 또는 길어야 몇 년간의 발달과정을 포함한다. 반대로 생물학적 아버지가 되는 경험은 13~80세 사이에 언제라도 일어날 수 있고, 정신내적 효과 역시 그것이 발생하는 발달단계에 따라서 현저한 차이를 갖게 될 것이다.

이러한 차이들을 모두 고려한 새로운 이론적 모델이 막 나타나려고 하고 있다. 1978년에 발간된 두 개의 잘 알려진 저서를 통해 Gould 그리고 Levinson 등은 20년 단위로 나눈 Erikson의 단계를 그대로 사용하되, 각 단계를 거짓 가정(false assumption; Gould) 또는 교차되는 안정기와 이행기 기준(Levinson)으로 나눈 하위 단계를 지정하였다. 뒤이어 Settlage 등(1988)은 단계이론을 버리고 대신 발달과정 개념을 채택하였다. 인생 주기에 걸쳐 나타나는 발달적 상호작용은 보다 높은 수준의 구조와 조직화를 이루는 결과를 가져오는 것으로 생각된다. 내재화와 동일시를 통해 중요한 대상의 조절과 적응 능력 그리고 가치관이 개인의 정신구조에 포함된다. 이러한 단계는 새로운 기술이나 가치관의 수정과 같은 발달적 도전에 의해 시작된다. 이러한 과정은 발달적 긴장감을 초래하며 변화에 대한 불확실성으로 인해 발달적 갈등을 야기한다. 결국 최종적으로 개인은 자기감과 정체성의 변화를 이루게 된다.

Settlage 등은 광대한 임상 경험과 아동기 발달과 대상관계 이론에 대한 구체적 지식을 토대로 성인기에 어떻게 구조적 변화가 일어나는가를 설명함과 동시에, 인생 주기 전반에 걸쳐 정상과 병리적 발달과정에 대한 이해의 폭을 넓혔다. 하지만 성인 발달단계에 대한 개념과 마찬가지로, 발달과정이론은 성인기에 경험하는 정신적 진화과정을 정확하게 정의하기에는 충분하지 않다. 지금으로서는 성인기 발달 과제의 개념을 이용하는 것이 가장 효과적이라고 생각한다(Colarusso & Nemiroff, 1981). 성인기 발달 과제란 특정한 연령군에서 모든 사람들에게 실제로 일어나거나 심리적으로 겪게 되는 중요한 인생 경험(예를 들면, 일에서의 성취, 부모가 되는 경험, 조부모가 되는 것, 사랑하는 사람과의 사별, 은퇴)에 대한 심리적 변화를 말한다. 발달단계이론과 발달과정이론이 성인 발달 과제의 개념과 통합된다면 과거와 현재의 경험이 어떻게 정신구조의 진화에 영향을 주는지를 이해하는 데 유용할 것이다.

성인의 발달 진단과정

2장에서 소아의 진단을 위한 평가 시 발달 개념을 어떻게 활용하는지 살펴보았다. 이제 진단과정에 대한 논의를 성인으로 확대하여 다시 한 번 발달 개념이 진단에 어떠한 영향을 미치는지에 초점을 맞춰 보자. 이 장에 있는 여러 개념은 *Adult Development* (Colarusso & Nemiroff, 1981)의 11장에서 처음 소개했던 개념들을 손질한 것이다. 다양한 연령대의 성인 사례는 *The Race against Time*(Nemiroff & Colarusso, 1985)의 6, 7, 8, 9, 10장에서 인용한 것이며, 이 장의 끝 부분에는 진단과정 전체를 볼 수 있는 임상 사례를 소개한다.

목적과 구성 요소

임상가는 성인의 발달과정에 대해 진단적 평가를 함으로써 환자에 대해 적절한 자료를 수집할 수 있다. 이는 임상가로 하여금 환자가 성장하는 과정에서 건강했는지 혹은 어떤 증상을 형성했는지 기저에 깔려 있는 유년기와 성인기 발달력상의 정상 및 비정상적 영향력에 대해서 명확하게 이해하고, 치료계획을 분명하게 세울 수 있게 해 준다.

정보 수집과정은 소아에서 사용했던 과정과는 차이가 있다. 성인은 대부분 스스로 필요한 정보를 제공할 수 있다는 점에서 질적으로 다르기 때문이다. 그러나 정신병리가 극도로 심각한 경우, 예를 들어 청년기나 중년기의 정신병이나 노년기의 기질성 질환이 심한 경우에는 진단과정에 다른 가족이나 주변의 관련 인물을 참여토록 한다.

진단평가에 필요한 구성 요소는 소아에서 사용한 것과 동일하다.

1. 대부분의 경우 병력 청취와 정신상태 검사는 환자에게 직접 시행하나, 환자가 참여할 수 없는 상황이라면 다른 사람에게서 시행한다. 수집한 정보는 신원 정보, 주 호소, 현 병력, 발달력, 가족력으로 나누어 분류한다.
2. 추가 과정에는 신체적 평가와 심리검사 등이 있다.
3. 추정 진단.
4. 치료계획.
5. 요약 회의에서는 여러 소견을 제시한다.

이론적 해석과 과정

진단적 면담　진단가는 평가 중 다음에 이어질 단계에 대해 설명해 줌으로써 비정신병적인 환자가 자신의 관심사에 대해 더 잘 이야기할 수 있도록 유도한다.

환자로 하여금 면담 시작 단계에서 이야기할 주제와 표현방법에 대해 결정할 수 있도록 함으로써, 임상가는 환자를 좀 더 편안하게 해 주고 협조하도록 만든다. 진단가는 환자가 말하는 소아기와 성인기 발달과정의 정보를 토대로 즉시 환자의 증상에 관련된 유아기와 성인기의 관련성에 대한 평가를 시작할 수 있다. 예를 들어, 청년기 우울과 관련된 증상들은 여덟 살 때 경험한 부모님의 이혼이나 청소년기에 경험한 열등감, 최근의 파혼 경험 등과 관련되어 있을 수 있다. 임상가 스스로 점차 각 증상들을 분명하게 설명할 수 있을 때까지 명확한 형태의 질문을 하고 증상의 발단부터 현재까지의 과정을 따라가다 보면 관련된 원인을 파악할 수 있다.

주 호소는 성인기 발달과정의 주 관심사의 직접적인 표현일 경우가 종종 있다. 예를 들면 다음과 같이 말한다. "저는 많은 남자들을 만나 봤어요. 또 결혼하는 것에 대해서도 관심이 있고요. 그렇지만 두려워요. 만약에 제가 실수하고 있는 거라면 어쩌죠?" "저는 은퇴 후에 즐겁게 지내고 있긴 한데 좀 지겹기도 하네요. 더 이상 삶의 목적이 없는 것 같아요."

발달력은 현 증상의 의미를 파악하고, 개개인에게 그 증상이 미치는 영향을 정확히 이해하는 데 필요한 정보를 제시한다. 진단가는 환자 삶의 경험에 대해 자세히 이해해야만 자신의 감정을 배제하고 객관적 맥락 속에서 경험적으로 추론할 수 있다. 그렇지 않으면 환자나 치료자 모두에게 불만족스러운 경험이 된다. 임상가는 환자의 태아기부터 오늘까지의 현 병력상의 소견과 관련된 모든 것을 추적한다. 이때 임상가는 자신이 알고 있는 소아 및 성인 발달과정 관련 지식에 의존하여 추론하게 된다. 2장에서 소개한 소아 발달력 개요를 이 장의 후반부에 설명할 성인 발달단계로 확대한다.

가족력은 기질적 요소 및 환경적 요소에 관한 중요한 자료를 제공한다. 조울증 등 몇몇 질병의 정확한 진단을 위해서는 유전적 및 생물학적 요소의 비중이 크고, 여러 세대에 걸쳐 반복되는 아동 학대처럼 환경 유형도 대단히 중요하다.

부모, 형제, 조부모와 같이 중요한 사람들의 영향력은 청소년기로 끝나지 않는다. 가족관계는 어린 시절뿐 아니라 성인 시절 전반에 걸쳐 심리적 발달에 지속적으로 중요한 영향을 미친다.

결과적으로 이런 상호작용 과정은 환자 삶 전체에 걸쳐 추적할 필요가 있다. 특히, 새로 결혼한 자녀와 중년 부모 사이의 상호작용 같은 핵심 사건을 집중적으로 다뤄야 한다. 부모는 심지어 사망 이후에도 중요한 심리내적 대상으로 남을 수 있다. 그러므로 임상가가 나이 든 환자에게서 부모의 중요성을 인지하고 부모에 대해 물어본다면 부모는 여전히 의미 있는 치료적 대화의 주제가 될 것이다.

추가 절차   사람들은 중년기, 노년기로 가면서 신체가 노화되고 질병 발생이 늘어나는 것에 집착한다. 그래서 치료자는 신체에 대해 고심하는 자세 및 기질적 질병의 유무를 판단하는 데 각별히 신경 써야 한다. 많은 환자들이 치료자의 검사, 평가, 정보 수집 등의 시도에 대해 저항하거나 아예 회피하기도 한다. 만약 치료자 스스로 신체와 노화과정에 대한 개념이 없다면 아마도 무의식적으로 환자와 마찬가지로 그런 문제를 기피할 수도 있다. 일부 환자에서는 기질적 상태 치료에 집중하는 것이 작업 가운데 핵심 사항이 되기도 한다. *The Race against Time*(Nemiroff & Colarusso, 1985)에 Levinson과 Cohen이 제시한 유사 사례가 실려 있다.

진단과 치료의 구성 및 요약 회의 진단과 치료계획을 구성하는 것은 소아와 같은 방식으로 할 수 있다(2장 참조). 임상가는 서술 가능하고 역동적이며 발달학적인 관점에서 적절한 자료를 수집하고 구성한다. 치료 권고도 소아에서처럼 환자의 내부 심리 상태와 환경의 현실적 측면을 고려한다. 만약 평가과정이 잘 진행된다면 환자는 임상가의 예민함과 관심, 그리고 자신의 일생 동안의 경험을 상세히 알고 있음에 감탄하여 진단가의 말에 귀 기울이게 된다. 그렇게 되면 환자가 임상가의 권유를 받아들일 확률은 늘어난다.

자료의 기록

다음 내용에서 수집한 자료를 기록할 때 좀 더 조직적으로 정리하는 방법을 볼 수 있다. 그렇게 해야 하는 이론적 근거도 제시할 수 있다. 물론 2장에서 설명했던 것처럼 전체 구성은 환자에 대한 요약 회의를 하거나, 동료들에게 구술 발표를 하거나, 정형화된 과학 논문으로 출간하는 등 상황에 따라 수정이 필요하다. 이제 발달력에 대한 정보를 수집하는 과정으로 눈을 돌려보자. 처음으로 성인 발달력을 얻어 내기 위한 면담을 진행하는 임상가도 정상과 병리학적 과정에 대한 지식이 늘고 자신만의 면담 스타일을 개발해 가면서 점차 어떻게 질문해야 유용한 대답을 들을 수 있을지 감을 잡게 된다.

신원 정보

1. 환자의 이름, 나이, 직업, 인상착의.
2. 배우자 또는 애인의 이름, 나이, 직업, 인상착의.
3. 자녀들의 이름, 나이, 직업, 관계(친자, 양자, 의붓자녀 여부), 부모와의 관계.
4. 결혼 또는 교제 기간과 향후 계획.

정보 제공자

자료를 제공해 준 사람이나 기타 정보 제공자에게 고마움을 표현하라. 환자가 치료받는 장소에서 보이는 행동, 배우자나 주치의에게서 듣게 되는 환자의 태도에 대해 이해함으로써 환자의 동기나 문제에 대한 귀중한 정보를 얻을 수 있다.

주 호소

1. 환자의 말 그대로 적기.
2. 필요한 경우 환자 가족의 말 그대로 적기.

3. 경우에 따라 환자나 가족 외의 참고인이 있다면 그들의 표현 그대로 기록.

현 병력

각 증상은 기술적 및 연대기별로 표현해야 한다. 언제부터 시작되었는가? 시간이 지나면서 어떻게 변했는가? 완화 또는 악화 요인은 무엇인가? 현재의 발달 과제나 주제에 관련된 증상을 기술하는 것은 매우 유용하다.

정신상태 검사

정식 정신상태 검사는 글로 쓰든 구술로 하든 기록을 남겨야 한다.

발달력

발달력을 수집하는 데 있어서 환자의 현재와 미래에 관련 있을 만한 과거를 알아야 한다. 증상과 행동을 자세하게 역동적으로 이해하는 것은 특정 개인이 그렇게 생각하고 행동하게끔 만드는 데 관련된 요소들에 대한 이해 없이는 불가능하다(Colarusso & Nemiroff, 1981, p. 195).

다음에 기술한 성인기 동안의 발달력 개요는 2장에서 기술한 소아기와 청소년기에 이은 것이다.

청년기: 20~40세　　환자가 자기 신체의 노화과정에 대해 어떻게 느끼는가? 신체를 돌보고 있는가, 아니면 무시하고 있는가?

현재 부모와의 관계는 어떠한가? 성인 대 성인으로서 존경하는 상호관계로 발전한 적이 있는가? 이런 관계가 배우자, 손자·손녀로 확대되었는가?

성적 경험이 점점 늘어나면서 성적 매개체이자 친밀감의 발현체인 신체를 편안하게 느끼게 되었는가?

아동기가 과거의 한 부분으로서 인식되었던 적이 있는가? 시간의 유한함과 인간의 죽음을 인정하기 시작했는가? 30대의 여성 환자가 출산 능력의 소실에 대해 얼마나 절실하게 반응하고 있는가?

자기애는 배우자와 상호 즐거운 관계를 발전시키고, 자녀를 양육하는 데 발전적으로 작용하였는가?

직업 선택은 하였는가? 일이 의미 있고 즐거운가? 이러한 과정을 진행할 때 멘토의 도움을 받았던 적이 있는가?

오래된 교우관계를 유지하되 자녀나 배우자가 원한다면 후순위로 미뤘던 적이 있는가? 새로운 교우관계, 특히 다른 커플과의 관계를 만들었던 적이 있는가?

놀이가 즐거움의 원천이 되도록 지속되었고, 실질적으로 직업과 가족, 점점 나이 들어 가는 신체 상황에 적절하게 맞추어 조화를 이루었는가?

급여는 집을 사고 취미생활을 즐기고 미래를 계획하는 등 청년기 목적을 달성하기 위해 실질적으로 사용되고 있는가?

종교나 지역사회 활동에 참여하는 것은 어느 정도인가?

중년기: 40~60세　　신체의 노화과정에 대해 어떻게 받아들이고

있는가? 젊은 시절의 신체에 대한 애도과정이 보이는가? 신체를 돌보고 병이나 건강에 대해 관심을 가지는가?

시간이 한정되어 있고 사람에게 죽음이 있음을 마음으로부터 현실로 받아들이고 있는가? 이렇게 인지하는 것은 긍정적 발달 자극으로 작용하는가, 아니면 병적 자극으로 작용하는가?

나이 든 부모와의 관계는 '돌봄'인가 '소홀'인가? 부모 사망에 대한 반응은 어떠했는가?

성욕이 감소했을 때나 폐경기 그리고 중년의 환경적 압박에도 스킨십과 활발한 성생활을 지속적으로 유지하고 있는가?

성장한 다 큰 자녀들 및 자녀들의 배우자와 성인 대 성인의 관계가 형성되었는가?

손자·손녀들을 인식하고 즐거워하는가?

젊은이와의 관계에서 생동감이 핵심이 되었는가?

다 자란 자녀를 부분적으로 대체하기 위해서 새로운 친구관계를 만들고, 오래된 친구관계는 더욱 굳건해졌는가?

일은 만족감의 지속적 원천인가? 멘토로서의 역할은 젊은 동료들의 발전을 촉진하는 데 도움이 되었는가? 은퇴를 고려하고 계획을 세웠는가?

소득이 현재의 즐거움과 은퇴계획은 물론 자녀들과 사회를 향상시키는 데 사용되었는가?

노년기: 60세 이후　신체 보존과 유지를 위해 운동과 식이 조절을 하는가? 가능한 신체 활동은 여전히 축소되지 않은 채 신체 쇠약과 영구적 장애를 받아들이는가?

죽음에 대한 생각이 '사람이 죽을까'에서 '어떻게 죽을까'로 바

꿰었는가?

배우자, 친구, 친척들의 죽음에 대한 반응은 어떠한가? 새로운 관계 형성을 할 수 있는 일이 생겼을 때 관계 형성을 하였는가?

삶에 대한 회고(Butler & Lewis, 1977, 12장)를 하는 중에도 현재와 미래에 대해 지속적으로 관심을 가지는가?

자녀와 손자·손녀들과의 역할 전환을 받아들이는가?

파트너가 있거나 그렇지 않았을 때도 성적 흥미나 자위 행위를 지속하면서 성적 활동을 유지하고 있는가?

의미 있는 인간관계나 일, 놀이에 시간을 사용하는가?

자신의 수입으로 자기 자신을 돌보고 사랑하는 사람들의 삶이나 사회를 윤택하게 하는 데 사용할 수 있는가?

삶에 대해 회고하면서 절망감보다는 (자아)통합감과 진실성을 느끼는가?

발달력상의 각 단계를 탐색하면서 성인 발달 궤도(Colarusso & Nemiroff, 1981) 개념을 사용하는 것이 도움이 될 것이다. 이런 발달력상의 각 부분에 대해 성인기의 각 장에서 상세하게 설명하고 있다. 또한 독자들은 나와 Nemiroff(1981)의 저서인 *Adult Development*의 11장을 읽으면 도움이 될 것이다.

가족력

이 부분에서는 환자의 증상을 설명하는 데 도움이 되는 가족들의 기질적, 환경적 요인을 기술해야 한다. 현재 지지체계와 현재 진행 중인 갈등의 원인 등에 대한 자료도 제공되어야 한다.

추가 과정

신체 기능 중 중추신경계의 온전함 여부를 인지하는 것은 어떤 연령의 환자에게도 중요하지만 노령의 환자에게 특히 중요하다. 적절한 의학적, 심리학적 검사와 여러 자료는 치료 중인 여러 가지 다른 신체 문제와 복용 중인 약 정보와 함께 이 부분에서 기입하여야 한다.

추정 진단 및 치료계획

환자에 대한 자세한 핵심 정보를 수집한 다음, 임상가는 여러 방향에서 자신의 생각을 체계화하여 입장을 정한다. 이때 발표 목적에 따라 일부 또는 여러 정보를 강조하기도 한다.

임상가는 미국정신의학회(APA, 1987)의 진단 기준인 DSM-III-R을 사용하여 기술적 구성체계(descriptive formulation)에 도달 가능하다. 그렇게 내린 진단은 임상가들과 정보를 교류하고 약물치료를 하는 명확한 조건에 대한 치료 처방을 계획하는 데도 유용하다. 그러나 삶의 경험이나 개인의 심리내적 상태를 자세히 담기는 어렵다. 이러한 정보는 기술적 진단 외에 역동과 발달에 관한 체계를 추가함으로써 통합될 수 있다.

역동적 구성체계(dynamic formulation)는 환자의 가장 내부에 있는 생각이나 느낌을 기술하는 것으로 환자의 내부 심리세계를 심층적으로 설명할 수 있다.

진단가는 Freud의 지정학 모델(의식과 무의식)과 구조 모델(이드, 자아, 초자아)을 사용해서 환자의 갈등과 증상의 기저에 깔려 있는 충동과 방어기제를 설명할 수 있다.

발달 구성체계(developmental formulation)는 환자의 증상이 만들어질 때 과거와 현재의 경험이 관련되어 있음을 말해 준다. 또한 이런 증상들은 발달과정에 영향을 미쳤고 또 지금도 미치고 있으며 앞으로도 계속 영향을 줄 것이다.

이 세 가지 구성체계를 사용함으로써 각 환자의 독특함이 이해되고, 환자는 정보 제공자이면서 동시에 청중이 될 수도 있다. 치료계획은 역시 환자를 생물심리사회적 존재로서 접근하고 심리학적, 약리학적, 의학적으로 환자의 요구를 해결해 줄 필요성을 인식함으로써 더욱 잘 진행될 수 있다.

요약 기술(발표)

앞서 언급한 체계를 마무리한 임상가는 환자 개인, 가족, 주치의 내지 다른 정신건강 전문가들에게 환자의 문제를 이해한 만큼 보여 줄 준비가 된 것이다. 철저한 진단평가를 통해 자신감과 능숙함을 겸비하고 환자를 치료할 수 있게 채비를 마쳤다.

임상 증례

병 력

앞으로 제시할 사례는 이미 논의한 개념에 대한 설명과 함께 12장 노년기에서 좀 더 깊이 다루어질 노년층에 대한 진단과 치료 작업에 대한 소개로 구성되어 있다. 이 사례 보고서는 Myers(1991)의 편저인 *New Techniques in the Psychotherapy of Older Patients*에서 Nemiroff와 내가 쓴 'Impact of Adult Developmental Issues on Treatment of Older Patients' 장의 일부에서도 다루고 있다.

이 사례 연구에 대한 정보는 환자 A씨의 자녀들과의 45분간의 상담 2회기, 환자와의 상담 3회기에 걸쳐 수집하였다.

신원 정보　　A씨는 83세 남성이며, 6개월 전 63년을 함께 살아 온 부인이 사망하였다. 회계사로 일하다 퇴직하였고, 35년 전 구입한 집에서 혼자 살고 있다. 결혼한 두 자녀가 있으며, 각각 60세, 58세다. 자녀들은 A씨 집 근처에 살고 있으며, A씨의 치료 신청도 자녀들이 했다.

주 호소　　"아버지는 잘 잊어버려요. 잘 드시지도 않을뿐더러, 어머니의 죽음에서 아직도 전혀 헤어나지 못한 상태예요. 저희는 아버지에게 도움이 필요할 것이라 생각하지만, 아버지는 선생님을 보러 오는 것을 원치 않아 하시네요."

환자의 현 병력　　환자의 우울증 증상과 자기 내부로의 후퇴는 아내의 건강 상태가 급격히 나빠진 2년 전부터 시작되었다. 그의 우울증은 분명히 반응성이었다. 아내의 병세가 깊어질수록 더욱 심해졌으며, 아내가 사망할 당시 최고조에 달했다. "저는 진심으로 집사람이 그립습니다. 아내를 돌보는 것은 어려웠어요. 전 아내가 고통스러워하는 것을 보는 것이 싫었어요. 이젠 집사람이 죽었으니 저 혼자서 무엇을 해야 할지 모르겠네요." 최근 18kg 가량 몸무게가 줄었고, 이러한 증상은 아내가 죽은 후 6개월여 동안 더욱 뚜렷해졌다. "입맛이 무척 떨어졌지만 그보다 집에서 먹는다는 것이 의미 없게 느껴져요. 집사람이 항상 요리를 하곤 했거든요." 자녀들 말과 달리, A씨는 자신이 잘 잊어버리지 않는다고 느낀다. "전 건망증은 없어요. 요즘 일상에 별로 관심이 없을 뿐이에요. 요즘 아내와 함께했던 인생에 대한 생각으로 많은 시간을 보내곤 해요." 아버지가 음식을 먹고 기운을 차리게 하기 위해 자녀들이 시도했던 여러 가지 방법은 모두 성공하지 못했다. 자녀들은 더 이상 아버지를 혼자 남겨 놓고 떠나는 것을 두려워했다. 그렇지만 그는 자식들 집이나 사설 양로원에서 생활하는 것 역시 거절했다.

발달력　A씨 자신과 자녀들을 상대로 태어난 이후부터 각각의 발달단계에 대하여 알아보았다. 2장에서 자세히 논한 바 있는 어린 시절에 대해서는 간략히 요약할 것이다. 상대적으로 성인단계에서의 발달과정을 더 자세히 다룰 것이다.

아동기. A씨는 부모가 함께 살고 있는 가정에서 외동아들로 태어났다. 어린 시절에 심각한 신체 문제는 없었다. 유아기와 초기 유년기에 어머니가 전적으로 육아를 맡았다. 야뇨증은 없었으며, 여덟 살까지 엄지손가락을 빨았다는 이야기를 들은 것을 기억하고 있었다. 초등학교 시절에는 좋은 학생이었고 친구도 많았다. 고등학생 때는 "축구가 일 순위, 여자친구와 데이트가 그다음, 그리고 공부 순이었다." 여덟 살 되던 해에 어머니가 갑자기 돌아가셨는데, A씨는 이를 유년기를 떠올릴 때마다 생생히 기억나는 대단히 충격적인 사건으로 회상했다. "그 사실을 극복하는 데 상당히 오랜 시간이 걸렸어요." 그가 열 살 되던 해 아버지가 재혼하였다. 그는 3년 전에 사망한 새어머니와 그동안 줄곧 '좋은' 관계로 지냈다.

청년기(20~40세). A씨는 대학 시절 연인과 스무 살에 결혼했다. 학교를 졸업하고, 대형 회계법인에서 일을 시작했으며, 그곳에서 15년간 일했다. 35세에 자기 사업을 시작하였으나 사업은 실패하였고, 그 후 경도의 우울증 증상을 보였으나 치료를 받은 적은 없다. 결혼은 그에게 매우 긍정적 역할을 했고, 청년기와 중년기 동안 삶의 정서적 핵심으로 작용했다. A씨는 그가 20대였을 때 자식들이 태어나 행복한 시기를 보냈다고 하였으나, 자녀들은 그를 무관심한 아버지라고 기술하였다. A씨는 취미로 골프를 즐겼다. 골프를 잘 쳤으며, 부인과 자녀들이 실망할 정도로 여가시간의 대부분을 골프에 쏟았다. 자녀들은 그를 가리켜 '보기 힘든 운동 중독자'라고 하였다.

중년기(40~60세). 두 자녀 모두 55세에 발생한 A씨의 우울 증상을 기억하고 있었다. A씨의 아내에게서 암이 발견된 시기였다. 그때도 그는 우울증 치료를 거부했으며, 아내의 병세가 회복되면서 그의 증상도 개선되었다. 자녀들은 아내에 대한 그의 애착에 대해 '어머니는 아버지의 전부'라고 표현하였다. 이들 부부관계는 이미 장성한 자녀들을 배제한 채 매우 돈독했고 친구 사이 같았다. 손자·손녀들을 진심으로 따뜻하게 대해 주기는 했지만 자주 있는 일은 아니었고, 이는 젊은 시절의 그와 자녀들의 관계와도 크게 다르지 않았다. 사업이 실패한 뒤 회계법인에 취업하여 65세에 정년 퇴직을 할 때까지 중간관리자로 일했다. 일에 대해서는 "그건 직업일 뿐이에요. 큰 돈을 벌기 위한 시도를 한 적은 있지만 실패했고,

그래서 적은 돈을 버는 일에 만족했어요."라고 설명했다. 신체적 건강 상태는 성인기 내내 좋았다. 83년간 살면서 한 번도 병원에 입원한 적이 없었다.

노년기(60세~현재). A씨는 은퇴한 것을 즐거워했고 아내와 함께 집에 있거나 골프를 치면서 시간을 보냈다. 자유시간이 늘었다고 해서 친구나 가족에 대한 그의 관심이 늘지는 않았다. "집에서 아내와 함께 있는 것이 만족스러웠다."며 "전 그 이상을 바라진 않았어요."라고 말했다. 이러한 그의 태도는 아내가 병으로 죽음에 이를 때까지 지속되었다.

가족력   앞에서 언급한 바와 같이, A씨는 중산층 가정의 외동아들로 태어나 사랑 속에서 자랐다. 그가 여덟 살 때 경험한 어머니의 죽음은 (여러) 증상을 유발하지는 않았지만 삶에 대한 태도를 바꾸었다. 대학 진학을 위해 집을 떠난 이후, 아버지, 새어머니 및 이복형제와 거리감은 있지만 따뜻한 관계를 유지했다. 그가 45세 되던 해에 아버지가 사망하였고, 그 후 새어머니나 이복형제와의 관계는 그전 같지 않았다.

추가 절차

A씨는 의학적 평가와 심리검사를 모두 거부했다. 몸무게가 줄어드는 것에 대해 걱정했으나 검사를 받기보다는 더 많이 먹어서 해결하고 싶어 했다. 또한 정신치료를 받을 계획도 없었으며 심리검사를 할 이유도 없다고 생각했다.

추정 진단

기술적 진단   DSM-Ⅲ-R 기분부전증(dysthymia) 300.40

역동적 진단   A씨는 여덟 살 때 어머니의 갑작스러운 죽음으로 인해 깊은 정신적 외상을 경험하였다. 그는 애도과정을 피하기 위해 억압과 고립의 방어기제를 사용했으며 아내를 만날 때까지는 다른 사람들과의 친밀한 정서적 관계도 갖지 않았다. 어머니의 죽음은 어린 시절 정신적 외상을 반복적으로 경험하는 것 이상이었다. 가장 중요한 대상관계가 형성되는 데 지장이 생겼고, 이는 63년간 그렇게 작용했다. 안전과 우정에 대한 자원을 박탈당한 상태에서 그는 우울해지고 억압적이 되었다.

발달적 진단   A씨의 출발은 육체적으로나 정신적으로 훌륭했다. 유아기와 소아기 시절 사랑과 보살핌을 받아 견고한 자기감과 온전한 성격을 발달시킬 수 있었다. 그러나 잠복기 시절 어머니의 죽음은 그를 유아기 대상 분리의 발달선상에 멈춰 서게 하였다. 그때부터 A씨는 다시 상처받는 것이 두려워 아내를 제외한 인생의 모든 중요한 것으로부터 방어적으로 거리를 두게 되었다. 그의 발달과정은 청소년기의 발달 경로를 따라 대부분 순조롭게 진행되었다. 그리하여 교육을 받고 일과 결혼, 가정을 꾸리는 일을 할 수 있었다. 그러나 항상 방어적 거리를 유지했다. 이렇듯 부분적으로 적응하고, 부분적으로 신경증적인 평정 상태는 그의 아내가 사망할 때까지 63년간 지속되었다.

치료계획

A씨를 위해서는 개인 정신치료가 필요하다. A씨의 요리와 청소를 담당할 전일제 살림 도우미를 고용하여 체력이 닿는 한 (요양원에 가기 전까지는) 자기 집에서 살 수 있도록 하는 것이 좋다. 친구 모임이나 아내가 아프기 전에 함께 참석하던 모임에 참여할 수 있도록 의욕을 북돋아 주어야 한다. 더 많은 가족들과 매일 연락하고 지낼 수 있도록 하고, 비록 그가 꺼리더라도 함께하는 활동을 찾아야 한다.

아내의 죽음을 삭히려면 몇 달이 더 걸릴 수도 있다. 노년기에는 특히 부부관계가 더 길었던 만큼 애도기간도 더 길어질 것이기 때문이다. 어머니에게 그랬던 것과는 다른 애도과정이다. 만일 앞서 언급한 것들이 실패한다면 A씨가 꺼리더라도 자녀들 중 한 사람과 함께 사는 것을 고려해야 한다. 최후의 수단으로 A씨에게 노인 요양시설을 권할 수 있다.

요약 회의

A씨와 그 가족들에게 앞서 언급한 치료 방안들을 추천하고 각각 설명했다. A씨는 정신치료를 받고, 전일제 살림 도우미를 구하기로 했다. 3개월 후, 그는 여전히 집에서 지내고 있으며, 몸무게는 3kg가량 늘었으며, 부인을 잃은 것에 대한 감정을 논할 수 있을 만큼 치료자를 신뢰하게 되었다. 단기간의 예후는 매우 좋다.

청년기(20~40세)

생물학적 진전에서 퇴화로의 변화

때로 예외는 있겠지만 청년기를 특징짓는 보편적 경험과 생물학적 현상이 있다. 예를 들면, 서구 문화권에서 사람들은 대부분 이 시기에 집을 떠나고, 직업생활을 시작하고, 결혼하고, 부모가 된다. 하지만 신체적으로 진전하는 상태에서 퇴화하는 것, 성장에서 노화과정으로 접어드는 것이야말로 이 시기를 특징지을 수 있는 중요한 생물학적 변화다.

여태까지 이 분명하고도 발달학적으로 중요한 사건에 대해 문헌들에서 그리 많이 언급되지 않았다. Freud(1905)는 리비도가 한 신체 영역에서 다른 영역으로 진행하는 아동기의 성숙과정만이 발달이라고 단호하게 규정하였다. 그의 구강기, 항문기, 오이디푸스기,

잠복기, 그리고 청소년기의 개념은 이러한 생물학적으로 결정된 순서에 대한 설명이다. 하지만 Freud는 이러한 공식을 성인기에는 적용하지 않았고, 생물학적 퇴화가 성인 발달과정에 미치는 영향에 대해 알아보려고 하지 않았다. 이는 노화와 심리학적 발달 간의 관계에 대한 이론적 관심이 등장하는 것에 걸림돌이 되었다.

성숙과정의 종결점과 신체적 퇴화의 시작점 사이에 실제 어떤 간격도 없다는 것을 아는 것이 중요하다. 이 두 과정은 청년기에 겹쳐서 나타나지만 노화과정이 점차로 성숙과정을 대치하여 우세한 생물학적 영향 인자가 된다. 그 증거로는 반사반응의 둔화, 피부 긴장도의 소실, 그리고 머리가 벗겨지기 시작하는 것(어떤 사람의 경우 20대부터)부터 40세에 다가선 여성의 생식 능력이 없어지는 극적인 현상까지 들 수 있다.

청소년기에서 청년기로의 이행

청소년기에서 청년기로의 이행은 현실적으로 그리고 정신적으로 원가족으로부터 분리될 수 있는 능력이 증가함에 따라 진행된다. Blos(1979)는 이러한 과정에 대해 "성인의 세계라고 하는 사회의 일원이 되기 위해 가족에 대한 의존성을 떨치고 유아적 대상과의 애착을 느슨하게 하는 것"이라고 설명하였다(p. 142). Kohut(Wolf, 1980)은 이에 대해서 "청소년기 전에 가졌던 이상화된 부모의 이미지로부터 청소년기 이후의 이상화된 윤리와 가치로의 변환"이라고 하였다(p. 48). Settlage(Panel, 1973a, 1973b)는 이 과정이 원가족에서 생식을 위한 가족으로의 점진적 이행이라고 하였다.

정상적으로 이러한 이행은 내적·외적으로 성인이 되기 위한 구조를 갖추기 위해 필요한 시간으로 간주된다. 의존적인 아이에서 독립적인 성인으로 변화되는 데 걸리는 시간(세상에 홀로 있는 것을 즐기면서 아직 배우자와 자녀와의 영구적 애착관계를 가질 준비는 되지 않은 상태)은 개인에 따라 다르지만, 발달이 진행되기 위해서는 결국 반드시 거쳐야만 하는 기간이다.

Block(1971)은 Berkeley Guidance Study와 Oakland Growth Study(각각 1929년과 1932년에 시작된 정상발달에 관한 종단적 추적 연구)를 통해 성인기의 심리적 적응을 청소년기 동안의 적응도로부터 예측하는 것이 쉽지 않음을 발견하였다. 이 중요한 관찰은 현 단계의 특정 갈등이 과거의 갈등을 되살려서 보다 나은 해결책을 찾도록 이끌거나 생전 처음으로 분명한 병리상태가 시작하도록 만들기도 한다는 가설을 지지한다.

이 같은 생각은 Levinson 등(1978)이 비교적 안정적인 두 시기 사이에 일어나는 약 5년 정도의 변화와 혼란의 시기에 대해서 정의한 것에도 암시되어 있다. 후기 청소년기에서 초기 성인기로의 이행은 17~22세 사이에 일어난다. 이 시기 동안에는 아동기에 가졌던 의존심을 버리고 자신을 신뢰할 수 있는 능력을 갖춰야 한다. 또한 이 시기의 목표는 "자신의 지평선을 탐험하고 확장하며, 모든 조건이 분명해질 때까지 확신에 찬 선택이나 결정을 미루고, 인생의 기초를 구축하고 뿌리내리고 안정감과 지속성을 갖는 것"이라고 하였다(Levinson et al., 1978, p. 80).

이러한 이행의 또 다른 중요한 정신내적 특성은 이미 과거가 된 아동기와 청소년기를 재정의하는 기간이라는 것이다. 이는 내가 다른 곳에서 다음과 같이 언급했던 바와 같다.

처음으로 자신이 살아온 삶이 과거로 느껴진다. 점진적이고 고통스러운 이 과정을 통해 한 시대의 종말을 고하고, 정신구조의 요소들, 특히 초자아, 자아 이상(ego ideal), 자기에 대해 재정의한다. 후기 청소년기가 되면 자신을 더 이상 아이로 생각하지 않게 되고, 따라서 젊은 성인으로서 자신을 새롭게 정의하기 위해서 정신내적으로 포괄적 재조직화가 계속된다(Colarusso, 1988, p. 191).

청년기의 발달 과제

청년으로서의 자기와 타인에 대한 감각의 발달: 삼차 개별화

Offer와 Offer(1975)는 "부모로부터 자신을 분리된 존재로 인식하게 되는 것이 청년기의 중요한 과제 중 하나다."(p. 167)라고 하였다. 청년들은 대부분 부모와의 감정적 애착관계로부터 점차적으로 멀어지고 혼자 있는 것에 대해서 보다 편안하게 느끼며, 자신감을 갖고 스스로를 돌볼 수 있게 된다. 부모로부터 멀어지는 과정은 결혼 이후에도 지속되며, 부모가 되는 경험은 부모가 차지했던 가장 중요한 대상의 자리를 새로운 대상으로 대치함으로써 내적 변화를 일으킨다.

부모로부터의 심리적 분리는 과거 아동기에 가졌던 정신 표상들과 현재 청년기에 갖고 있는 정신 표상들의 합성이라고 하는 두 번째 단계로 이끈다. 예를 들면, 자녀들이 발달단계를 밟아 가는 것을 보면서 젊은 부모들은 자신의 아동기에 대해 회상하고, 자신의 아이 시절 경험들과 자신의 아이가 갖는 경험들이, 그리고 자신의 부모로서의 경험과 한 세대 전 자신의 부모에 대한 기억들이 합쳐지는 경험을 하게 된다. 이러한 분리에 대한 개념은 단순히 부모로부터 '떨어져 나가는 것'을 청소년기의 분리과정으로 이해했던 것에 비해 한 걸음 더 나아간 것이다.

앞서 설명했던 바와 같이, 분리-개별화 과정(Mahler et al., 1975)은 자기에 대한 안정된 느낌과 타인과 관계를 맺을 수 있는 능력을 형성하는 데 매우 중요하다. Mahler의 작업을 토대로 Blos(1979)는 청소년기에 부모로부터 심리적으로 분리되는 과정을 '이차 개별화'라고 정의하였다. 나는 젊은 성인기에 일어나는 분리-개별화를 '삼차 개별화'라고 명명하였다. 보다 자세히 설명하자면 '삼차 개별화'란 다음과 같다.

청년기(20~40세)와 중년기(40~60세) 발달단계에 일어나며, 자기를 더 잘 인식하고 대상으로부터 분화시켜 나가는 지속적인 과정을 말한다. 이는 모든 중요한 성인기 애착 대상의 영향을 받겠으나, 가장 중요한 것은 자녀, 배우자, 그리고 부모와의 관계, 즉 일차 및 이차 개별화 시기에 중요했던 가족들이라고 하겠다(p. 181).

성인 발달이론에서는 영아기부터 아동기에 이르기까지, 그리고 청소년기부터 성인기에 이르면서 대상관계가 점차 복잡해진다고 가정한다. 이는 아마도 뒤집어진 피라미드로 그려질 수 있을 것이다. [그림 1]에서 보다시피 일차 개별화는 아이와 어머니 사이에서, 그리고 좀 약한 정도로 아이와 아버지 사이에서 다소 배타적으로 일어난다. 이차 개별화 과정에는 가족이 아니지만 중요한 사람들, 즉 친구, 이성 친구, 멘토가 포함된다. 그들이 과거에 부모에게

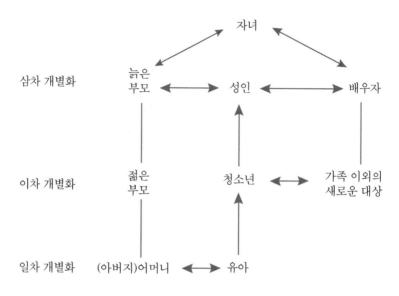

[그림 1] 일차 개별화부터 삼차 개별화까지

향했던 리비도 및 공격적 욕동(drive)의 대상이 되면서 부모로부터
의 심리적 분리과정을 촉진시킨다.

　이차 개별화에서 삼차 개별화로의 이행은 청년기에 일어난다.
이 시기에 부모로부터 심리적으로 분리될 수 있는 능력이 증가하
며, 이 시기의 다른 발달 과제를 수행하도록 해 준다. 곧이어 부모
로부터 분리됨에 따라 생겨난 마음의 공백을 채우기 위하여 자신
의 가족을 만들고자 하는 의욕을 갖게 된다. 삼차 개별화의 다양한
측면은 친밀감, 결혼, 부모 되기, 부모로부터의 분리와 같은 이 시
기의 발달 과제들에 대해 설명한 후에 다시 소개할 것이다.

친밀한 관계를 형성할 수 있는 능력의 발달: 배우자 되기

Erikson(1963)은 여섯 번째 발달단계의 주요한 발달 과제를 청년기의 친밀감 대 고립감이라고 하였다. 성인기에 성취해야 할 친밀감이란 "다른 사람의 요구와 근심을 자기 자신의 것처럼 중요하게 생각하는 것"을 말한다(p. 31). 친밀한 관계를 형성할 수 있는 능력의 형성은 어린 시절 부모-자녀 관계의 질이 어떠했는가, 오이디푸스 콤플렉스를 성공적으로 해소했는가에 달려 있지만, 청년기 이전에는 지속할 수 있는 능력이 되지는 못한다. Nemiroff와 내가 정의한 바와 같이(Colarusso & Nemiroff, 1981), 성인기의 친밀감은 상당 기간 지속되는 동반자와의 관계를 의미하고, 대개의 경우그 상대에 대해 깊은 감정적 유대감을 경험하고 함께 자녀의 부모가 된다.

Offer와 Offer(1975)는 자신들의 연구 결과, Erikson이 정의한친밀감을 형성할 수 있는 능력은 정신적으로나 정서적으로 최상의상태인 경우 고교 졸업 후 4년 정도 경과되었을 때 관찰된다고 하였다. 그들의 연구 결과와 Anna Freud(1978), Blos(1979)의 연구를 고려할 때, 친밀감을 형성할 수 있는 능력은 청소년기의 신체적, 성적, 심리적 변화로 인해 가능해진다고 할 수 있다.

청소년기에 실험적으로 성 경험을 하던 단계부터 친밀감을 형성하고자 하는 바람을 갖기까지는 어린 시절 부모와 경험했던 가까운 관계가 없어지면서 느끼게 되는 깊은 고독감이 큰 역할을 한다. 짧게 지속되는 관계에서의 성 경험만으로는 더 이상 자긍심이 충족되지 않는다. 청년은 이미 자신의 성 기능에 대해서는 충분한 숙달을 통해 확신을 갖게 되었기 때문에 단순히 이를 반복하는 것만으로는 더 이상 감정적 만족을 얻을 수 없다. 그러므로 성 경험과 함께 정서적 유대감을 느끼고 싶어 하는 소망이 커진다. Erikson은 친밀한 관계를 지속할 수 없는 청년은 자신에게만 몰두하는 고립된 삶을 살 위험이 높다고 하였다.

청년이 성적 친밀감을 느끼는 관계를 갖게 되면 심리적으로 중요한 변화가 일어난다. 사랑하는 파트너와의 성적 일체감을 반복 경험하면서 자신을 점차 파트너와 동일시한다. 사랑하고 존중하는 파트너와의 성 경험이 반복되면서 초자아는 성적 생각, 감정, 행동에 대해 보다 유연한 태도를 가지게 되고 내성도 높아진다. 자기 안의 여성성 또는 남성성은 파트너에게 투사되고 받아들여지며 이를 사랑하게 된다. 자아 이상은 커플의 미래에 대해 파트너가 갖는 희망, 특히 청년기의 중요한 과제인 거주지를 정하고 아이를 갖고 직업적 포부를 갖는 것들을 함께 고려하면서 변화된다.

친밀감을 형성하는 능력이 발달하면서 남성과 여성의 생식기가 동등하고, 동시에 상보적 역할을 한다는 것을 받아들인다. 파트너와의 전희, 성관계, 수정, 임신, 출산의 경험을 하게 되면서 생식기에 대한 유아적 사고방식을 버리고, 대신 남성과 여성의 생식기는 성적 만족감, 친밀감, 그리고 출산을 위해 동등하며 상호 의존적인 기능을 한다는 생각을 하게 된다. 이 모든 것은 친밀감의 틀 안에서 가능하다. 친밀감은 아동기(모자관계)와 성인기(이성관계), 모두에서 건강한 발달이 이루어지는 비옥한 토양 역할을 한다.

서구 문화에서 한 청년이 친밀감을 느끼게 하는 대상을 만나게 되면 상당수는 결혼을 한다. 하버드 대학교의 Grant Study에서의 종단적 추적 연구 결과를 분석한 후, Vaillant(1977)는 "정신건강에 대한 가장 분명한 장기적 예측 변인은 오랜 세월 지속되는 행복한 결혼생활이다."라고 하였다(p. 320). 결혼에 대한 성인 발달 연구자들의 관점을 인용하면서 Emde(1985)는 다음과 같이 언급하였다.

결혼관계 안에서 각 파트너는 심리적 재구조화 과정을 거쳐야 한다. 서로에게 헌신하는 마음이 있다면 그 결혼은 안정적이다. 만일 재구조화에도 지속되는 헌신이 없다면 그 결혼은 실제로 어떤 문제가 있건 없건 안정된 것이 아니다(p. 111).

생물학적 · 심리적으로 부모가 된다는 것

생물학적 부모가 되는 것은 단지 청년기에만 국한되는 사건은 아니지만, 사람들은 대개 이 시기에 처음으로 경험한다. 부모가 되는 경험을 발달적 맥락에서 이해하기 위해 이전 장에서 제시되었던 내용을 토대로 아동기의 성 정체성 발달 궤도에 대해 간략하게 정리한다.

1. 구강기: 여성 또는 남성이라는 기본적 느낌, 즉 핵심 성 정체성(Stoller, 1968)이 18개월경 견고하게 확립됨.
2. 항문기: 3세경 아이는 두 가지 성이 있다는 것을 인식하고 받아들임(Galenson & Roiphe, 1976).
3. 오이디푸스기: 성성(sexuality)을 관계 안에서 경험.
4. 잠복기: 남성성과 여성성에 대한 가족, 사회, 문화의 주관적 태도 통합.
5. 청소년기: 사춘기 성숙과정을 통해 성인이 된 신체(우선 자기 자신, 그다음 타인의 순서)를 성의 도구로 사용.

6. 청년기: 친밀감을 느끼는 대상을 찾고 부모가 되는 경험 추가.

Ritvo(1976)는 "청소년기 소녀들의 아이를 갖고픈 소망에는 여전히 오이디푸스적, 그리고 전(前)오이디푸스기에서 비롯된 갈등의 색채가 남아 있다."고 하였다(p. 135). 청년기의 발달 과제 중 하나는 아이를 갖고자 하는 소망을 부모와의 유아적 관계로부터 떼어내어 점차 배우자에게 향하게 하고, 자신의 신체가 성숙한 성적 도구라는 것과 성을 생식을 위한 활동으로 인식함으로써 자신이 부모가 될 것이라는 자아 이상 속의 기대를 깨닫는 것이다. 이는 결코 단순하거나 갈등이 없는 과정이 아니다. Kestenberg(1976)가 언급한 바와 같이, 부모가 되는 과정은 두 사람 간의 친밀감으로 맺어진 결혼관계에 긴장감을 초래한다.

첫 번째 성인 발달단계(Erikson, 1959)에 들어가게 되면서, 젊은 여성은 새로운 영속적 대상과의 친밀감을 추구하게 되지만 아직 새로운 삼각관계를 위한 준비는 되어 있지 않다. 연인관계에 있는 남녀가 각자 서로의 엄마, 아빠가 될 수 없다는 사실을 받아들이게 되면 이상적 친밀감에 대한 환상이 부분적으로 깨어지고 관계의 재구조화가 일어난다. 너무 친밀한 관계는 때로 공격성을 불러일으키지만 헤어진다고 해결되지는 않는다. 젊은 여성은 임신과 출산을 계획하면서 자신의 위치를 잠재적 어머니로 재배치한다. 남편은 아기를 갖는 것에 동의함으로써 아이에 대한 남성 보호자의 역할을 갖게 되며 어머니가 되고자 했던 자신의 소망을 승화시킨다. 아버지와 그 자신으로 이어지는 씨앗이 더 이상 낭비되지 않게 된다. 미래의 어머니들은 자신의 생식기에 대해서 자녀를 임신한 어머니들이 갖는 확신과 인식의 변화를 갖게 된다. 성교와 수정 과정은 부모에 대한 오이디푸스기의 감정을 떠올리게 하며, 과거에는 금지되었던 임신에 이르게 하는 행위가 가능하도록 성인으로서의 초자아를 수정하게 한다(p. 227).

Hertzog(1982)는 젊은 부부가 이러한 강력한 현실적, 심리적 변화과정을 견디는 힘은 둘 사이의 애착이 얼마나 강한지와 비례한다고 하였다.

Gurwitt(1982)는 23세 된 청년의 증례를 들어서 아내의 임신이 남편의 심리에 어떤 영향을 미치는지를 다음과 같이 설명하였다.

이 미래의 아버지에게 있어서 아내의 착상과 임신 과정은 이전의 다른 발달단계에서와 마찬가지로 중요한 발달 과제를 제공하며 심리적 혼란과 변화를 초래한다. 이러한 심리적 사건은 청년기의 고유한 발달 과제 중 하나다(p. 244).

이 환자는 아내의 임신을 통해 "과거와 현재의 부모, 형제, 아내와의 관계를 재정비하고 자기 감각의 변화와 재합성"(p. 295)을 이루었다. 그중 오이디푸스기 갈등은 특별히 중요한 것이었다.

아버지와 똑같지는 않겠지만 자신도 한 아이의 아버지가 된다는 것, 그리고 어머니를 연상시키는 한 여성과 함께 생명을 창조한다는 것은 실제로 매우 힘겨운 과제였다(p. 295).

생물학적으로 부모가 됨으로써 심리적 부모가 되는 과정도 시작된다. 시간이 지날수록 건강한 부모들은 더욱더 자녀에게 애착과 유대 관계를 갖게 된다. 미래의 부모들에게 임신은 부모 모두에게 자신의 생식기가 원래의 목적을 달성할 수 있다는 확신과 함께 성 정체성의 새로운 차원을 더하게 된다. 출산 후 아기와 보내는 시간 동안 자신의 성 기능에 대한 자긍심이 커지고, 아기와 자신을 강하게 동일시하면서 점차 아기에게 마음이 쏠린다. 젊은 부부가 처음으로 부모가 되었을 때 비로소 가족이 생긴다. 그 구조는 원가족의 것과 동일하지만, 이제 역할은 역전된다. 이전에 아이였던 사람이 부모가 되어서 자신의 창조물을 키우게 된다. 아이가 자라나는 것을 보면서 부모는 자신의 어린 시절을 돌아보게 되고, 동시에 자신이 정말 어른이 되었다는 것을 확인하면서 심리적으로 큰 변화를 겪는다(Colarusso, 1990).

부모가 된다는 것은 부부 사이의 관계를 더욱 복잡하게 만든다. 부부는 신체적, 감정적 결합을 통해서 연약하고 의존적인 존재를 창조하였고, 이 존재는 부모가 서로 맞물리는 역할을 해 주어야 생존한다. 이제 부부의 마음속 배우자에 대한 표상에는 부모가 되는 것에 대한 생각과 감정이 포함된다.

아빠 또는 엄마가 된다는 것은 자신의 부모로부터의 분리를 촉진한다. 과거에는 어버이의 특권이라고 간주되었던 배타적 역할을 하게 되면서 자신이 부모와 동등하다는 느낌이 생긴다. 또한 자녀를 키우는 방식에 대한 끊임없는 의식적, 무의식적 비교를 통해 자기와 부모 사이의 차이점에 대해 더 인식함과 동시에 세대 간의 유대감과 연속성이 강화된다.

마침내 이제는 중년기에 접어든 자신의 부모에게 조부모가 되는 기쁨을 안겨 줌으로써 이전의 부모와 자녀 간의 힘의 균형관계에 변화가 생긴다. 이는 또한 머지않아 나이 든 부모가 자신들의 신체적, 심리적 안녕을 위해 자녀에게 의존할 것임을 암시한다.

부모로부터의 심리적 분리와 부모의 중년기 발달 촉진

청년기에는 부모와의 관계에서 현실적으로 그리고 심리적으로 큰 변화를 겪게 된다. 이러한 과정은 다음과 같은 서로 연결된 세 가지 단계로 나눌 수 있다.

1단계　　부모로부터의 심리적 분리과정이 지속된다. 청소년기가 끝날 때까지 일차(Mahler) 및 이차(Blos) 개별화가 모두 완성되는 것은 아니다. 두 가지 중 특히 최근에 일어난 이차 개별화는 청년기에도 계속된다. 영아기와 초기 아동기처럼 부모의 심리적 표상, 즉 아이에게 편안함, 안점감, 방향감을 주는 주요 원천으로부터 독립되어 살아갈 수 있는 능력은 청년기에 완성된다.

청소년기 발달을 통해 성취한 것을 토대로 한 부모와의 분리과정은 생식을 위한 가족을 형성하는 것으로 인해 크게 촉진된다. 배우자가 동일시와 기본적 욕구의 충족을 위한 대상으로 내재화되고 새로운 대상들이 심리적으로 중요한 역할을 하게 되면서, 이전부터 내재되어 있던 부모의 영향력은 점차 줄어든다. 아동기 표상의 수정과 변화는 배우자와 자신이 부부와 부모로서의 기능을 동시에 수행하면서 이루어진다. 모든 청년기 성인의 무의식과 초자아/자아 이상 속에는 아동기로부터 형성된 남편 또는 아내 그리고 부모로서의 행동방식들이 프로그램화되어 있다. 이러한 이상화된 부모에 대한 기대는 자신들이 적응해야 할 현실에 의해 수정된다.

2단계   젊은 청년기 성인들이 배우자-부모-공급자의 역할을 받아들이고 내재화하고 나면, 부모와의 평등하고 상호 존중하는 관계를 심리적으로 고려하기 시작한다. 결혼을 하고 성관계를 하고 부모가 되고 직업을 가지고 가정을 꾸리고 새로운 친구들을 사귀게 되면서, 그리고 이러한 경험들이 자신의 일상이 되면서, 부모의 심리적 표상이 의존하고픈 대상에서 상호적이며 평등한 대상으로 변화한다.

이러한 심리적 변화는 부모와의 실제 관계를 변화시키고 청년기 성인들이 그들 자신의 삶에 더욱 열중할 수 있게 한다. 3대에 걸친 유전적 연속성의 중심에는 부모와 자녀만이 있다. 중년이 되어 시간의 제약성과 개인적 죽음에 대해 집착하면 이러한 '유전적 불멸성'이 중요한 의미를 갖게 된다.

3단계   부모와의 평등하고 상호적인 관계는 청년기와 중년기 내내 지속되지만 그렇지 못한 경우도 있다. 이는 부모가 정신적·신체적으로 얼마나 건강한가에 달려 있다. 어느 시점에서는 성인이 된 '자녀'가 심리적·신체적으로도 허약해지고 의존적이 된 부모를 돌봐야 하는 상황에 부딪힌다. 이러한 일이 발생하면 어린 시절 의존적이고 허약했던 자신에 대한 내적 표상과 늙어 가는 부모의 표상을 초자아/자아 이상 내에서 비교하게 된다. 정상 성인이라면 초자아의 새로운 요구에 따라 역전된 부모-자녀 관계 안에서 보호자의 역할을 맡게 된다.

이는 청년기와 중년기에 생존하는 부모와 조부모가 이들 단계의 발달 과제를 수행하는 데 어떤 역할을 하는지를 보여 준다. 청년기의 성인과 그 자녀들이 이러한 예들을 내재화하는 것은 훗날 역할이 역전될 때 어떻게 행동해야 할지에 대한 토대가 된다.

Berkeley Guidance Study와 Oakland Growth Study의 결과, 성장한 자녀와 부모 사이의 상호작용에 대한 이론적 개념화가 이루어졌다. Block(1971)은 이들 연구에서 쌓인 엄청난 양의 자료를 분석하면서, 자녀가 성인이 되어 갖는 성격은 한쪽 또는 양쪽 부모의 성격과 매우 닮았음을 발견하였다. 이러한 유사성은 초기 성인-자녀 관계에 의해서만이 아니라 성인기에 경험하는 관계에 의해서도 형성된다.

Block은 이러한 영향이 동성 부모뿐 아니라 이성 부모에 의해서도 일어난다고 하였다. 청년기에는 이성 부모에 대한 동일시가 실질적으로 커지는데, 이는 결혼 이후 양성적 정체감이 증가하고 특히 심리적 부모가 되는 경험을 함으로써 일어난다. 청년기 성인들은 이제 반대 성 부모의 가치 있는 측면들을 보다 자유롭게 동일시하고 함입하게 되는데, 특히 이 시기에 부모가 중년기와 노년기의 발달 과제를 수행하는 것이 이러한 과정을 더욱 촉진한다.

우 정

결혼을 하고 부모가 되기 전인 후기 청소년기와 청년기에는 우정이 감정적 지지의 주요한 원천이 된다. 원가족을 떠나 자신만의 가족을 꾸리기 전까지 수년 동안, 깊은 관계를 맺고 욕구를 만족시킬 기회가 많지 않은 청년들은 상대적으로 중요한 대상을 상실한 느낌을 갖는다. 나는 이러한 상태를 '청년기의 고독' 이라고 명명하였다(Colarusso, 1990). 룸메이트, 동거인, 여학생 클럽 자매, 협회 형제와 같은 용어들은 가족의 대체물로서의 기능을 하며 보다 영속적 대상을 갖기 전까지 일시적 대리인이 된다.

인생의 동반자로서 자신을 받아들이고 비밀을 지켜줄 관계를 원하는 감정적 욕구는 이런 우정관계를 통해 대체적으로 만족된다. 청년들은 친구, 특히 비슷한 상황에 처한 친구에게 연애와 직장에서 갖게 되는 성적, 공격적 갈등을 털어놓는다.

30대가 되면서 친구관계의 감정적 중요성은 줄어들고 배우자와 자녀에게로 대치된다. 많은 친구관계들이 이러한 발달단계를 거치면서 약화되는데, 특히 배우자가 친구를 받아들이지 않고 그들을 경쟁자로 여기는 경우가 그렇다. 이 시기에 일어나는 관계의 변화와 재정비 덕분에 새로운 친구관계, 즉 부부 친구를 갖게 되는데, 실제로 이러한 새로운 우정관계는 이루어지기도 힘들고 유지되기도 쉽지 않다. 두 사람이 아닌 네 사람이 서로 맞아야 하기 때문이다.

자녀가 자라고 사회로 나아가게 되면서 부모는 자녀의 댄스 교습이나 리틀 리그 게임에 열의를 가지며 시간을 보낸다. 여기서 만나게 되는 다른 부모들과의 친분관계는 발달적으로 동시대를 살고 있는 대상들과의 관계 형성의 욕구를 만족시켜 주고, 청년기 삶의 압박을 이해하고 완충시켜 주는 역할을 한다.

직 업

직업 정체성의 확립은 청년기의 중요한 발달 과제다. 발달 궤도가 비교적 갈등 없이 부드럽게 진행되는 경우 고교 졸업 후 직업훈련을 받거나 대학교육을 받게 된다. 학습과 놀이에서 직업으로의 이행은 서서히 또는 급격히 일어난다. 적어도 10대 후반이나 20대가 되면 초자아와 자아 이상 속에서 직업 정체성이 커지면서 직업이 삶의 중심 활동이 될 것이다. 그리고 놀이에 의해 얻게 되는 즐거움보다 일을 통해 얻는 만족이 우선되고, 직업생활에 필요한 시간적·감정적 요구를 받아들인다. 어떤 일을 하느냐에 따라서, 또한 일에 대해서 어떤 태도를 갖는가에 따라서 직업은 좌절감이나 필요악 또는 즐거움이나 자존감의 원천이 될 것이다. 이런 차원에서 성인이 된다는 것은 놀이를 즐기는 아이에서 일하는 어른으로의 정체성 변화를 의미한다.

한 젊은 여성이 매우 즐거웠던 대학생활을 마치고 마지못해 큰 부동산 회사에서 일을 하게 되었다. 일종의 히피족이었던 그녀는 외모에 관심이 별로 없었기에 어머니나 자매로부터 얻은 옷을 입고 일을 시작하였다. 처음에는 상사로부터 좀 더 세련된 옷을 입으라는 핀잔을 들었지만, 점차 좋은 옷과 외모 및 지위로 인한 만족감을 즐기게 되었다. 승진을 하고 보수가 오르자, 일은 즐거움과 자존감의 원천이 되었고 성인기의 과시적 요소들을 획득하는 수단이 되었다.

어떤 일을 하고 어떤 직장에 다니는가와 무관하게 직업 정체성을 형성하고 정보와 기술을 획득하기 위해서는 멘토, 그리고 그의 제자로서의 자신의 역할을 받아들여야 한다. 멘토와의 동일시는 유아기적 동일시에 기반을 두고 있지만 부모-자녀 관계의 재생은 아니다. 이 관계는 정상적으로 (1) 멘토와의 융합, (2) 부분 동일시를 통한 멘토의 일부분 내재화, (3) 심리적 독립과 개별화의 세 단계를 거치게 된다.

처음에는 자기애가 멘토의 내적 표상으로 전치되면서 멘토를 이 상화한다. 그다음 단계에서는 멘토와 융합감을 느끼는데, 이는 큰 즐거움을 제공하지만 자신에 대해 긍정적인 느낌을 갖기 위해서는 멘토의 승인을 받아야 하므로 자기는 취약해진다. 비록 분리과정에 서 상당한 고통이 수반되지만, 훈습과정이 지난 후 자기는 강해지고 개별 존재로서의 자신감이 증가한다(Colarusso & Nemiroff, 1981).

임상가는 이 같은 발달과정의 중요성에 대해 잘 알고 있어야 하 며, 직업과 직장 장면에서의 관계에 대해 환자가 이야기를 하면 하 는 대로, 안 하면 안 하는 대로 관심을 기울여야 한다. 이 장의 말미 에 제시할 짐의 증례에서처럼, 일과 연관된 문제는 심각한 내적 갈 등에 뿌리를 둔 중요한 증상이 될 수 있다. 한편, 어떤 환자에게는 직업이 다른 발달 주제를 수행하는 데 있어 방해 요소로 작용할 수 도 있다. 예를 들면, 일주일에 80시간을 일하는 28세의 변호사는 자신의 사회적 고립감과 무능감이 만성 피로와 시간 여유의 부재, 보다 깊이는 성과 친밀감을 피하고자 하는 욕구에서 비롯된다는 것을 인식하지 못하고 있었다.

놀 이

청년기는 아동기와 청소년기에 배운 대부분의 신체적 게임의 수 행 능력이 절정에 이른 후 감소하기 시작하는 시기다. 아동기부터 가져왔던 운동선수로서의 명성과 행운에 대한 공상이 현실로 이루 어지기도 하지만, 대부분의 경우 그렇게 되지 못하고 자신의 능력과 잠재력에 대한 보다 현실적 평가와 좌절에 대한 애도반응이 뒤따른다. 하지만 운동선수로서 성공하고픈 소망은 그리 쉽게 포기되지 않는다. 일부는 무의식적으로 자신과 동년배인 스포츠 스타와의 동일시에 의해 지속된다. 어떤 경우 이러한 동일시는 중년기와 노년기까지 지속되고, 그들은 마침내 진정한 팬이 된다. 어떤 사람은 중년기의 노화과정을 받아들이고 젊은 영웅들과 중년의 자신과의 비교가 더 이상 가당치 않다는 것을 인정하면서 운동 관람에 대한 관심 대신 새로운 형태의 놀이를 찾는다.

성인이 되어서도 아동기에 했던 놀이 양식이 계속되지만, 배우자와 자녀의 역할이 중요해지면서 이를 반영한 새로운 형태의 놀이가 등장한다. 배우자와 함께하는 신체 활동에서부터 정신적인 게임, 즉 친구와의 카드놀이 같은 것이 그 예다. 어떤 이에게는 자녀에게 놀이 활동을 격려하는 것이 강력한 자기애적 충족의 원천이 되기도 하고, 자신이 포기했던 어린 시절의 꿈을 실현할 수 있는 두 번째 기회가 되기도 한다. 이런 경우 흔히 아이의 희생이 따른다.

임상가는 놀이에 대한 정보가 환자의 아동기에 대해 알 수 있는 좋은 기회를 제공한다는 것을 알아야 한다. 이를 탐색하다 보면 기대치 않았던 것들을 알게 될 수도 있다. 어떤 사람은 쇠퇴하는 신체 기능으로 감당하지 못할 놀이를 하다가 부상을 당한 후 정신과적 증상을 경험하기도 하는데, 이는 성취와 자존감에 관련된 심각한 심리적 갈등을 시사한다.

청년기에 일어나는 정신구조의 변화

이 주제에 대한 문헌은 그리 많지 않은데, 이는 성인기에 정신구조의 변화는 일어나지 않는다는 의견이 최근까지도 우세했기 때문이다. 그러나 이런 관점은 변화하고 있다. 예를 들면, Emde(1985)는 "심리적 관점에서 볼 때, 구조적 변화는 청소년기에 멈추지 않는 것이 분명하다."(p. 60)라고 하였다.

자 아

청년기에는 (1) 충동 조절, (2) 만족 지연, (3) 공격성 제한과 통제, (4) 에너지를 일과 다른 승화된 활동으로 돌리기, (5) 유아적 대상으로부터 분리되어 새로운 사랑하는 관계 형성을 위해 지속적으로 자아의 능력이 증가한다. 청년기에 일어나는 정신구조의 변화는 Hartmann(1964)의 '자아 관심(ego interest)' 개념을 통하여 설명할 수 있다. 젊은 성인의 자아 관심은 사회적 위치, 부(富), 직업적 성공, 안락, 영향력에 초점을 맞춘다.

방어　청년기의 자아 기능 변화에 대해 가장 영향력 있는 연구를 한 사람은 Grant study의 Vaillant(1990)다. Grant study는 제2차 세계대전 후 하버드 대학교 재학생을 대상으로 청년기와 중년기에 이르기까지 1989년 현재, 47년째 지속되고 있는 종단 연구다. 이 연구 대상들은 청소년기에 비해 청년기에 승화적 억제, 예측, 유머와 같은 성숙한 방어기제를 두 배 더 많이 사용하였다. 이러한 변화는 중년기에 가서 더욱 극적으로 나타난다. 이때는 청소년기보다 성숙한 방어기제를 네 배나 더 많이 사용하였다. 또한 중년기의 연구 대상들은 행동화, 투사, 신체화 증상, 피학증과 같은 미성숙한 방어를 비교적 덜 사용하였다.

Emde(1985)는 좋은 환경에 놓인 경우 청년기에 방어기제의 재구조화가 일어나는 것은 보편적인 일이라고 하였다. Jacques(1965)는 청년기에 중요해지는 방어기제인 낙관주의와 이상화는 "인생의 두 가지 근본 현상인 죽음의 불가피성과 모든 사람 속에 있는 증오 및 파괴 충동"에 집착하는 것에 대응하기 위한 것이라고 하였다(p. 505).

대상관계   청년기에 이르러 처음으로 유아기 대상으로부터 독립하여 새로운 대상과의 안정되고 지속적인 유대관계를 형성하고 지속할 수 있게 된다. Vaillant(1977), Heath(1979), Arnstein(1980)은 대학 시절 이후의 삶 속에서 어떤 인간관계를 갖는가가 심리적 건강의 중요한 지표가 되며, 친구를 사귀는 능력과 성인기의 친밀한 관계를 형성하는 능력 사이에 높은 상관관계가 있다고 하였다.

지능   Wechsler(1941)는 인간의 지능이 20대까지 증가하고 그 후 감퇴한다고 발표했다. 이러한 개념은 다른 체계적 종단 연구들, 특히 대뇌 신경계가 건강하다면 지능은 청년기와 중년기까지 증가한다고 보고한 Jarvik, Eisdafer, 그리고 Blum(1973)의 연구에도 불구하고 확고하게 자리 잡고 있다. 청년기에는 일이나 직업 활동을 위해 새로운 사실을 배우고 기술을 훈습하는 과정에서 지능의 증가가 일어난다.

Piaget 이후 인지심리학자들은 성인기 지능에 대해서 보다 놀라운 이론을 제안하였다. Freud와 마찬가지로, Piaget는 추상적 사고 능력의 획득을 가장 높은 수준의 사고 기능으로 서술하면서 청소년기에 인지발달이 중단된다고 하였다. 그러나 그 이후의 연구자들은 성인기의 사고 형태가 청소년기의 사고 형태보다 훨씬 더 복잡하다고 주장하였다. Commons와 Richards(1982)는 Piaget의 형식적 조작기 이후의 단계에 대해 언급하였다. 그들은 이를 구조적인 분석적 사고(structural analytic thought)라고 하였다. 이는 관계의 세트 간의 연결성, 즉 체제 간 관계를 이해할 수 있는 능력을 말한다. Basseches(1984) 역시 유사한 결론에 도달하였는데 이를 변증법적 사고라고 하였다. 논리적 사고를 하는 사람들이 보편성에 초점을 맞추는 데 비해, 변증법적 사고를 하는 사람들은 한 시대의 '진실'을 만들어 내는 생각과 실제 사이에는 다양한 상호작용이 존재한다고 믿는다는 면에서 상대주의자(relativists)라고 할 수 있다. 그들에 의하면 모순과 불합리는 새로운 사상과 통합으로 이르는 경로이며, 이러한 사상들 역시 비판과 변화의 대상이 된다.

다른 이론가 중 Labouvie-Vief(1982a, 1982b)는 청년기와 중년기 성인들 중 일부는 형식적 조작과 변증법적 사고 이상으로 진보한다고 주장하면서 이 단계를 자율적 사고(autonomious thought)라고 하였다. 형식적 조작 단계의 사고를 하는 사람들은 한정되고 폐쇄된 체제 안의 관계들에 대한 분석을 하는 반면, 변증법적 사고를 하는 성인들은 어떤 진실이 주어진 특정 체제 안에서만 진실일 수 있다는 것을 인식한다. 자율적 사고를 하는 사람들은 경험의 논리적 및 비합리적 측면을 통합하고 생각하는 사람 자신이 진실의 창조에 참여한다고 생각한다. Rybash, Hoyer, 그리고 Roodin

(1986)도 청소년기 이후의 인지발달에 대해 연구하였다. 성인이 되면 점차 상대적 사고를 하게 되는데 경험과 감정, 모순된 생각들을 통합할 수 있는 능력이 존재하기 때문이라고 했다. 사고방식의 변화는 청년기에 끝나지 않는다. Chinen(1984)과 다른 연구자들은 중년기와 노년기에도 사고력이 진화한다고 주장하였다. 이러한 주장들은 노년기에 관한 12장에서 소개될 것이다.

현실 검증력　　현실을 검증하고 파악할 수 있는 능력은 청년기 동안 점차 복잡해지고 증가한다. 청년들은 (1) 성과 공격적 충동 같은 내적 경험에 대해 보다 잘 알게 되고 편안해지면서 내외부의 자극을 덜 왜곡하고, (2) 삶의 경험이 쌓이면서 일상의 사건들에 대해 자동적으로, 스트레스를 적게 받으면서 대처할 수 있게 된다. 이러한 변화를 Anna Freud(1981)는 "인과관계의 중요성에 대한 충분한 인식의 발달"(p. 131)이라고 하였다. (3) 생각하고 추론하는 능력이 질적으로 향상되면서 자아의 통합 기능은 강화된다. (4) 단계-특정적 과제들, 특히 시간의 제한성 및 자신의 죽음에 대한 인식이 커진다.

　　대부분의 경우 이러한 자아 기능의 지속적 변화는 청년기와 중년기의 삶의 경험과 결부되고, 결과적으로 내적 성찰의 능력을 강화시키고 지혜롭게 만든다. 지혜란 삶의 후반기의 관점에서 인생 경험을 이해하고 해석하는 특별한 능력이다.

초자아와 자아 이상

　　초자아와 자아 이상이란 생각과 행동에 대해 판단하고(초자아),

현재와 미래의 자신에 대한 이상적 기대(자아 이상)를 갖게 하는 마음속 구조를 말한다. 청년기에 이르러 이러한 정신구조들은 변화를 거치게 되는데, 이는 보다 독립적 기능, 새로운 관계, 성인으로서의 성생활, 그리고 직업 정체성을 형성해야 하는 신체, 마음, 외부 환경의 요구에 적응해야 하기 때문이다.

청년기 초기에는 아동기에 설정했던 규제를 느슨하게 하고 생각과 경험을 보다 자유롭게 할 수 있어야 한다. 한 예로, Katz(1968)는 대학생들이 "자신의 충동에 대해 이전에 비해 덜 구속하고 통제하며 다른 사람들의 행동에 대해서는 보다 잘 견디고 허용적인 태도를 갖게 된다."(p. 5)고 하였다. 반대로 그리고 역설적으로 초자아/자아 이상은 현실적으로 선택사항이 줄어드는 것을 받아들이고, 아동기와 청소년기에 세웠던 목표들 중 많은 것을 지나친 죄책감이나 애도반응 없이 포기하며, 자신에게 가능했던 선택과 업적에 만족할 수 있어야 한다.

이러한 두 개의 역설적 경향 간의 긴장감은 Ritvo(1976)가 보다 "현실적인 자아 이상"(p. 128)이라고 부른, 유아적 환상에서 벗어난 청년기와 중년기의 경험에 바탕을 둔 정상적 갈등 상태로 이어진다.

청년기가 되어 신체적 노화를 느끼고 인간관계의 복잡함을 겪으면서 불확실한 미래에 보다 집착하게 된다. 이에 대해 Neugarten (1979)은 다음과 같이 언급하였다.

청년기의 과제는 인생의 대본을 따르면서도 그 줄거리가 계속 변화할 것이며 예측이 어렵고, 자신은 그에 대해서 부분적으로만 통제할 수 있다는 사실을 받아들이는 것이라고 말할 수 있다(p. 890).

청년기 초기와 청년기 말기에 갖는 미래에 대한 느낌은 매우 다르다. 20대 초반에는 미래가 아직 많이 남았고 열려 있다고 느낀다. Neugarten이 지적한 것처럼, 미래는 불확실성과 예측 불가능한 것으로 가득 차 있지만, 초자아/자아 이상의 요구인 청년기 발달 과제를 달성할 수 있을 만한 시간은 아직 충분히 남아 있다. 따라서 정상적 상황에서, 직업생활, 부모로부터의 분리, 새로운 대상과의 유대관계 등에서 만족스러운 결과가 나타나고 자아와 초자아/자아 이상 간에는 갈등이 거의 없다. 하지만 30대 후반에 이르면 여태까지 살아온 시간보다 남은 시간을 더 생각하게 되고, 따라서 미래에 대해서 매우 다른 태도가 나타난다. 과거는 미래에 비해서 길고 여러 층으로 나뉜 시기로 느껴진다. 그리고 자신이 성인으로서 삶의 많은 중요한 과제를 성공적으로 수행했는지, 아니면 실패했는지에 대해서 생각하게 된다. 미래는 점차 직업생활에서 기회가 제한되고(Bardwick, 1986), 가정에 대해서는 과중한 책임을 져야 하고 늙고 병드는 과정으로 여기게 된다.

요약하자면, 청년기의 초자아/자아 이상이 다루어야 할 과제는 아동기와 청소년기에 내재화된 기대감을 어떻게 변형시킬 것인가, 본능 충족과 통제의 필요성이라는 두 가지 목적을 통합할 수 있는가, 그리고 앞으로의 발달단계에 대해 어떤 기대를 할 것인가 하는 것이다. 이렇듯 심오하고 진행형인 정신내적 재조직화 결과, 부모로부터 독립된 자긍심을 조절하고 "자신을 만족시키고 외부현실에도 맞는 행동 규범의 개발"을 촉진시킬 수 있는 정신구조물이 출현한다(Arnstein, 1980, p. 137).

청년기의 여성성 발달

여성 발달에 대한 정신역동적 이론은 1976년 *Journal of the American Psychoanalytic Association*이 부록 전체를 여성 심리라는 주제에 대해 다루면서 획기적 변화를 갖게 되었다. 청년기에 대한 이해의 토대로서, 여기에서는 앞서 언급되었던 몇 가지 요점을 재고해 보려고 한다. 여성 발달은 출생 이후 개별적이며 독자적인 발달 궤도를 갖는 것으로 알려졌다. Freud는 여성과 남성의 정신발달이 오이디푸스기까지는 동일하다고 한 바 있다. 또한 음경 선망은 더 이상 오이디푸스기 여성 발달의 핵심적 소망으로 간주되지 않는다. 정상적인 소녀는 후기 청소년기에 확고한 여성으로서의 성 정체성을 갖게 되고, 여성과 남성 성기의 상호 보완적 성질에 대해서도 알게 된다. 이 부록에서는 성인기 여성 발달에 대해서도 다루고 있다. Ritvo(1976)는 청년기 여성들에 대해 다음과 같이 서술하였다.

서로 만족하는 관계 안에서의 성생활을 통해 여성은 자신의 성기가 어떻게 반응하는지에 대해 잘 알게 되고 익숙해진다. 지속적으로 안정된 관계를 시작하고 이를 통해 만족감을 얻을 수 있게 되며, 일상의 평균적 스트레스는 잘 견딜 수 있게 된다. 또한 현실적 자아 이상, 즉 사회 내에서 능력에 맞게 선택하고 성취한 위치뿐 아니라 어머니로서의 자아상 역시 갖게 된다. 위에서 말한 내용들을 다 성취한다는 것은 분명히 너무 이상적이지만 이 시기에 일어날 발달에 대한 지침으로서의 의미가 있다(p. 128).

이 짧은 인용문 안에는 모든 청년기 여성이 심리적으로 경험해야 할 주요 발달 과제들이 포함되어 있다. 많은 젊은 여성이 직업을 갖고 어머니가 되는 것에 대한 심리적 압박을 받는다. 사회적으로 여러 가지 역할을 요구하는 현시대에서 여성이 갖는 자유는 성장과 발달을 위한 기회와 함께 상당한 혼란 역시 야기시킬 수 있다 (Ticho, 1976). 임상가는 20대와 30대에 결혼도 하지 않고 아이를 갖지 않고 자신의 직업에만 열중하다가 자기 환멸에 빠지는 젊은 성인 여성이 늘고 있음을 알고 있다. 물론 남성도 마찬가지다. 여성은 직업 세계에서는 매우 높은 성취를 이루었으나, 심리적으로는 외롭고 우울하거나 고독하다. 직업에만 너무 열중함으로써 보다 중요한 청년기 발달 과제인 결혼과 부모가 되는 기회를 놓쳐 버린 것이다. 여성이 30대와 40대 초반에 생물학적으로 생식 기능을 소실하는 것은 청년기에 양성 간의 가장 두드러지는 발달적 차이며, 이는 거의 모든 다른 발달 궤도에 영향을 미친다.

임상사례　자녀가 없는 38세의 이혼한 여성 변호사가 동거 중인 남자친구와의 관계를 개선하고자 커플 치료자를 찾아왔다. 그녀는 결혼하고 아이를 갖기를 원했으나, 남자친구는 이 관계에 헌신할 것인지에 대한 확신이 없었다. 그녀는 수년에 걸쳐 점차 불안과 우울 증상이 심해졌는데, 이는 시간이 지날수록 자기가 아이를 갖게 될 확률이 줄어든다는 것을 알기 때문이었다.

역동적 아동 발달이론에서는 한 발달단계에서 그 단계에 주어진 과제를 받아들이고 수행하지 않으면 정신병리가 생겨난다고 생각한다. 이는 성인기에서도 마찬가지다. 임상가는 정상적 청년기 발달단계에서 작용하는 생물학적, 심리적 요인을 인식해야만 이 시기의 환자들을 이해하고 정신병리의 발생을 예방할 수 있다.

다음에 제시될 순서는 청년기 여성이 세 개의 주요 발달 과제인 직업, 결혼, 부모 되기를 동시에 이루기 위한 일종의 발달 지침이다.

1. 후기 청소년기와 20대에 교육과 직업 선택에 매진하고, 필요하다면 30대까지 이를 지속한다(레지던트 수련이나 다른 대학원 교육).
2. 이 과정 동안 대부분의 청년이 심리적으로 준비가 되어 있고 짝을 찾는 기간인 20대에 결혼한다.
3. 생물학적으로 준비가 되어 있고 생식 능력이 있는 30대 중반 이전에 출산한다. 아이가 3세 이전일 때에는 아이의 건강한 발달을 촉진하고 어머니가 되는 경험을 즐기기 위해서 시간제로 일하거나 수련을 받는다.
4. 아이가 학교에 다니기 시작하면 전일제 직업으로 돌아온다.

이러한 계획은 일종의 지침이며 각 개인의 상황에 맞게 달라질 수 있다. 하지만 이러한 발달과정 중 어떤 부분도 무시하거나 피하면 부정적 결과가 초래될 것이다.

임상 증례

지금까지 소개한 이론이 임상적으로 어떻게 유용한가 설명하기 위해서, 또한 청년기 남성 발달의 한 측면, 특히 아들과 아버지의 관계를 설명하기 위해서 두 남성의 치료과정에 대해서 소개하고자 한다. 첫 환자인 짐은 25세의 남성으로 청소년에서 성인기로의 이행과정을 거치고 있었다. 두 번째 환자인 존은 35세의 남성으로 중년기에 도달하여 청년기에 행했던 일들의 결과를 해결하려고 애쓰고 있었다.

짐

짐이 아이였을 때의 평가과정에 대해서는 아동기의 진단과정을 소개한 2장에 나와 있다. 거기서 언급한 바와 같이, 짐의 아동기 치료과정은 *Psychoanalytic Case Studies*에 자세히 소개되어 있다 (Sholevar & Glenn, 1991). 13년 후, 짐은 치료를 다시 시작하였고 면담과정 중에 아동기 이후의 발달과정을 추적할 수 있게 되었다.

짐은 12세 생일을 맞기 닷새 전에 분석을 종결하였다. 그 후 짐이 잘 지내는지 궁금했지만 13년이 지나 25세가 되어 나를 다시 찾아오기 전까지는 한 번도 직접 연락을 해 온 적이 없었다. 짐이 고등학생이었을 무렵에 짐의 어머니가 자신의 친구를 치료해 줄 치료자를 소개받으려고 전화한 적은 있었다. 나는 그때 짐의 안부를 물었고, 그 반응은 "좋아요." 였다.

이제 25세가 된 짐은 직업 선택의 어려움 때문에 나를 다시 만나고 싶어 했다. 대기실에서 그를 다시 만난 순간, 나는 다소 충격을 받았다. 왜냐하면 무의식적으로 이전에 친숙했던 소년을 기대했기 때문이다. 짐은 이제 180cm가 넘는 키에 날씬한 체격을 가진 잘생긴 청년이 되어 있었다. 소년이었던 그와 지금의 그 사이의 비슷한 점은 활짝 웃는 미소뿐이었다.

짐은 자신이 어떤 직업을 가질지에 대해 고민하고 있다고 털어놓았다. 그는 골프를 좋아하고 프로 골프선수가 되고 싶지만 과연 그 직업으로 재정적으로 안정된 삶을 살 수 있을지 고민하였다. 그는 2년 전 대학을 졸업하였고, 지금은 부모의 집에서 살면서 그의 생활방식에 대해 불만스러워하는 부모의 핀잔을 들으며 비정규직 일을 하고 있었다. 자신의 청소년기와 성인기 발달과정에 대해 이야기하면서 곧 두 번째 중요한 문제가 드러났다. 일 년 반에 걸친 두 번째 치료과정을 다음과 같이 요약하였다.

짐은 중학교 재학 중에는 모든 것이 좋았다고 하였다. 사춘기를 13~14세 사이에 겪었고, 학교에서 많은 친구들을 사귀었고, 운동에도 뛰어났다. 고등학교와 대학교 기간 동안 어렵지 않게 B+에서 A-까지의 학점을 받았다. 아버지와의 어려웠던 관계도 청소년기에 학업과 운동에서 많은 것을 성취하고 대학 진학을 결정하면서 매우 호전되었다. 그러나 부자관계는 한 번도 가까워진 적은 없었고 짐이 다시 방향을 잃게 되자 악화되었다.

청소년기 동안, 짐은 집이나 학교에서 훈육 문제로 말썽이 된 적이 없었고 경찰에 불려 간 적도 없었다. 10학년 말에 처음으로 성교를 하였고, 고교와 대학 시절 여자들과 정기적인 데이트를 하였지만 오래 교제한 여자는 한 명뿐이었다. 간혹 성적 욕구를 충족하기 위한 가벼운 만남을 거치기도 하였다.

첫 면담의 중반쯤에 짐은 자신이 고등학교 때는 간헐적으로, 그리고 대학에서는 꽤 자주 대마초를 피웠다고 고백하였다. "아직도 끊지 못하고 있어요. 일주일에 서너 번 대마초를 피우면서 일상의 지겨움을 잊고 낙을 찾아요." 짐은 자신이 나라면 대마초를 끊고 일주일에 여러 차례 마시는 술을 당장 끊으라고 할 것 같다고 말했다.

몇 번의 면담을 더 가진 후, 나는 짐에게 약물 사용의 심각성에 대한 내 의견과 그것을 도울 수 있는 방법들을 제안하였다. 짐은 일단 스스로 끊어 보겠다고 하면서 한 달에 2~3회가량 치료시간을 갖겠다고 하였다. 나는 그가 갖고 있는 문제의 심각성을 고려할 때 더 자주 방문하는 것이 좋겠다고 제안하였으나 그의 의지는 단호하였다. 그의 결심에 대해 의구심을 버릴 수 없었으나 과거 분석을 받을 때와 마찬가지로 그의 고집은 대단했다. 그래서 일단 그가 원하는 빈도로 치료를 시작해 보자고 동의하였다.

놀랍게도 짐은 술과 대마초를 끊는 것을 포함하여 인생의 극적인 변화를 스스로 만들어 냈다. 한번에 완전히 끊은 것이다.

그는 한 달 이내에 대형 할인점에서 일자리를 구했다. 지겹고 일상적인 작업을 하면서 그는 스스로 달라지지 않는다면 미래가 어떻게 될지를 깨닫게 되었고 진지하게 고민하기 시작했다. 나와 만나 자기 앞에 놓인 다양한 가능성을 함께 이야기하면서, 짐은 고등학교 교사가 되고 싶은 소망을 피력했다. 자신의 열정이 얼마나 강한지 시험하기 위해서 짐은 6개월간 무급으로 보조교사로 일하였다. 그다음에는 일을 계속하면서 교사 자격증을 따기 위한 교육 프로그램에 들어갔다. 자신은 물론 부모 역시 존경하는 직업인 교사가 되겠다는 소망이 현실로 다가오면서 그의 자신감은 눈에 띌 만큼 높아졌다.

나는 이 무렵 짐의 청년기 발달을 어렵게 만들 수 있는 두 개의 중요한 역동적 갈등을 볼 수 있었는데, 그중 어느 하나도 약물 중독이나 직업 선택만큼 쉽게 해결될 것이 아니었다. 그 하나는 아버지와의 관계에서 채 해소되지 않은 오이디푸스기 갈등이었다. 이는 삼차 개별화, 그리고 친밀감을 느끼는 관계의 형성, 결혼, 부모되기에 대한 두려움과 관련이 있었다. 그의 핵심 주제는 아동기 분석 때와 동일하게 아직까지도 거리감을 느끼고 자신을 인정해 주지 않는, 그리고 보다 중요하게는 초자아와 자아 이상에 강하게 내재화되어 있는 오이디푸스기 아버지에 대한 분노였다.

아동기에 시행한 분석 결과, 청소년기 발달이 문제없이 일어날 정도로 초자아가 수정되었다. 짐은 학업적으로, 사회적으로, 운동선수로서 자신감을 갖고 자신의 그리고 아버지의 기대를 만족시킬 만큼의 업적을 이루어 냈다.

짐의 심리적 상태는 고교와 대학 시절까지 유지되었다. 학창 시절에는 머리가 좋아서 쉽게 초자아와 부모의 기대를 만족시킬 수 있을 만한 학점을 따고 졸업할 수 있었다. 하지만 안전한 학창생활이 끝남과 동시에 정신내적 상태는 붕괴되었다. 청년이 되었을 때 그의 앞에 놓인 첫 번째 발달 과업, 즉 대학원을 갈지, 혹은 직업 세계로 들어갈지를 결정하는 것에 착수할 수가 없었고, 불안하고 우울해져서 약물과 술에 의존하여 기분을 조절하고자 했다.

짐은 청소년기 동안 스스로 분석적으로 생각하는 것을 지속하지는 않았다. 이차 개별화를 위해서 그는 부모에게서와 마찬가지로 나와도 발달과정상 분리되어야 할 필요가 있었다. 짐은 이렇게 표현하기도 했다. "계속 치료자에게 의존한다면 그거야말로 비정상이죠." 이러한 태도는 다른 청소년 환자들의 경험에서도 동일하다. 짐은 20대 초반 심리적 증상이 생겼을 때야 비로소 우리가 함께 했던 작업들을 의식에서 떠올릴 수 있었다.

나는 이러한 점들이 아동기에 이루어진 치료가 이후 발달과정에서 새로 생기는 갈등을 해소하는 데 미치는 영향력과 제한점을 보여 준다고 생각한다. 분석을 시작했을 때, 짐은 불행하고 고립되어 있는 잠복기 소년이었다. 우리가 함께 노력한 결과, 그는 청소년기의 어려운 발달 과제들을 비교적 쉽게 극복할 수 있었다.

하지만 우리의 작업은 짐이 청년기에 성공적으로 돌입할 수 있을 정도로 아버지와의 오이디푸스 갈등을 충분히 해소해 주지는 못했다. 치료 목표는 발달의 주류로 돌아가는 것을 도와주는 것이지 인생의 굴곡과 새로운 발달상 요구에 대해 갈등 없이 지날 수 있도록 보장해 주는 것은 아님에도 불구하고, 나는 우리 둘의 과거 작업에 지나친 기대를 했던 것 같다.

존

이번에는 35세에 치료를 시작한 존에 대해 이야기해 보겠다. 처음 그를 만났을 때, 존은 깔끔하게 차려 입었고 흰머리가 몇 가닥 눈에 띄었다. 그는 자발적으로 치료를 원했다. 그 이유는 행복한 결혼생활과 변호사로서의 직업적 성공에도 불구하고 공황 상태에 이를 정도로 불안해지기 시작했고 도망가야겠다는 생각들이 계속해서 스쳐 갔기 때문이다. 그는 무엇이 문제인지에 대해서는 알지 못했지만 적어도 이제 '누군가와 이야기를 해야 할 시간' 이라는 것을 느꼈다.

존은 5년 전 두 명의 아들을 둔 여인과 재혼하였고 아들들은 이제 12세, 14세가 되었다. 자신의 첫 결혼에서 얻은 15세 된 아들은 인근 도시에서 전처와 함께 살고 있었다. 존의 어머니는 이미 사망했으나 아버지는 건강하게 생존해 있었다.

처음에는 자신의 증상이 일과 관련되어 있다고 생각했다. 변호사가 넘쳐나는 도시에서 혼자 개업해서 성공적으로 사무실을 꾸려나가고 있었지만 그렇게 하기 위해서 일주일에 80시간 이상 일해야만 했다. 그의 삶은 온통 변호사로의 일로 묻혀 있는 것 같았다. 그의 아내는 남편이 일에만 너무 매달리고, 14세 된 아들이 집과 학교에서 행동 문제가 생길 때까지 그가 가정이나 아이들에게 헌신적이지 않았다고 생각했다. 존은 의붓아들을 위해서 최선을 다했으며 점점 더 많은 시간을 의붓아들과 보내는 반면, 친아들과는 그만큼 시간을 보내지 못하는 것에 대해서 점차 죄책감을 느끼게 되었다.

친아들에 대해서 이야기를 한 후 그의 막연한 불안감은 눈에 띄게 커졌고, 곧 아직 말하지 않았던 중요한 갈등 상황에 대해 털어놓게 되었다. 존이 대학생이었을 때 여자친구가 임신을 하게 되었다. 둘 다 서로가 첫 성 경험의 대상이었고 임신 사실을 알기 전까지 겨우 3~4회 정도 성관계를 했던 상태였다. 그의 부모는 이 여자친구를 좋아하지 않았고, 존이 결혼하기 전에 학업을 마치기를 원했던 터라 그녀의 임신 사실에 크게 낙담하였다.

존의 아버지가 더 이상 존의 학비를 대주지 않겠다고 선언했을 때, 존은 그저 "정말이세요?"라고 한마디 하고는 집을 나왔다. 아버지와 아들은 더 이상 이 문제에 대해 이야기를 꺼내지 않았다. 존은 곧 여자친구와 결혼하였고, 부모로부터의 재정 지원은 끊겼다. 이에 대한 대응으로 그는 부모와의 감정적 연결을 끊었다. 지난 20년간 부모와의 연락은 총 4~5회 정도 어머니가 전화를 걸었던 것과 5년 전 어머니의 장례식 때 가족으로서의 의무를 하기 위해 방문했던 것이 전부였다.

임신으로 인해 가족의 축복과 재정 지원 없이 시작되었던 짐의 결혼생활은 처음부터 힘들었다. 존은 겨우 학업을 계속할 수 있었지만 아내는 아기를 돌보기 위해서 학업을 중단하였다. 그는 곧 이 결혼이 실수라는 것을 알게 되었다. 그는 어린 아들을 매우 사랑했지만 '피상적이고 지루하고 뚱뚱한' 아내에게서 점차 거리를 두게 되었다. 그리고 졸업하고 결혼상담을 잠시 받은 후에 모든 것을 뒤로한 채 자유와 해방감을 얻기 위해 캘리포니아로 떠났다.

이곳에서 존은 잠시 직업을 가졌으나 곧 법과대학에 진학하였다. 아내도 그를 따라왔고 화해를 원했으나 잘 되지 않았다. 그녀는 결국 돈은 잘 벌지 못하지만 좋은 계부가 되어 줄 수 있는 남자와 재혼하였다. 존은 자신의 두 의붓아들에게 제공해 주는 편안한 생활과 자신의 친아들이 지내고 있는 다소 남루한 환경을 비교하면서 고통스러운 감정을 느꼈다.

현재 아내를 처음으로 만났을 때, 존은 오랜만에 기분이 들뜨고 행복감을 느꼈다. 그녀는 활발하고 성적으로 개방적이었으며 '그를 그녀의 삶의 중심이 되게' 하였다. 그들은 만난 지 6개월 만에 결혼하였다. 조용하고 주제넘지 않은 잠복기 소년이었던 의붓아들들에 대해 존은 "저에게 좋은 인상을 주었어요. 사실 나는 그들에 대해서 그리 많이 생각하지 않았어요."

발달력　존은 어린 시절에 대해서 잘 기억하지 못했지만 이야기가 계속되면서 다소 수줍어하는, 하지만 특별한 심리적 문제나 발달적 지연이나 이상이 없었던 아이의 모습이 떠올랐다. 그의 어머니는 전업 주부였고 아들을 키우는 것을 즐거워했던 것 같다.

존은 잠복기 동안의 일들에 대해서 잘 기억하고 있었는데, 특별히 행복한 시기는 아니었다고 했다. 학업적으로는 뛰어난 학생이었지만 키가 작았고 자주 놀림을 당했다. 친구가 많았지만 '동떨어져 있다는' 느낌을 많이 받았다. 아버지는 아들이 운동을 잘하기를 바랐으나 그리 소질이 없는 것을 알고는 실망한 듯하였다.

존의 사춘기는 다소 늦게 10학년 때 왔다. "발기, 몽정, 그리고 소녀들에 대해서 생각했던 것들이 기억나요." 자위행위에 대해서는 언급하지 않은 것을 지적하자, 그는 얼굴을 붉히면서 "사실 자위행위가 너무 좋아서 내가 뭔가 잘못된 것이 아닌가라는 생각을 했어요."라고 말했다.

대학교 때는 사회적 관계가 확장되었고 아버지로부터 해방되는 느낌을 받았으며 이때부터 이성 교제와 성생활을 시작하였다. 불행하게도 이렇게 들뜬 자유감은 오래 가지 못했고 금새 이른 직업생활, 결혼, 그리고 부모가 되는 경험으로 대치되었다.

나는 존에 대해서 불안 신경증이라는 진단을 내렸고 정신치료를 받도록 권하였다. 자신의 스케줄과 재정 상태에 대해 논의한 후에 존은 일주일에 2회 치료시간을 갖는 것에 동의하였다. 이 장의 주제를 고려해서 나는 존의 치료과정 중 청년기 발달과 연관된 부분들을 중점적으로 소개하겠다.

치료 초반부터 존의 억압된 성생활에 대한 주제가 중요하게 다루어졌다. 자신의 자위 환상에 대해서 이야기하게 되면서 그의 마음속에 강하게 억압되어 있었던 남근기의 노출증적 상상이 드러났다. 예를 들면, 그는 자신이 아랍의 부족장이고 화려하게 장식된 궁전에서 비단 쿠션에 몸을 기댄 채, 자신의 앞에서 퍼레이드를 벌이는 하렘의 소녀들 중 그날 밤 성교를 할 대상을 고르고 있는 것을 상상하였다. 그가 앞으로 있을 성교에 대해 상상하고 있는 동안 그의 성기는 자꾸 커져서 천장을 뚫고 하늘로 올라갔다. 치료를 통해 성적 억압이 점차 줄어들면서 그는 다시 자위행위를 하게 되었고 아내와의 성생활도 눈에 띄게 좋아졌다.

전이의 분석, 특히 그의 남근기적 공격성에 대해 내가 어떻게 반응할 것인지 존이 걱정하고 있다는 것을 해석하자, 아버지에 대한 연상이 좀 더 의식 위로 떠오르게 되었다. 점차 그는 아버지/치료자에 대한 자신의 분노, 즉 의도치 않았던 여자친구의 임신에 대해 냉정하게 반응했던 아버지에 대한 엄청난 분노 폭발을 내가 받아들일 수 있을지에 대해서 확인하고 싶어 했다. 분석 작업에 의해, 또한 중년기에 접어들게 되면서 아버지에 대한 분노에 찬 감정들은 점차 부드러워지고 아버지와 화해하기를 바라는 마음을 갖게 되었다. 그가 40세가 되고 아버지가 70세가 되자, 더 이상 미루지 않는 것이 좋겠다고 생각했고 곧 아버지에게 전화를 했다. 아버지의 태도는 처음에는 다소 서먹해하였으나 결국 아들을 만나러 이 도시를 방문하였다. 존은 자신이 아버지의 방문기간 동안 즐겁고 편안하게 느낀다는 것에 놀랐고, 동시에 아버지가 손자와 금새 우호적 관계를 맺는 것을 보고는 질투를 느꼈다. 왜냐하면 그들은 서로 전혀 모르다가 이번에 처음 만났기 때문이다. 존과 아버지는 계속해서 관계를 발전시켜 나갔다. 처음에는 역전된 관계, 즉 존이 나이 든 아버지를 돌보는 형태로 시작되었고, 그는 아버지가 자신을 필요로 한다는 것에 대해 우월감을 느꼈다.

아들과 아버지의 화해가 이루어지고 몇 개월 후, 존은 점차 자신과 아들의 관계에 대해 더 많이 생각하게 되었다. 아버지가 그를 버렸듯 자신도 아들을 버렸다는 나의 해석을 고통스럽게 받아들인 후, 그는 아들과 만나는 시간을 늘리기를 희망하였고 결국 아들에게 '성인이 되기 전 몇 해 동안만이라도' 같이 살자고 초대하였다. 이를 위해 존은 두 아내와 수개월간 적극적 협상과 대화를 하였다.

친아들에 대한 아버지 역할을 온전히 함에 따라서 죄책감이 줄어들고 자존감이 증가하는 것을 관찰하는 것은 환자와 치료자 모두에게 큰 보상이었다. 존은 아들과 밀접한 관계를 가지면서 아들이 사회적 관계에서 어려움을 겪고 있다는 것을 알게 되었다. 이렇게 새롭게 발견한 자신과 아들의 비슷한 점에 대해서 다소 달콤 씁쓸한 표정으로 말하였다. "아들은 나를 닮았어요. 내가 했던 방식으로 말하고 내가 겪었던 문제들을 갖는 것 같아요. 다행인 것은 내 아들은 40세가 아닌 15세에 도움을 받게 되었다는 거죠."

존은 지금의 아내가 자신의 친아들에게 친절하게 대해 주는 것을 보고 놀랐고 곧 죄책감을 느꼈다. 자신은 아내의 아들들을 받아들이기는 했으나 진정으로 아버지 역할을 하지 못했기 때문이었다. 점차 그는 자신이 세 명의 10대 소년들을 키우고 지원해 주어야 한다는 사실을 받아들이게 되었다.

성적으로 충만한 아내와의 밀접한 관계, 세 아들과의 관계, 아버지와의 관계가 발달되면서 존은 이전에는 경험하지 못했던 통합감과 유능감을 느꼈다. "제 인생에서 처음으로 저는 제가 해야 할 일들을 하고 있어요. 저는 좋은 남편이고 아버지이고 아들이에요. 어머니께서 살아 계셔서 이 모습을 보셨으면 좋겠어요. 저를 무척 자랑스러워하실 거예요."

그러나 존이 이러한 관계에서 강렬한 즐거움과 기쁨을 느끼면서 사랑하는 사람들에 대한 보다 큰 책임감을 갖게 되었다. 점차적으로 그는 중년기에 접어든 남편, 아버지, 아들로서 아버지가 더 늙고 결국 죽을 때까지 돌봐야 하고, 아들들을 대학까지 보내야 하며, 감정적으로나 성적으로 아내와 오랫동안 친밀감을 유지해야 한다는 것에 대해서 '부담감'을 느끼기 시작하였다. "만만치 않네요. 하지만 좋아요. 인생은 마흔부터 시작이잖아요."

발달적 측면에서 본 증례 고찰

앞서 살펴본 두 증례를 통해 성인 발달을 이해하는 것이 임상적으로 얼마나 중요한지를 청년기 발달 과제와 관련하여 설명하겠다.

삼차 개별화　　앞서 언급한 바와 같이, 이차 개별화에서 삼차 개별화로의 이행은 부모로부터 심리적으로 좀 더 분리되면서 가능해지는, 그리고 청년기의 발달 과제들을 수행함으로써 촉진되는 과정이다. 이러한 정상과정들이 짐과 존의 경우 정지되어 있었다. 두 사람 모두 20대가 되었는데도 감정적으로 자립할 수 없었다. 짐의 리비도와 성적 욕구는 아직도 일차적으로 부모를 향하고 있었다. 부모가 인정해 주지 않을 때 짐이 강한 분노를 느끼는 것은 그만큼 부모로부터의 승인이 그의 동기부여에 큰 영향을 주고 있다는 증거였다.

한편, 존이 대학생활 중 감정적 만족과 학업적 성취, 그리고 성인으로서의 성생활을 할 수 있었다는 것은 그가 짐과 달리 비교적 쉽게 부모와의 분리-개별화가 이루어졌음을 보여 준다. 하지만 이 같은 발달은 예상치 않았던 임신과 부모의 냉정한 반응으로 인해 정지되었다. 결혼을 하고, 아버지가 되고, 성공적 직업생활을 하고, 다른 지역으로 이사를 하는 등의 외적 변화는 그가 삼차 개별화를 완수한 것처럼 보이게 했다. 하지만 실제로 그는 성과 공격성을 둘러싼 신경증적 갈등을 억압하고 있었고 아내, 아들, 부모로부터 감정적으로 멀어져 있었다. 그러나 어머니의 죽음, 아버지의 노화, 그리고 아들이 청소년이 되는 상황들을 만나면서 청년기에 존재했던 완고한 감정적 균형이 무너지고 불안 신경증이 발생하였다. 그의 무의식은 아직 시간이 있을 때 이러한 관계의 개선을 위해 뭔가를 하라는 지시를 내리고 있었다.

친밀감을 느끼는 관계를 형성하는 능력의 발달　앞의 두 환자 모두 이 능력은 결여되어 있었다. 짐의 경우 아버지와의 동일시가 워낙 갈등적이었기 때문에 애인이 되고 남편이 된다는 생각을 강하게 거부하고 있었다. 또한 무의식적 수준에서는 어머니를 소유하겠다는 오이디푸스기 소망을 충분히 포기하지 못했기에 다른 사람과 친밀한 관계를 맺을 수 없었다. 그러나 치료가 진행되면서 짐은 자신이 무언가를 회피하고 있다는 것을 알게 되었고, 이러한 억압에 대한 탐색을 시작하였다. 결국 한 여성을 만나 결혼을 심각하게 고려하였지만 둘 다 직업적 성공에 너무 집착하고 있었기 때문에 결실을 맺을 수 없었다. 짐은 이제 자신이 친밀감과 자신의 자녀를 원하고 있다는 것을 인정하고 있다.

존의 첫 결혼은 필요에 의해 오기와 앙심을 품고 이루어진 것이었다. 그들의 관계는 임신과 출산, 빈곤으로 인해 악화되었고, 결국 존은 첫 아내를 떠났다. 존이 다시 여자를 사귀게 되기까지는 10년이라는 세월이 필요했다. 이 새로운 관계에서 그는 애정과 성욕을 동시에 만족시킬 수 있었고 부모로부터 심리적으로 벗어날 수 있었다. 하지만 점차 그는 아내가 갖고 있는 억압되지 않은 성욕과 감정적 친근감을 자신이 만족시키지 못할 것을 인식하면서 치료를 받기로 했다. 치료를 통해 그는 성적 억압에서 풀려날 수 있었고 생애 처음으로 여자와의 친밀한 관계를 유지할 수 있었다. 그에 따르면, "인생은 마흔부터다."

아버지가 되는 것　　한 여성을 임신시킨다는 경험은 젊은 남성이 자신의 성기와 고환이 생식을 위한 일차적 기능을 할 수 있다는 것을 확인시켜 줌으로써 그의 성 정체성에 새로운 차원을 더하게 한다. 남성이라면 대부분 10대와 20대 초기에는 이러한 경험을 피하고자 한다. 남성이 아버지가 되기 위해서 능동적이고 목적지향적으로 노력할 때 강력한 심리적 변화가 일어난다. 갓 결혼한 한 남성은 이 같은 경험을 다음과 같이 털어놓았다. "저는 항상 섹스를 즐겨 왔지만 이제 아내와 함께 아기를 가지려고 노력하고 있어요. 이건 완전히 다른 경험이군요. 꼭 임신이 되었으면 좋겠어요. 만일 그렇지 못한다면 끔찍할 거예요."

짐은 아버지가 되기를 미룸으로써 자신의 아버지를 가장 냉혹하게 비난한 셈이다. 내가 짐의 어린 시절을 분석하면서 그의 아버지와 만나 본 바로는 비록 그가 자신과 아들에게 매우 높은 기준을 가지고 있고 다소 거리감을 느끼게 하는 사람이라는 것은 인정하지만, 아버지에 대한 짐의 주관적 평가에는 상당한 정도의 왜곡이 있다. 짐은 아버지가 되는 것이 부담스럽고 고통과 갈등만을 안겨 줄뿐 청년기의 발달적 잠재력을 일깨워 줄 경험이라는 점을 인정하지 않았다. 청년으로서 짐이 갖는 열등감을 분석하면서, 특히 부모의 집에서 살고 부모로부터 재정 지원을 받는다는 점에서, 그리고 이제 곧 자신이 재정적으로 독립하고 그 자신과 아버지가 보기에 사회적으로 가치 있는 직업을 가질 것이라는 기대를 하게 되면서, 그는 부모가 된다는 것에 대해서 다른 생각을 할 수 있게 되었다. 점차적으로 짐은 자신의 아버지가 자녀들을 위해 최선을 다했다는 것을 인정하고 자신은 자녀들에게 더 좋은 아버지가 될 것이라고 다짐하였다.

짐과는 달리, 존은 20대 초기에 생물학적 아버지가 되었지만 10년이 넘게 아들의 양육에 심리적으로 개입하지 않았다. 그가 심리적 부모가 되지 못한 이유는 짐과 마찬가지로 아버지와의 동일시에 갈등이 있기 때문이었다. 그는 자신의 여자친구가 임신을 했을 때 아버지가 자신을 심리적으로 버린 것에 대한 감정을 아들에게 똑같이 대함으로써 해소하려고 했다. 그러나 짐과 마찬가지로 그는 아동기에 아버지와의 좋은 유대관계를 통해 남성으로서 발달을 이루었고 그의 초자아와 자아 이상을 내재화할 수 있었다. 그렇기 때문에 그는 내재화된 아버지 또는 내재화된 아들로부터 벗어날 수 없었다. 결국 존은 무의식적 죄책감을 해결하기 위해서 치료를 받게 되었다. 치료과정을 통해 부자관계에 대한 갈등을 이해하게 되었고, 아직 시간이 있을 때 자신에게 가장 중요한 두 남자인 아버지와 아들과의 유대관계를 재정립하게 되었다.

부모와 상호적이며 평등한 관계를 형성하고 그들의 중년기-노년기 인생 발달을 촉진시킴　　짐은 아버지와 상호적이며 평등한 관계를 맺는 데 큰 어려움을 겪었으나, 이제 교사가 되고 재정적으로 독립하고 결혼을 하여 가족을 갖게 되면 그렇게 될 가능성이 매우 높다. 즉, 그가 청년기의 주요 발달 과제들을 수행할 수 있게 되면 아버지에게 손자를 보게 해 주고, 쇠약해지면 보호자의 역할을 함으로써 아버지의 중년기-노년기 발달을 도울 것이다.

존은 40대가 되어 가면서 점차 이 같은 과정에 깊이 개입하였다. 그 보상으로 존은 원숙함과 권위를 갖게 되었고, 수년 만에 처음으로 죄책감 없이 살 수 있게 되었다.

청소년이 잘 발달하여 청년기에 들어서면 성인으로서 독립하고,

사랑받는 남편이 되고, 아버지가 되고, 궁극적으로 아버지의 아버지(보호자)가 된다. 이 두 남성의 치료과정에 대한 보다 자세한 정보는 *Psychological Inquiry*의 'Traversing Young Adulthood, the Male Journey from Twenty to Forty'를 참고하기 바란다 (Colarusso, 1995).

중년기로의 이행

Levinson 등(1978)은 17세부터 45세까지의 청년기는 중년기 이행기(40~45세)라고 불리는 기간에 도달하면 종료된다고 하였다. 청년기에서 중년기로의 이행이라는 개념은 Levinson이 제안한 것과 달리 다양할 수 있겠지만 타당한 것으로 받아들여진다. 중년기에 능동적이고 역동적인 심리발달이 일어난다는 증거는 점점 더 많아지고 있다(Levinson et al., 1978; Vaillant, 1990; Eichorn, Clausen, & Haan, 1981). 중년기로의 이행은 신체 노화, 자녀들이 청소년기와 청년기에 돌입하는 것, 직업적 성취 또는 실패, 부모의 노화, 질병, 죽음 같은 강력한 생물학적, 심리적 요인들에 의해 이루어진다 (Nemiroff & Colarusso, 1985). 이러한 내적, 외적 압력 때문에 청년기의 주요 정신적 주제인 친밀감, 생식, 성취에 대해 추구하던 것이 점차적으로 다음과 같은 것들로 대치된다.

1. 자신을 더 이상 젊은이가 아닌 나이 든 사람으로 생각하는 변화(Neugarten, 1979).
2. 새로운 자기감의 발생. 나이를 먹으면서 남아 있는 시간이 제

한되어 있다는 인식, 아직 시간이 있을 때 자신을 만족시키고 우선순위를 재정립하려는 긴급한 마음에 의해 생겨남.

3. 자신이 죽은 후에 세상에 영향을 주고 기억이 될 만한 의미 있는 유산을 남기고 싶다는 소망.

4. 성적 긴장감이 감소하고 신체적으로 늙어 감에도 불구하고 (Gould, 1978) 성적 친밀감을 유지하는 것. 자신의 결혼의 성공 여부를 엄격하게 평가하고 이 관계를 지속할 것인지 혹은 시간이 없어지기 전에 새로운 관계를 추구할 것인지를 결정하기 위해서 재검토함.

5. 자녀들과 그들의 가족을 중년기와 노년기 발달에 큰 가치가 있는 독립된 개체로 받아들이기.

6. 피후견인에서 멘토로의 역할 변화를 받아들이기.

11

중년기(40~60세)

서 론

Gould(1990)는 "시간, 나이 듦, 죽음의 개념이야말로 인생 주기 발달과정의 본질을 나타내는 것이다. 치료적 관심도 갈등의 기억에만 쏠릴 것이 아니고 시간이 가면서 변화하는 모든 것에 적응하려는 투쟁과 현실 상황을 포함해야 한다."(p. 346)라고 하였다. 이러한 과제들이 40~60세, 즉 중년에 이른 사람들을 이해하고 치료하는 데 있어서 핵심이다. 시간, 나이 듦, 죽음과 같은 불길해 보이는 조짐에도 불구하고 많은 사람들에게 이 중간 단계는 최상의 시기일 것이다. 비록 더 길기는 하지만 중년기는 아동기의 후기 잠복기와도 비슷하고, 성인기 중 황금기다. 신체건강, 정서적 성숙도, 확실해진 자기감, 적절한 수입, 직장에서의 직위, (배우자, 자녀, 부모, 친구, 동료들과의) 만족스러운 관계 등 모든 면에서 비교적 안정된 과정이기 때문이다.

청년기에서 중년기로의 이행

청년기와 중년기 사이에 신체적 또는 심리적 경계는 뚜렷하지 않다. 청년기에 시작된 신체적 퇴행은 속도가 붙고 정신내적 삶에 제법 조직적으로 영향을 끼치기는 하지만, 청소년기 중 생물학적으로 대변동을 일으키는 사춘기와는 달리 그 변화가 느리게 진행된다. 심리적으로도 중년기는 중요한 변화의 시기다. 50대의 마음은 30대의 마음과는 질적으로 차이가 있다. 하지만 신체적 노화과정처럼 그 변화는 서서히 일어나며 붕괴되는 것으로 느껴지지는 않는다. Stevens-Long(1990)은 사회학적 용어로 그 이행을 다음과 같이 기술하였다.

청년기 발달은 밀접한 관계라는 주제에 쏠려 있는 것처럼 보인다. 유한한 체계 내에서의 친밀감, 사랑, 헌신, 관계 분석 등은 개인적 경험에 입각하여 이러한 관계를 통달하는 것과 관련 있는 것 같다. 청년기에서 중년기로의 이행은 더 큰 사회체계로의 관심의 확대를 의미한다. 정신내적 생각의 출현은 개인의 사회적, 정치적, 역사적 체계가 다른 이와 차별화되는 것, 약점과 강점을 판단하는 것, 다른 사람의 체계를 동일시하고 열정을 느끼는 능력을 의미한다(p. 154).

Erikson(1963)은 중년기 특성을 생산성(generativity), Maslow

(1968)는 자기실현(self-actualization), Jung(1933)이나 Edelstein과 Noam(1982)은 지혜(wisdom)라고 표현하였다. 나는 이 모든 개념과 또 다른 이론가들의 생각을 한데 모아 중년기의 발달 과제를 논하고자 한다.

중년기의 발달 과제

신체 노화 현상 받아들이기

10장 '청년기' 에서 기술한 것처럼 신체적 퇴화는 이미 20대와 30대의 심리적 발달에 효과를 미치기 시작하지만, 40대나 50대와는 차이가 있다. 확실하고 전반적인 신체적 퇴행, 각종 큰 병의 발생 증가, 동갑내기들의 죽음 등을 겪으면서 노화에 대한 생각과 느낌은 중년기의 정신생활에 중요한, 때로는 가장 핵심적인 영향 인자가 된다. Goin(1990)은 그 효과를 다음과 같이 기술하였다.

중년의 신체 모습은 다른 중요한 의미가 있다. 군살 없이 건강한 몸을 유지하려는 노력은 정체감이나 개별화를 이루자는 것보다는 건강과 젊음을 유지해서 노화 효과를 지연시키고자 함이다. 나이 듦, 건강 상실, 혼자 몸을 돌보기가 힘들어짐 등에 대한 불안 앞에서 신체 통합을 지키려는 투쟁이다(p. 524).

시력, 머리색, 반응 속도, 피부 탄력 등에서 명백한 차이가 있는 것 외에도 매우 사적인 신체 기능의 중요한 변화가 있다. 생리가 끝난다거나 빈뇨가 생기고, 오줌발에 힘이 떨어지고, 성기능에도 변화가 있다. 이러한 내용은 친밀감, 사랑, 성 관련 발달 경로에서 다룰 것이다.

이렇듯 극적인 변화에 대한 반응은 개인에 따라 천차만별이다. 폐경 관련 증상이 각각인 것과 마찬가지다. Eisdorder와 Raskind (1975)의 연구에 따르면 정서적 불안정, 우울, 과민함, 신체증상 증가 등은 일부 여성에게서 다양하게 나타나는 개개인의 심리적 반응이다. 생리 중단과 피부 열감만이 에스트로겐 생성 저하와 직접적인 연관이 있다.

중년기의 각 개인은 젊은 시절의 신체 상실에 대한 발달 과제를 지니고 있다. 육체적 변화를 정신적으로 경험한다. 끊임없이 의식적 및 무의식적으로, 자기애적으로 상처를 받으며 아동기, 청소년기, 청년기의 몸과 비교한다. 이렇게 고통스러운 과정을 거쳐 노화 과정을 거부하려는 소망과 젊은 몸의 상실을 수용하려는 기본적 갈등 수준에 도달한다(Colarusso & Nemiroff, 1981). 노화를 병적으로 거부하는 시도로는 성형수술 받기, 젊은이와 어울리기, 젊은이와의 부적절한 물리적 경합, 신체적 대체물을 통한 자기애적 만족(예술품, 자동차, 의류 구입 등), 정기검진이나 운동이나 건강식 등을 회피함으로써 신체건강 유지에 실패하기 등이 있다.

노화가 진행되는 것에 대한 실제 해결책은 없겠지만 좀 더 표준이 될 만한 '해결책'을 통해 점차 현실적이고 덜 고통스럽게 신체상 주요 변화에 도달하고 받아들이며, 적절히 가꾸고 돌봄으로써 중년의 신체를 즐길 수 있는 능력도 생긴다.

시간의 한계와 죽음 받아들이기

이 시기의 성인은 다음과 같은 여러 가지 자극에 영향을 받는다. 생물학적 및 환경적 변화, 신체의 노화과정, 부모나 또래의 죽음, 자녀들이 성인으로 자람, 조부모 되기, 은퇴할 날이 다가옴 등이다. 죽음과 맞닥뜨리는 시기로, 남은 시간이 한계가 있으며 자신이 죽을 것임을 고통스럽지만 피할 수 없음을 인식한다.

앞으로 남은 시간에 제약이 있다는 것에 대한 생각과 느낌은 그 빈도나 강도가 점차 늘어나고 막강한 조정 인자로 작용한다. 과거에 살아온 삶에 대한 총체적 재점검, 결혼이나 직업 또는 가정에 대한 현재의 긍정적 및 부정적 측면 재평가, 남은 시간을 어떻게 사용할 것인가에 대한 재평가 등을 진행한다.

시간 제약과 나이 듦에 대한 집착은 Jung(1933)이 말한 중년의 내향성(midlife introversion), Neugarten(1979)의 내면성(interiority) 개념과 유사하다. 인생의 의미에 대한 집착이 늘어남, 개인적 성공과 실패의 평가, 대인관계에 대해 꼼꼼히 따져 보기, 새로운 도전에 대한 흥미 감소 등은 인생 중반에 접어든 것으로 해석할 수 있으며, 노년기 삶의 발달에서 중심 시각이다.

Cohler와 Lieberman(1979), Lieberman과 Tobin(1983)의 40대와 50대 연구 결과에서는 그들이 건강에 대한 관심 증가, 자긍심 저하, 불안, 우울 등을 경험한다고 보고하였다. 이러한 증상 발생은 Levinson 등(1978)이 주장한 정상적 인생 중반 이행기를 대표하는 것이거나, 일부에서는 이전에 없던 정신질환이 시작되는 것이다(Guttman et al., 1982).

Guttman(1977, 1987)은 횡문화적 연구를 통해 내면성 표현에 성별 차이가 있다고 하였다. 남성은 돌봄을 받는 데 관심이 있으며 좀 더 수동적이 되고, 가정이나 직장에서 능동적으로 뭔가를 숙달해 나가는 데 덜 관여한다. 반대로 여성은 가족을 돌보는 일에 덜 관심을 갖게 되고 더욱 자기주장적으로 변하며, 집과 가족 이외의 활동에 직접적으로 관여하는 것이 늘어난다(Back, 1974).

삶의 유한함을 더 많이 알게 될수록 남자와 여자 모두 자아에 대한 관심이 증폭되며, 시간과 에너지가 부족한 것을 견디기 어려워진다. 개인의 응집력 감각 유지를 위해 현재까지 이해하고 있는 개인의 삶의 역정에 대해 재작업하고 목표를 깨닫는 것은 중년기에서 특히 중요하며, 이를 위해 다른 어떤 목표보다 시간과 에너지를 요한다(Cohler & Galatzer-Levy, 1990, p. 226).

어떤 이에게는 정신 작업이 일차적으로 무의식 수준이다. 이런 사람들은 항상 시간의 유한함이나 개인의 죽음이 정신적 삶에서 중요한 역할을 차지한다는 것을 부정한다. 그러나 같은 집단 내에서 남들도 비슷하다는 것을 알게 되면서 정상이든 병적이든 같은 변화를 겪는다.

건강한 사람이라면 자신에게 주어진 삶의 유한함을 받아들이는 것이 여러모로 유익하다. 목표 평가, 우선순위 재조정, 중요한 인간관계와 시간의 진정한 가치에 대한 감사 등을 위한 좋은 자극제가 된다. 중대한 병리가 있거나 삶에 대해 크게 실망한 채 중년에 이른 경우라면 삶의 유한함을 수용하려는 시도만으로도 다양한 증상이나 정신이상자 같은 행동이 유발되거나 상동적이면서도 대단히 실제적인 중년기의 위기로 이어질 수 있다(이 장의 뒤에서 논의할 것임).

시간의 유한함과 죽음을 받아들이는 것은 어떻게 죽음이 찾아올까 하는 노년기의 관심에 대한 사전 준비 같은 것이다. 죽음이 언제 찾아올지, 또는 죽음이 과연 찾아올지에 대한 의문을 품을 때는 이미 지난 지 오래다.

친밀함, 사랑, 성: 친밀함 유지하기

청년기에는 친밀감을 위한 능력 개발에 주력하는 반면, 중년기에는 신체적, 심리적, 환경적 압박이 늘어나면서 친밀감 유지에 초점을 맞춘다. 함께 오래 살아온 부부의 경우, 신체적, 정서적 밀착 관계 지속의 방해 요인으로는 나이 듦으로 인한 성과 성 기능에 대한 태도 변화, 시간의 유한함과 죽음의 수용 같은 발달 과제의 집착에 따른 심리적 비활용성, 직업이나 자녀와 고령의 부모에 대한 대책 같은 실제적 요구 등이 있다.

중년기에 새로 시작하는 부부의 경우, 앞에서 말한 요인이 작용하고 때로는 두 개 이상의 요인이 겹쳐서 더 크게 작용하기도 한다. 재혼부부의 경우에만 나타날 수 있는 독특한 과제들이 추가될 수도 있다. 즉, 함께한 시간과 오래 유지해 온 친구관계 인맥의 부재, 자녀를 갖는 문제에 있어서 배우자와의 사이에 나이차 및 세대차 문제, 복합가정 구성의 문제 등이 친밀감을 발전시키고 유지하는 데 걸림돌이 된다.

성 기능에 관해서는 두 가지 과제, 즉 (1) 중년기 신체 모습을 받아들이고 성적으로 자극되는 부분을 계속 찾아내기, (2) 성관계를 수행하는 신체 능력의 변화를 받아들이기다. 어떤 사람에게 배우자의 몸매는 여전히 성적으로 흥분을 유발하기도 하며, 흥미는 떨어지더라도 서로에게 만족스러운 관계에서 나오는 사랑과 다정스러움으로 대체할 수 있다. 반면에 배우자의 신체 변화를 받아들일 수 없는 사람은 배우자와의 성관계를 중단하거나 바람을 피우거나 이혼을 하기도 한다. 그 이유는 항상 젊은 사람을 원하기 때문이다.

이 시기의 발달이 진행되면서 강도나 빈도가 줄어드는 성 기능의 정상적 변화에는 성욕과 의무적으로 수행하는 능력의 감소도 포함된다. 남성은 발기에 도달하고 유지하는 데 어려움이 생기고 사정 후 불응기가 더 길어진다. 여성은 에스트로겐 생성이 감소하면서 질 점막이 얇아지며, 질 윤활액의 분비도 줄어들고, 절정기 때 근육 수축의 횟수도 다소 떨어진다(Masters & Johnson, 1966).

이러한 신체적 변화는 해당 연령대의 모든 사람에게 정상적이거나 혹은 병적으로 상당한 심리적 반응을 불러온다. 어떤 이에게 이 주제는 당황스러울 수 있고, 다른 이에게는 고통일 수 있다. 그래서 많은 환자들은 이 부분을 완전히 피해 가려고 하며, 치료자가 성 기능과 정서적 친밀감에 대한 주제를 꺼내려고 하면 저항하기도 한다.

중년기 동안 많은 환경 요인이 친밀감 유지 과제의 수행에 방해가 된다. 첫 결혼에서 얻은 청소년기 아이 혹은 재혼 시 배우자가 데려온 어린아이 등 자녀의 양육은 직업상의 압박 및 책임감과 마찬가지로 친밀감 유지에 필요한 마음의 평정과 사생활 보호에 방해가 된다. 피로와 흥미 저하도 이러한 환경 조성의 공통 분모다. 성적인 문제 또는 부부관계의 문제가 뿌리 깊게 자리 잡고 있는 사람들은 흔히 그러한 문제를 분석하는 것을 피하고 합리화하기 위해 노화 현상으로 돌리거나, 일이나 아이 혹은 노부모 등에 몰두하기도 한다.

중간 평가 단계에서 부부 각자는 이전 연인들에 대한 강한 향수를 경험하기도 하고, 놓쳤던 기회를 안타까워하기도 하며, 지금 이대로 머물 것인지 혹은 더 완벽한 상대를 찾아 잠시 중년의 독신 상태로 뛰어들 것인지에 대한 답을 찾기 위해 고민한다. 많은 이들이 이러한 갈등을 속으로 삭힌다. 어떤 이는 외도, 일시적 별거, 이혼 등으로 행동에 옮기기도 한다.

이혼은 각 이해 당사자에게도 큰 파장을 일으키며 주변 사람들에게도 충격이다. 자녀, 부모, 친구, 동료 모두에게 파문을 불러일으킨다. 가끔 감지되지 않았거나 치료되지 않은 정신병리 때문에 이혼 이후에도 만족할 만한 상대를 찾지 못한다거나 비슷한 양상을 반복하는 경우가 있다. 하지만 다른 이혼자들은 성적 및 정서적으로 더 나은 대상을 찾아 새로운 관계를 만들어 간다.

임상 증례

결혼상담, 개인 정신치료, 정신분석 등의 다양한 치료법은 배우자의 행동을 어떻게 처리할 것인지 또는 배우자 행동에 대해 무엇을 할 것인지 결정하는 데 상당히 효과적이다. 친밀함, 사랑, 섹스는 외래 진료 시 상당한 비중을 차지한다. 다음에 제시하는 네 가지 사례는 내가 거의 같은 시기에 경험한 것이다.

A여사는 올해 55세다. "결혼생활을 끝내고 싶어요. 올해로 35년째 결혼생활을 하고 있는데 최근 20여 년 동안 남편에 대한 사랑이 없었어요. 성인이 되고부터 모든 걸 남편에게 의존해서 살았어요.

내게 남편을 떠날 용기가 있을지 모르겠어요." 15개월간 주 2회의 정신치료가 진행되었다. A여사는 남편을 떠났고, 자기 사업을 시작하였으며, 애인도 생겼다. "수입도 줄고 미래에 대해 걱정도 있지요. 그래도 내가 살아 있는 것 같아서 좋고, 내 인생을 내가 조절하고 있어요. 남편 역시 행복해 보여요."

43세에 분석을 시작하여 4년째 계속하고 있는 S씨는 결혼에 대한 집착이 있다. 사춘기부터 성적으로 억압된 삶을 살았던 그는 '세상에서 자기보다 성에 대해 덜 알고 있는 유일한 소녀'와 결혼했다. 23년의 결혼생활, 두 자녀, 최근의 한 차례 외도 끝에 결국 결혼생활을 유지하기로 결심했다. "분석을 통해 성이란 것이 내가 어린아이일 때 생각했던 것처럼 그렇게 희귀하고 특수한 것이 아니란 것을 배웠어요. 수십억 명이 매일 그걸 하지요. 많은 여자들과 잠자리를 할 수도 있어요. 그런다고 뭐가 달라질까요? 더 좋아지는 게 있나요? 집사람과 저는 꽤 잘 살아왔어요. 집사람도 많이 변했고 저도 그래요. 분석 덕분에 지난 20년보다 앞으로 다가올 20년을 더 잘 살 것 같아요."

21년 동안 함께 살아온 아내가 다른 남자와 눈이 맞아 떠나 버린 뒤 V씨는 거의 미칠 것 같았다. 2년여 동안 매주 정신치료를 진행하면서 충격, 분노, 우울에 초점을 맞췄다. 52세가 되면서 여자와 데이트하는 게 어색하기는 했지만 곧 여러 여자와 잠자리를 같이 할 정도까지 되었다. 깊이 손상된 남성으로서의 능력에 대해 확인이라도 하려는 것처럼 거의 강박적으로 관계를 가졌다. 반복해서 해석해 주면서 그러한 양상이 줄어들기는 했지만, 이혼 후 4년이 되도록 여전히 '여자와 그렇게 가까운 관계를 맺을 수 있을 만큼' 기회를 잡지 못하고 있다.

T여사는 '더할 나위 없이 훌륭한' 남편을 떠났다. "뭔가가 그리 웠어요. 나 스스로 해내고 싶었어요." T여사는 18세에 결혼해서 이제 60세가 되었다. 남편에 대한 분노가 심각하다. "결혼할 수 있었던 모든 남자들을 뿌리쳤고, 일상에서 할 수 있는 것도 다 차단했지요." 이로 인해 생긴 남편에 대한 분노는 비논리적이지만 통제도 안 된다. 별거한 지 6개월에 접어드는 시점에서 '잠시' 혼자 스스로 살아 보고 싶기는 하지만 나중에는 남편에게 돌아갈 생각이다. 분석시간에 그녀가 집을 떠나게 만들었던 유아기 및 성인기 주제들을 다루다 보면 앞으로 결혼생활이 어떻게 될지는 불확실하다.

자녀와의 관계: 떠나 보내기, 평등성 획득, 새 가족 구성원 영입

중년기란 자신의 자녀가 자라서 청소년이 되고 청년기에 접어드는 발달단계다. 자신의 자녀가 아동기, 청소년기, 청년기를 거치는 불가피한 과정은 부모의 모든 삶에 영향을 미친다. 선조들이 자녀를 떠나 보냈던 방법, 평등함과 상호 의존에 기초해 자녀와 새로운 관계를 맺기 위한 작업, 친인척과 손자·손녀를 자신의 삶 속으로 통합해 나가는 작업에 따라 인생은 달라진다. 사랑과 부유함이 가득 찬 인생이 될 수도 있고 원한, 비통함, 공허감이 가득한 인생이 될 수도 있다.

떠나 보내기

청년기 부모의 정열과 (희망컨대, 긍정적이고 손쉬운) 어린 자녀의
통제는 상호 협조적이다. 하지만 신체적 쇠락과 시간의 유한함을
감지한 중년기 부모와 (불가피하게 조절력을 상실한) 청소년기와 젊
은 성인기에 이른 자녀도 마찬가지다. 이렇듯 일차 상태에서 이차
상태로 이행하는 과정을 Pearson(1958)이 생생하게 기술하였다.

> 부모 나이가 30대 후반 내지 40대 초반이 되면 아이들은 보통 청
> 소년기가 된다. 그쯤 되면 사람들은 그동안 미루어 왔던 생각 중 일
> 부는 실천 불가능하다는 것을 깨닫기 시작한다. 나이가 들고 있으며
> 죽음이 다가오고 있음을 받아들인다. 그렇게 깨닫고 나면 세대를 거
> 슬러 올라가고 싶은 공상이 활발해진다(p. 177). …… 사춘기 자녀들
> 이 쑥쑥 자라서 활력이 넘치는 성인이 되고 자녀들의 눈앞에 성공이
> 펼쳐지는 것을 바라보게 된다. 아이들의 능력은 점점 늘어나는 데
> 비해 상대적으로 자신이 성공할 기회는 줄어들고 자신의 능력은 정
> 체된 상태임을 알게 된다. 무의식적으로 자녀들을 부러워한다. 무의
> 식중에 자녀들이 마치 자기 부모의 복제품인 듯 느낀다. 어린아이였
> 을 때 자기 부모들을 자기 속에 두고 싶어 했던 것처럼 자녀들을 자
> 기 속에 두기 위해 행동하기 시작한다(p. 21).

모든 부모가 Pearson이 기술한 느낌을 경험한다고 해도, 건강한
부모라면 계속해서 그렇게 행동하지 않는다. 대신 소심함, 분노,
약해짐 등의 감정을 경험하는 과정에서 점차 자녀의 삶에 대한 통
제를 포기한다. 자녀를 기르면서 누리는 기쁨 중 일부가 자녀를 통

제하는 과정에서 공격성을 직접 표현하기도 하고 승화된 형태로 표현하기도 하는 것이기 때문에, 그러한 힘을 잃는 것은 고통스럽다(Colarusso & Nemiroff, 1982).

중년기에 들어선 부모는 자녀와의 힘의 균형에서 서서히 밀리기 시작한다. 즉, 청소년 또는 청년의 힘이 세진다. 이 순간은 마치 투우사가 황소를 죽이는 극적인 사건으로 비유할 수 있으며, '진실의 순간(the moment of truth)'이라고 불리기도 한다(Nemiroff & Colarusso, 1985). 많은 중년기 환자와 치료자는 자녀가 우위에 선 것을 알게 된 순간을 기억하고 있다. 여기서 '순간'은 물리적일 수도 있고 심리적일 수도 있다. 딸이나 아들은 기뻐서 부모를 벽으로 밀어붙이기도 한다. 피해 갈 수도 없다. 최선을 다해 열심히 해 보지만 테니스나 볼링 게임에서 아이들에게 진다. 토요일 밤 귀가시간 전쟁에서 목소리를 높여 보지만 결국 부모가 정한 시간보다는 자신이 정한 시간에 들어오는 자녀를 보게 된다.

청소년기 자녀의 성발달을 촉진시켜 주는 것 역시 중년기 부모에게는 버거운 과제다. 부모는 성적으로 저무는 해이지만 청소년은 떠오르는 해이기 때문이다. 성에 대한 좀 더 개방적인 태도 외에도 부모의 경험과 자녀의 기회 사이의 차이가 크기 때문에 부모를 불편하게 만들 일이 많은 것도 한 요인이다. 특히, 여성에 대해서 더욱 심하다. 건강한 부모는 의식적으로나 무의식적으로 갈등을 겪다가 점차 아들, 딸이 청소년기 중반부터 데이트를 시작하고 청소년기 말기에 이르면 성적으로 활발해진다는 것을 서서히 받아들인다.

자녀의 성성(sexuality)이 싹트는 것에 대해서, 그리고 부모 자신의 아동기와 과거 성인기에 있었던 미해결된 성적 갈등의 재활성화에 대해서 의식 수준에서 관심을 보이는 것은 중년기 환자 치료에서 흔히 등장하는 주제다. 어떤 사람에게는 이 부분이 심한 저항의 근원이 된다. 청소년기 성적 발달에 대한 과도한 흥미 혹은 지나친 제한에 대해 의식 수준에서 당황하기 때문이다. 무의식적 수준의 근친상간적 느낌이 각성되기 때문이기도 하다. 아동과 성인의 발달에 대해 기본 지식이 있는 치료자라면 환자의 증상과 환자의 자녀들과의 상호작용 기저에 숨어 있는 결정 인자인 유아기, 청소년기, 성인기 성적 주제의 상호 영향을 다루도록 환자를 잘 도와줄 수 있다.

각 발달단계의 변천과정에서는 이전에 정신내적으로 존재했으며 대인관계에서 보였던 균형과 평형의 중대한 변화를 기대할 수 있다. 문화인류학자인 Guttman(1990)은 부모 기능의 생물학적 퇴보와 소실은 부부관계 및 어머니, 아버지 각 개인의 결정적인 정신적 변화로 이어진다고 하였다.

여러 문화권에서 나이 든 남성과 여성을 연구한 결과 다음과 같은 결론에 도달하였다. 뒤늦은 발달과 뒤늦게 발생하는 병리는 종종 같은 힘에 의해 자극받는다. 부모 역할 이후의 과정에서 양성성(androgeny)을 향해 가는 남성과 여성이 배출한 에너지가 동력원이 된다. …… 내가 명명한 '만년 부모 노릇'이 시작되는 젊은 시절에는 남녀 성차가 크게 부각되지만, 막내가 사회에 진출하면 경계가 불분명해지는 중년이 온다. …… 부모 노릇 시기가 지난 남성은 이전에 없던 양육 특성과 부드러움을 지니게 되고 아내와 아이들에게만 보이던 참을성도 갖게 된다. 여성의 경우도 마찬가지다. 부모 노릇이 끝난 여성은 남편이 단념한 지배적이고 경쟁적인 성향을 갖게 된다. 부모 노릇 시기가 지난 배우자는 각각 이전에 배우자가 그랬던 것처럼 변한다. 부부는 정상적 양성성을 향해 간다. 부모 노릇에 필요한 유전적 요구 사항과 부합한다면 소위 아버지다움과 어머니다움 같은 반대 성으로 이행하는 것은 다분히 보편적 사건이다. 발달을 선도한다. 사실 어느 정도는 정신적으로 혼란단계를 거치게 되지만, 이후에는 남성이든 여성이든 대부분 자신은 물론 배우자의 변화에 대해서도 적응한다. 부모 노릇 이후의 역할 역전에 따라 방출되는 (남는) 에너지는 새로운 수행 능력으로 전환시킨다. 남성으로서 혹은 여성으로서 정체성을 잃지 않으면서도 중년기 이후 변환에 동반된 자아개념을 재정비하여 새로운 힘을 얻게 된다. 결과적으로 남자든 여자든 자아 연속성 상실보다 자아가 확대된다. 부모 노릇 마감 시기 이후의 반대 성으로의 대변환을 통해 새로운 구조 형태로의 항상성, 즉 새로운 자아 능력을 갖추게 되며 새로운 깨우침과 즐거움을 누리게 된다. 그리고 심리적으로도 발달한다(pp. 171-172).

부모와 자라나는 자녀 사이의 관계는 끝이 아니다. 오히려 이전에 있었던 관계와는 질적으로 다른 형태로 변해 간다. 서로 만족할 수 있는 형태로 변형된다. 좋은 결과를 이끌어 내기 위해서는 중년기의 부모와 (청년기에 들어갔지만 여전히 부모의 눈에는 어린) '아이' 사이에 협력이 필요하다. 새로운 상호 평등, 상호 의존 체계를 만들어 가고, 어릴 때의 관계보다 여러 면에서 훨씬 복잡한 새로운 관계를 형성한다.

평등성 획득

　부모가 중년기 후반으로 접어들고 자녀가 청년기 후반으로 들어가면 모든 '아이 같음'은 흔적도 찾아보기 어렵다. 신체적 측면에서 청소년기나 20대 초반의 모습은 이미 나이가 들기 시작한 성숙한 청년으로 서서히 변해 간다. 집을 떠나서 살 것이고, 성적으로나 정서적으로 다른 이들과 연결되며, 아이를 낳아 기르고 스스로를 지탱할 수 있게 된다. 이렇듯 성인으로서의 관계나 능력이 출현하면 건강한 부모-자녀 관계는 평등한 관계로 이어진다. 그러나 그 자체가 부모나 아이 한쪽에 의해서 평등성이 받아들여졌다는 증거는 아니다.

　예를 들어 보자. 올해 25세인 론은 57세인 어머니가 자기를 아이처럼 취급한다고 불만을 털어놓았다. 실제로 론의 어머니는 그렇게 하고 있었다. 최근 친척 결혼식에 참석하기 위해 집에 온 론에게 어머니는 '복장 불량'이라고 야단을 쳤다. 론의 평상복 바지나 운동복 스타일의 상의는 결혼식에 어울리지 않는다는 것이었다. 말싸움이 계속되자 항상 그랬던 것처럼 아버지가 개입했다. 론에게 옷을 갈아 입는 게 어떻겠냐고 권했고, 론은 그렇게 했다. 론은 자기 부모가 자기를 통제하고 아기처럼 만들고자 하는 것을 이미 인식하고 있었다. 하지만 자신의 갈등은 알아차리지 못했다. 정서적으로 어머니에게 속한 채로 어머니에게 기대고 싶은 소망과 독립하고 싶은 욕구 사이에서 생기는 갈등이었다. 2년 동안의 정신치료 기간 동안 자신의 문제와 중요한 사실을 알게 되었다. 자신이 부모에게 통제권을 제공하지 않는 한 부모가 통제한 적이 없다는 사실이다. 론은 점차 독립적인 결정을 내리기 시작했다. 처음에는 론의 행동에 변화가 생기자 어머니가 더 강력하게 통제를 시도했다. 하지만 점차 어머니는 자신의 분노, 무력감, 통제력 상실 등을 다스리게 되었고, 질투가 나기는 하지만 좀 더 평등한 관계로 나아가게 되었다.

건강한 부모라면 '아이'의 독립과 자율성 욕구를 수용해 줄 뿐만 아니라 가능한 한 수월하게 그렇게 될 수 있도록 돕는다. 예를 들면, 직장에 취직한 것을 축하해 주고, 배우자가 될 사람을 데리고 오면 받아주고, 집을 사는 데 필요한 계약금을 보태 주는 것 등이다.

그렇게 하는 것이 전적으로 이타적인 이유 때문만은 아니다. 부분적으로는 자식이 꾸려 나갈 새 가정이 부모 자신의 중년기와 노년기 삶의 발달에서 매우 중요하다는 것을 인식하기 때문이다.

새 가족 구성원 영입

장모님 농담 시리즈[1]는 단순히 변덕스러운 장모에 대한 우스갯소리일 뿐만 아니라 젊은 성인과 중년의 부모 사이에 일어나는 일반적 발달상 갈등을 반영한다. 중년의 아버지와 어머니가 겪어야 하는 과제는 말로 하기는 쉽지만 실제로 성취되기는 어렵다. 자녀의 삶에서 가장 중요한 자리를 다른 이에게 내주어야 한다. 그것도 낯선 침입자에게 말이다. 자녀의 새로운 동반자를 있는 그대로 받아들이고 친선관계를 구축하기 위해 노력해야 한다. 다시 강조하

---

1) 역주: 장모와 사위의 관계를 풍자한 농담. 미국에서는 장모와 사위 관계가 한국의 '장모 사랑'만큼 좋지도 않을뿐더러 매우 나쁘다.

지만, 기저의 동기는 이타적인 것은 아니다. 비록 이전만큼 중요하지는 않더라도 자녀의 삶에서 중심 위치에 계속 머물고 싶은 욕심에서 비롯된다. 자식의 배우자가 재미있고 유복한 사람이기를 희망하면서 새로운 관계를 잘 맺어 가고 싶은 바람도 있을 것이다. 자신이 자식과 손자ㆍ손녀에게 다가가는 것을 사위 혹은 며느리가 통제할 것이기 때문에 좋은 관계를 맺어 두어야 한다.

자식의 배우자와 같은 성의 부모는 같은 사람을 사이에 두고 삼각관계를 형성하는데, 이는 마치 어린 시절의 오이디푸스 삼각관계와 유사하다. 관련된 세 사람은 성인 입장에서 유아기의 경험을 재경험하면서 다시 조절해야 하는 상황에 내몰린다(Colarusso & Nemiroff, 1981). 유아기 콤플렉스 때와 마찬가지로 현 상황에서는 서서히 부분적으로 '해소' 해 나가야 하며, 세 사람의 정서적 온전함에 따라 결과가 결정된다. 중년기 부모의 해결책은 손자ㆍ손녀의 출생에 달렸다. 멋진 새 생명은 삶을 풍요롭게 해 주고 중년과 노년기 발달과정에 심오한 자극을 제공해 준다. '잃어버린' 자식을 부분적으로나마 보상해 주고 중년기 발달을 아동기로 다시 연결해 준다. 자식과 손자ㆍ손녀에게 전해진 유전자를 통해 계속 살아남게 되므로 죽음을 통달할 수 있게 된다.

그렇다고 해서 손자ㆍ손녀에 대한 매력이 온 마음을 사로잡는다거나 다른 관심거리에 대한 흥미나 중요성을 모두 대체해 버리는 것은 아니다. 젊은 부모는 자신의 부모가 여전히 다른 흥미거리를 가지고 있음을 알아차리는 데 실패할 수 있는데, 그로 인해 세대 간 갈등이 시작된다.

시집가서 아기를 낳은 딸은 자기 부모가 아기를 돌봐 주는 것이

가족관계에서 필수 요소라고 여긴다. 하지만 많은 연구에서 조부모가 아기를 돌봐 주는 문제로 자녀와 급격히 사이가 나빠지는 것을 보고하였다. …… 이에 대한 딸의 반응에 대해 중년 부모는 의욕을 잃어버릴 때가 있다. 중년 부모는 오히려 '거리를 둔 친밀감'을 선호하기 때문이다(Cohler & Galatzer-Levy, 1990, p. 232).

부모와의 관계: 역할 역전, 죽음, 개별화

건강한 성인이라면 정확한 현실 평가의 일부로서 삶의 중요한 위치 변화를 인식한다. 이러한 변화의 기본적 측면은 중요한 정서적 관계의 성질이 변하는 것이다. 성인으로서 자녀, 부모, 동료, 친구 같은 사랑하는 사람들과의 관계의 비중을 끊임없이 재배치한다. 이러한 연결은 중년기 동안 변화를 계속한다. 건강한 결혼생활을 이어 가고 있는 부부들은 그 의미가 더 깊어지지만 어떤 부부들은 중년기 발달 과제로 인해 파탄이 나기도 한다. 부모가 죽거나 자식들에게 의존하는 것, 자식이 장성하여 떠나가는 것, 친구의 비중이 더 커지거나 때로는 떠나기도 하고 죽기도 하는 것이다. 노년기와는 반대로 이 시기에는 과제를 해결하고 영역을 구분하고 사람관계에서 서열을 확실히 하고 내적 압박과 외적 요구 사이에서 균형을 잡는다. 일부 측면에서는 아동기와도 반대다(Colarusso & Nemiroff, 1981, p. 90).

특히, 중년이 된 자식과 그 부모 사이에서 이러한 관계의 기본적 성질의 변화가 두드러진다. 어느 시점에 이르면 나이 든 부모는 자신을 돌볼 수 없게 되고, 평생 이어 온 부모-자식 관계에 역전이 일어난다. 즉, '아이'가 부모의 '부모' 노릇을 하게 된다. 신체적으로는 물론 정신적으로도 돌봐 주게 된다.

중년의 여성 환자가 83세 된 노모와의 관계에서 생긴 변화에 대해 말해 주었다. "슬퍼요. 엄마는 정말 활달한 분이셨는데. 엄마가 얼마나 강한 분이셨는지 기억해요. 제가 어릴 때 엄마는 아침부터 밤까지 일하셨어요. 근데 이제는 걸을 때도 도와드려야 해요. 어제는 식사하실 때 제가 고기도 썰어 드렸어요. 두 살짜리를 돌보고 있는 거 같아요. 그래도 가끔 엄마 눈에 반짝 총기가 스칠 때마다 엄마가 과거에 어떤 분이셨는지 기억나곤 해요. 제 딸도 어제 같이 있었어요. 우리는 서로 아무 말도 하지 않았어요. 그래도 저는 알아요. 우리가 같은 상황을 생각하고 있었다는 것을 말이죠. 20년이 될지 30년이 될지 모르지만 우리의 미래를 말이에요."

이 중년 여성의 치료에서는 어머니와의 관계가 핵심이었다. 과거 아동기와 청소년기의 문제들을 잘 연결시키고 현재 중년기 상황 특유의 주제들을 고려하여 자극이 되도록 하는 것이다.

부모가 신체적으로 노쇠해지면 현재 진행 중인 부모로부터의 심리적 분리에 따른 정신내적 과정에 속도가 붙는다. 부모가 자신을 돌보기 어려워져 급작스럽게 역할의 전환이 이루어지면 중년에 이른 자녀는 부모의 죽음을 염두에 두게 된다.

성인기 발달 과제에서 가장 어렵고 가장 흔히 피하게 되는 것이 나이 든 부모를 돌보는 문제다. 매일 돌보면서 생기는 어렵고 현실적인 문제 이외에 한술 더 떠서 부모와 관련된 아동기 문제를 다시 다뤄야 하고, 중년기 특유의 시간의 유한함과 죽음을 받아들이는 문제도 제기되고, 훗날 자기 자식들과 겪을 불가피한 역할 전환의 예상 등에 맞닥뜨리게 된다. 노인들이 방치되고 양로원이 만원인 것이 새삼스러울 것도 없다. 하지만 이 발달 과제를 피하면서 겪게 되는 심리적 후폭풍은 심각하다. 특히, 죄책감과 우울증이 그것이다. 이 발달 과제의 엄청난 심리적 위세를 알고 있는 임상가라면 이 시기의 환자들에게 특히 이 부분을 신경 써야 할 것이고, 이 문제가 드러나지 않는다면 그 저항에 초점을 맞춰야 한다.

예상했든 그렇지 않든 나이 든 부모의 사망은 애도과정으로 이어진다. 애도 과정의 급성기가 지난 뒤에도 오랫동안 죽은 부모와의 정신내적 관계는 여전히 역동적이고 정서적으로 부담을 갖게 되고, 정신치료적 탐구과정에서 중요한 주제다.

죽음과 관련해서 자극 혹은 격려가 되는 생각 외에도, 역설적이지만 부모의 죽음은 자식과 손자·손녀에 대한 생각이나 느낌, 관심을 불러일으킨다. 부모의 죽음으로 인해 생겨난 실제 및 심리적으로 빈 공간을 자식이나 손자·손녀와의 관계가 어느 정도 메워 주는 것이 사실이다. 다른 이들의 기억에서는 사라지지만 자손들이 자신을 기억해 주고 자신의 유전자를 물려받음으로써 심리적으로나 유전적인 측면에서 불멸의 형태로 남게 된다는 사실 덕분에 시간의 유한함이나 자신의 죽음을 받아들이기가 수월해진다.

우정

젊은 성인기 시절, 성인으로서의 성 정체성 확립과 성적 친밀감으로부터의 만족 덕분에 성숙해진 중년기(35~55세)의 우정은 이전 단계에 비해 비교적 덜 성적이라고 말할 수 있다(Nemiroff & Colarusso, 1985, p. 81).

성성과 친밀감에 대해 충분히 알고 나면 후기 청소년기와 초기 청년기에 친구관계에서의 성적 필요성과 성적 불안을 공유하는 부담이 훨씬 줄어든다. 성적 만족과 친밀감의 필요성은 다른 곳에서 채워지므로 이성 친구와 우정을 맺고 유지하기가 훨씬 수월하다.

청소년기에는 친구와 정서적 강렬함이 있고 친구를 자주 만나야 할 필요가 있지만, 성인기 초기가 되면 그 정도가 약해지고, 중년의 우정은 더 줄어든다. 건강한 중년 인물이라면 잠복기나 사춘기 아이들처럼 새로운 정신구조를 형성해야 할 필요도 없고 성인기 초기처럼 새로운 친구나 연인을 찾으려고 압박을 당할 일도 없기 때문이다.

삶의 주기에서 독특한 상황에 위치해 있는 까닭에 중년기에는 남자나 여자 모두 어떤 연령층과도 쉽게 친구관계를 시작하고 유지할 수 있다. 다른 관계에서도 다 그렇듯이 중년기 대인관계의 기저에도 무의식적 동기가 깔려 있지만, 중년기에는 이를 승화시키는 역량이 상당하다(Vaillant, 1977). 청소년이나 젊은 성인과 우정을 맺는 이면에는 그들의 젊음과 미래를 동일시하고 싶은 소망과 부모 노릇이나 일과 관련된 성적 및 공격적 소망의 배출구가 필요하다는 무의식적 동기가 담겨 있다. 중년 동년배들의 우정은 자신들이 늙었음을 더 많이 알게 되었다는 것을 확실히 반영하고 있다. 예를 들어, 몇몇 부부가 같은 동에 연결된 아파트를 구입하였다. 나이 들어서 서로 친분을 나누고 돌봐 주기 위함이다. 중년기를 성공적이며 독립적으로 보내고 있으며, 현재 서로 많은 부분을 공유하고 나이가 더 들어도 자식에게 짐이 되기를 바라지 않는다.

하지만 다른 삶의 주기에서도 다 그렇듯이 친구란 금방 적이 될 수도 있고 연인이 될 수도 있다는 Freud의 인식은 여전히 유효하다. 이혼, 질병, 은퇴, 경제적 곤란 등으로 인해 우정 사이의 섬세한 균형이 흔들릴 수 있고 몇 년씩 걸려 쌓은 관계가 순식간에 무너질 수도 있다.

직업과 지도자 되기: 능력 발휘와 지위

서구 사회에서 중년 성인이라면 대부분은 직업이 중요한 정신적 구심점이다. 자기 실체에 대한 인식과 자부심을 조율하고, 인생의 의미와 목적을 부여하며, 시간 사용을 조율하고, 중요한 인간관계와 경제적 안녕을 제공한다. 직업 현장에서 볼 때 중년은 능력을 발휘하고 성취감을 느끼는 시기다. 초기 성인기와 중기 성인기에 걸쳐 수년 이상 노력한 결과로 기술을 습득하고 기득권을 획득한다.

중년 시절 일과 관련된 자기애적 만족은 상당하며, 살며 겪는 나이 듦, 부모 사망, 자녀 상실과 같은 많은 현실적 아픔을 보상한다. 때로 정서상태를 유지해 주는 주요 근원으로 직업을 택한다면 불균형이 발생하며, 배우자와 자녀와의 중요한 관계가 소홀해지며 더 어려운 중년기의 발달 과제를 꾸려 나가는 데 실패할 수 있다. 일에 과도하게 몰두할 때 생길 수 있는 또 다른 결과로 정리해고 등으로 인한 실직을 인식하고 대비하는 능력이 떨어질 수 있다. 다시 말해서, 은퇴 및 다음 세대로 대체되는 데 대한 대책 마련이 부실해진다. 직장에서 최고의 목표 달성과 힘의 병렬관계를 인식하고 상실과 대체를 수용하는 것은 중년기 직장인의 정신내적 삶의 핵심이다. 직장에서 답보 상태, 즉 최고경영자 자리로 가는 승진 대신 수평이동을 하게 되면 그러한 갈등을 좀 더 빨리 인식한다(Bardwick, 1986).

직장에서 직위는 부하 직원, 특히 후계자가 될 만한 잠재력이 있는 젊은 친구들에 대해 실력을 발휘하는 것을 포함한다. 어떤 최고 경영자는 이렇게 말한다. "회사를 경영하고 어려운 결정을 내려야 하는 게 힘든 것이 아니다. 내 뒤를 이을 만한 재목을 찾아내고 훈련시키는 것이 가장 힘들다. 내가 누군가를 선택하면 선택받은 이는 내게 감사하게 생각할 것이다. 동시에 선택받은 것 때문에 불안해질 것이다."

중년의 지도자가 겪는 갈등의 핵심이 바로 여기에 담겨 있다. 지식과 힘을 다음 세대에 물려 주는 것은 동시에 피지도자와 지도자의 상관관계에서 지도자 자신이 대체되는 것을 의미하기 때문이다. 건강한 사람이라면 부하 직원에 대한 분노와 질투가 심각한 지경에 이르지 않는다. 정신적 수준에서 인식되고 진행될 뿐이며, 생산성 경쟁으로 승화된다. 하지만 어떤 이들의 경우에는 부하 직원의 발달과 발전을 방해하려는 의도를 담은 잔인하고 가학적인 수준의 언어 폭력 내지 행동으로 이어진다.

중년기의 돈에 대한 태도는 일과 밀접한 관련이 있다. 대단히 큰 부자를 제외하면 대부분의 사람들에게 공통된 주제다. 매일 들어가는 경비를 대기 바쁘고, 자식들 교육에 드는 돈도 마찬가지며, 자녀를 독립시키는 데도 돈이 들고, 연로한 부모 부양도 그렇고, 자신들의 현재는 물론 안락한 노후를 준비하는 돈도 항상 충분치 않다.

모든 발달 과제와 마찬가지로, 돈 문제는 치료과정에서 중심 과제이지만 방어적으로 무시되기도 한다. 어떤 경우에 처하든 그 중요성을 알고 있고, 발달이론에 입각한 치료자라면 금전 문제와 관련해서 마음속에 거세게 소용돌이치고 있는 중년의 생각과 느낌을 처리할 수 있도록 도와주어야 한다. 돈 관리에 대해서도 현실적 계획을 세울 수 있도록 도와야 한다.

중년의 놀이: 새로운 의미, 능력, 목적 찾아가기

놀이는 평생 이어지는 인간 행동이다. 삶의 주기에서 보이는 신체적 능력과 한계 및 정신적 능력과 집착을 반영한다. 따라서 중년기 놀이 문화의 독특한 형태가 신체적으로 나이를 먹어 가는 과정과 살 수 있는 시간의 제약과 죽음을 중점적으로 반영하고 있다는 사실은 새삼스러울 것도 없다. 초등학생 때나 청소년기 이후에도 놀이 형태는 크게 변하지 않는다. 아이나 어른 모두 좋아하는 축구, 농구, 골프, 테니스, 체스, 카드 놀이, 보드게임 등은 어른이 되기 전에 이미 배웠다.

중년이 되면 노화과정이 진행되면서 몸싸움이 많은 운동을 포기하고 전에 하던 운동도 변한다. 달리기를 줄이고 걷기를 늘린다든가, 단식으로 하던 테니스를 복식으로 하는 식이다. 신체 노화과정을 받아들이지 못하는 사람들은 신체적 손상에 대해 병적으로 반응한다든가 신체 활동에 과도하게 집착하면서 치료가 필요한 상황으로 이어진다. 또는 반대로 아예 일반적인 운동조차 그만둘 수도 있다.

신체 노화 때문에 놀이가 변하는 것과 더불어 스포츠와 운동의 심리적 의미도 변한다. 어릴 때나 젊을 때 신체적으로나 정신적으로 즐겁게 경쟁을 표현하던 것과 달리, 놀이의 신체적 의미는 신체적 통합 감각 유지 및 노화되고 있는 신체를 향상시키는 것과 관련이 있다. "사용하라, 그렇지 않으면 잃어버릴 것이다."라는 표현은 이런 생각을 반영한다.

더 나아가 중년 놀이의 신체적 및 정신적 특성은 시간의 한계와 죽음을 수용하는 발달 과제를 더 많이 담게 된다. 골프와 카드게임을 그 예로 들 수 있다. 골프에는 수많은 시작과 끝이 있다. 다시 말해, 반복해서 시작할 수 있으므로 불완전함과 시간을 정복할 수 있는 기회가 있다. 시작이 한 번뿐이고 끝도 하나 뿐인 실제 삶과 달리 항상 새로운 샷, 새로운 홀, 새로운 시합이 기다린다. 카드 게임도 노쇠한 육체에 기댈 필요가 없으며, 리듬에 맞춰 시작과 끝을 맺는 개념으로 진행된다.

자신이 골프 게임에서 심하게 과도한 반응을 보이는 것을 알고 있으며, 그에 대해 분석을 받고 있던 열렬한 골프광이 그런 순간에 대해 묘사한 바 있다. "어제 게임 중에 화가 났어요. 그만두는 게 낫겠다고 생각했지요. 그러다가 스스로에게 말했어요. 이건 우스운 짓이야. 죽기살기로 매달릴 일도 아니라고. 그냥 게임일 뿐이야. 한 달 뒤에는 지금 어떻게 쳤는지 기억도 못 할 거야. 그만두고 싶지 않다. 나는 게임이 좋아. 나이가 들면서 점점 잘 못 치는 것을 받아들이기만 하면 되는 거라고. 그런데 곧이어 드는 생각은 달랐어요. 아니야, 여든 살이 되면 에이지 슈터(age shooter)[2]가 되고 말 거야."

---

2) 역주: 에이지 슈터란 자기 나이에 나이만큼의 타수로 18홀 경기를 끝마치는 것을 말한다. 젊어서 골프를 잘 치는 것뿐만 아니라 꾸준한 체력 관리를 통해 나이가 들어서도 점수 관리를 잘하는 사람을 가리킨다. 아마추어 싱글 골퍼가 80세에 80타를 쳐야 가능하다.

중년의 과도기와 위기

중년의 과도기와 중년의 위기라는 용어들이 보편적 문화 개념으로 자리 잡기는 했지만, 임상적으로도 진료실에서 심심찮게 만날 수 있다. 먼저 중년의 과도기라는 개념은 정상적이며 만인 공통의 발달 현상이다. Levinson 등(1978)이 *The Seasons of Man's Life* 에서 자세히 다루고 있다. 중년의 위기라는 용어는 Jacques(1965)가 'Death and the Midlife Crisis' 라는 논문에서 처음 사용하였고, 소수 사람들만이 겪는 병적 상황을 지칭하였다.

과도기

중년의 과도기에 대한 자극과 중년의 위기에 대한 자극은 앞서 발달 과제 부분에서 기술한 것처럼 육체적, 심리적, 환경적 변화와 압박 등으로 차이가 없지만, 그 반응은 서로 상당한 차이가 있다.

Levinson 등은 중년의 과제를 시간 제한과 죽음에 대한 인식이 늘면서 생겨나는 삶의 전반적 재평가라고 정의하였다. 생각과 느낌은 있지만 행동은 없는 것이 특징이다. Levinson이 연구했던 남성들 중 80%는 인간관계, 성취와 실패, 미래 계획에 대한 검토 시 신경을 많이 썼으며 집착을 보였고 힘들어했다. 나머지 20%는 대부분 이 조사에 대해 신경을 덜 썼으며 힘들어하는 것도 훨씬 덜했다. 공통 분모는 아직 변화의 여지가 남은 인생의 모든 면을 평가하고 그에 대해 결정을 해야 할 필요성이었다. (중년기 위기를 경험한 사람들을 제외한) 대부분의 중년기 사람들에게 있어서 재검토에 따른 결정은 오랜 시간 공들여 쌓아 온 것들의 결정체인 결혼이나 직장 같은 현재 삶을 지켜 나가는 것이었다. 변화가 일어난다면 그만큼 충분히 생각하고 도리에 맞는지 따져 본 결과일 것이다. 이혼이나 직장 옮기기 같은 큰 변화라면 더욱 그렇다.

다시 강조하건대, 발달학적 지식이 있는 임상가라면 이 연령대 집단의 모든 환자는 인생 재평가에 대해 말을 하는 환자든 그렇지 않은 환자든 중년기의 과도기에 있음을 알아야 한다.

Nemiroff와 나는 진정한 중년기 위기에 대해 다음과 같이 기술하였다.

> 개인의 인생에서 대단히 중요한 전환점을 말한다. 직업이나 배우자를 바꾼다거나 당사자와 다른 사람들에게 심각한 영향을 미칠 만한 정서적 혼란 등을 포함한다. 또한 당사자는 항상 불확실성, 불안, 초조감, 우울감 등과 같은 '기분 나쁜' 느낌 속에 있다. 인생의 상당 부분에 엄청난 변화가 생긴다. 남편의 이혼으로 촉발된 중년기 위기를 겪고 난 한 여성은 중년의 위기를 이렇게 표현했다. "우리가 알고 있었던 가족은 이제 끝이에요."(Colarusso & Nemiroff, 1981, p. 121)

중년의 위기

일정 기간 내적 동요를 겪고 나면 중년기의 위기는 항상 큰 변화를 동반하는 엄청난 행동으로 시작한다. 예를 들면, 배우자와 아이를 떠나가기, 새로운 이성을 만나고 직장을 그만두기 등이다. 이 모든 일은 며칠 사이에 벌어진다. 경고성 조짐이 있을 수도 있지

만, 뒤에 남은 사람들은 순식간에 벌어진 이 모든 일에 대해 충격을 받는다.

가족이나 치료자가 말리고 다시 생각해 보도록 노력하지만 항상 쇠귀에 경 읽기다. 자제시키려고 노력하는 친구와 가족을 피하고, 그렇게 큰 변화를 일으키게 된 동기나 기분을 검토해 보자는 치료자를 무시할 정도로 당사자에게는 불가항력의 상황이다. 위기가 지나가는 동안 충격과 슬픔에 빠진 사람들을 돕는 것은 항상 치료자의 몫이다.

다음 사례는 위기의 순간이 지나고 18개월이 흐른 뒤 내게 찾아온 C선생에게서 얻은 자료다. C선생은 45세의 의사로 결혼한 지 22년 됐으며, 사춘기에 들어선 세 자녀가 있었다. 그는 어느 토요일 여느 때처럼 친구들과 골프를 치러 나갔다가 다시는 돌아오지 않았다. 때로 아내에게 지겨울 때도 있었지만 아내를 떠날 계획은 없었다. 다시는 집으로 돌아가지 않겠다는 생각이 갑자기 마음속에 떠오른 것은 아홉 번째 홀에서 파를 잡고 열 번째 홀에서 공을 치기 위해 서 있을 때였다고 회상했다. 게임이 끝나고 샤워를 한 후 친구들과 맥주 한잔을 마신 C선생은 160km 떨어진 곳으로 차를 몰고 가서 모텔에 투숙했다. 다음 날 하루 종일 아무것도 하지 않고 생각에 잠겼다. "내 인생, 의미, 목적. 갑자기 이건 나를 위한 게 아니고 바꿔야 한다는 것을 깨달았어요." 월요일 아침, 그는 집으로 차를 몰고 가서 아무 설명도 없이 우편함에 떠나겠다는 쪽지를 남겼다. 그리고 병원으로 갔다. 아내가 미친 듯이 전화를 했지만 받지 않고 환자를 진료했다. 은행으로 가서 연금에서 10만 달러를 현금으로 찾은 뒤 샌디에이고행 비행기를 탔다. 도착하자마자 병원 동료들에게 전화해서 자기 진료를 부탁한다는 녹음을 남겼다. 그리고 다음 두 달 동안 아무 일도 하지 않고 해변을 달리면서 생각했다. 결국 그는 아내에게 자기가 어디 있는지 알리고 돌아가지 않겠다는 편지를 썼다.

그리고 다시 16개월이 흐른 뒤 C선생은 내게 면담 신청을 했다. 당시 C선생은 한 병원 응급실에서 일하고 있었고 10대 아들 둘이 딸린 이혼녀와 만나기 시작했다. 이혼녀의 가정에 대해 "제가 떠난 가정하고 크게 다를 게 없어요."라고 했다.

급성 위기 단계 동안 무슨 생각을 했는지 알아내려는 치료적 노력은 그다지 성공적이지 못했다. 그가 하기 싫어서 그런 것이 아니라 당시 무슨 생각을 했는지 그도 거의 기억해 낼 수 없었기 때문이다. 당시 그는 "지금이 변해야 할 때야!"라는 것만 생각했다고 한다.

아버지의 죽음, 아내와 성적으로 만족스럽지 못함 등 위기를 초래했을 만한 역동관계를 파헤쳐 보기는 했지만, C선생은 이전 생활로 돌아갈 생각은 전혀 없었다. 아내와 만나기를 거부했으며 결국 모든 재산을 아내에게 주는 조건으로 합의 이혼했다. 아이들을 간혹 만나기는 했지만 지속적인 관계는 피했다. 모든 에너지를 "내가 하고 싶은 것을 하고, 새로운 사람을 만나고, 나 자신을 찾아내는 데" 썼다.

환자가 자기 성찰에는 관심이 없고 이전 아내, 아이, 친척들과의 관계를 재건하려는 생각조차 거부하는 터라 치료자 입장에서는 대단히 곤혹스러운 치료였지만, 자신을 이해하고 새 생활을 만들어 가려는 환자의 필요와는 잘 맞는 듯했다. 마침내 그는 사귀던 이혼녀와 결혼했고, 이전에 자기가 벌던 만큼은 못하지만 응급실에서 계속 일하면서 새 가족을 부양했다. 골프도 다시 시작했다.

중년 위기에 대한 더 자세한 설명은 *Adult Development* (Colarusso & Nemiroff, 1981, pp. 125-128)를 참고하기 바란다.

중년기 성인의 치료

중년기 환자는 다른 연령층과 다르게 대해야 하는가? 답은 '예' 이기도 하고 '아니요' 이기도 하다. 표준 치료기법과 접근법을 적용한다는 점에서는 '아니요' 다. 개념 측면에서는 '예' 다. Gould (1990)는 치료 초점을 인생 주기의 독자성에 맞추는 치료 모형을 제안하였다. 이때 환자의 과거를 탐색하여 얻은 내용을 충분히 활용한다. Gould의 모형은 중복되기도 하지만 차별화된 네 가지 틀 (frame)에 기초를 두고 있으며, 치료 시 고려 사항(reference)과 행위에 대한 내용을 담고 있다.

1. 실존적 틀(existential frame)은 시간과 한계라는 주제와 밀접한 연관을 맺고 있으며 크게 영향을 받는다. 이 틀 안에서 환자와 치료자 모두 삶의 목적과 의미에 대해 생각하고, 어떤 식으로 든 미래에 영향을 미칠 수 있는 결정에 대해 심사숙고한다.

2. 전후관계/발달학적 틀(contextual/developmental frame)에서는 눈앞의 삶의 상황과 즉각적으로 연관된 갈등을 다룬다. 이러한 갈등은 강력한 중년기의 발달 주제들과 연관이 있으며, 성공적 적응을 위해서는 새로운 행동이 필요하다.

3. 발달학적/정신역동적 틀(developmental/psychodynamic frame) 에서는 과거 및 현재의 영향, 갈등, 방해 사이의 관계에 대해

고려한다.

4. 과거의 기억과 현재의 생각이 경쟁적으로 작용하여 앞으로
   어떤 행동이 발생할지 결정하고, 이어서 새로운 그리고 지속
   적인 변형이 가능해질 때 성인으로서 성공적으로 적응하고
   기능을 회복한다. 이는 의욕적 갈등 틀(volitional conflict
   framework) 내에서 이루어진다.

12

노년기와 고령기(60세 이후)

서 론

노년 인구가 빠르게 증가함에도 그들의 발달과 그들에게 적합한 정신치료 기법에 대한 연구는 여전히 등한시되고 있다. 이 장에서는 이 분야에 대한 새로운 개념들을 요약하고 향후 이론적·임상적으로 연구해야 할 부분을 네 가지 영역으로 나누어 소개하고자 한다. 즉, 노년기 발달 과제, 인생 후반기에 접어든 환자를 위한 정신치료와 정신분석, 노년기 정신병리, 치료상 고려 할 점 등이다.

여기서 소개하는 내용은 Greenspan과 Pollock의 *Course of Life*의 개정판(1981) 중 '노년기의 발달과 치료' 라는 장에 자세히 나와 있다.

노년기의 발달 과제

신체상과 신체적 온전함 유지

젊은 시절이 지나고 나이가 들면 삶의 목표가 재산 축적에서 건강 유지로 바뀐다. 전에는 직업과 관계에 신경을 많이 썼지만 이제는 노화되는 신체에 대한 걱정으로 대체된다. 이렇게 되는 이유는 정상적 신체 기능이 감퇴되고 외관이 변형되며 질병에 걸리는 경우도 많아지기 때문이다. 하지만 이러한 변화에도 불구하고 노년기의 신체는 여전히 즐거움을 제공하고 자신감을 줄 수 있다. 정기적 운동, 건강한 식습관, 적절한 휴식을 취한다면 노년기에도 중년기에 했던 만큼의 신체적, 정신적 기능을 발휘할 수 있다. 노년기의 정상 상태는 질병을 앓거나 쇠약해지지 않고 심신의 건강을 유지하는 것이다.

노년기에 접어들어 일어나는 신체 노화과정은 정신적 상태에 큰 영향을 미치게 되는데, 특히 신체상(身體象, body image)의 변화를 일으킨다. 신체상이란 인생 전반에 걸쳐서 실제 신체적 변화 외에 신체에 대한 요구와 기대의 변화를 반영하는 자신의 몸에 대한 정신적 표상을 말하며, 이는 개인의 감정 상태에 영향을 준다. 많은 경우 신체상은 실제 신체 외관을 닮아 있으며 얼마나 잘 유지되고 기능하는가에 따라서 자기 만족이나 좌절을 주기도 하고, 심리적 자기감, 즉 기본적으로 '나는 누구인가'에 대한 정신적 인식의 중요한 부분으로 경험된다.

하지만 노년기에는 신체상과 자기감 사이에 정상적 불협화음이 일어난다. 한 70세의 노인이 거울을 보면서 "나를 쏘아보고 있는 저 사기꾼은 누구야?"라고 말한다. 일반적으로 신체상이란 실제 몸의 외형 및 기능과 유사하게 형성되지만, 이 시기에 나타나는 불협화음을 신체상 왜곡으로 간주해서는 안 된다. 이는 마음속의 몸에 대한 표상과 자기에 대한 지각 사이의 불일치를 시사한다. 즉, 아직도 젊고 활기찬 자신에 대한 지각이 더 이상 마음 같아 보이지 않고 움직여 주지도 않는 몸 속에 갇혀 있는 느낌인 것이다.

건강한 노인이 직면해야 할 발달 과제 중 하나는 그들의 신체가 곧 여러모로 기능적 문제를 일으킬 것이라는 점이다. 심각한 신체적 또는 정신적 무능력 상태를 직시하면서 노인과 그의 치료자는 기능의 소실과 신체상 및 자기감의 변화에 대해 애도하면서도 가능한 최고 수준으로 정신적, 신체적 기능을 유지하고 남은 여생 동안 최대한 활기차고 충만한 삶을 영위할 수 있도록 대처해 나가야 한다.

죽음에 대한 준비

Freud(1915)는 모든 사람들이 죽음에 대한 생각을 지워 버리려 한다고 하였다. 그에 따르면 인간은 본능적으로 죽음을 믿으려 하지 않으며, 무의식적으로 불멸에 대해 확신하려는 경향이 있다. 아동기와 청소년기는 특히 죽음의 불가피성에 대해 강하게 부정하는 시기다. 이러한 부정은 초기 발달의 호르몬 대사에 따른 넘치는 추진력, 정신구조의 미성숙, 시간의 개념에 대한 이해 부족에 의해서 강화된다(Colarusso, 1987).

청소년 후기에 부모와의 유대가 느슨해지고 삶의 경험과 인지적 성숙이 더해지면서 강한 부정의 벽에 금이 가기 시작하며, 과거, 현재, 미래로 규정된 삶 속에서 자신을 인식하게 된다(Seton, 1974). 그러나 젊은이다운 이상적 사고와 낙관적 태도에 의해 이러한 지각은 수면 아래로 숨게 되는데, 이는 Jacques(1965)가 언급한 것과 같이 "인간 삶의 두 가지 기본 전제인 죽음의 불가피성과 증오 및 파괴 충동"에 대해 부정하기 위한 시도다(p. 505).

중년기에 이르러 노화가 진행되고, 부모, 친구, 지인의 죽음, 자녀의 성장, 인생 목표를 모두 달성하지 못할 것이라는 자각이 생기면서 시간의 제한성과 개인적 죽음의 불가피함을 인식한다.

노년기가 되면 죽음을 받아들이는 것에서 죽음을 준비하는 것으로 발달 과제가 대체된다. 어떤 사람은 자신의 일부는 영생할 것이라고 믿지만, 대부분의 사람은 죽음에 대해서 저항하고 죽음이 피하거나 극복할 수 없는 존재라는 것에 대해 신이나 자기 자신에 대해 분노한다(Gottschalk, 1990). 자기애를 좀 더 잘 조절할 수 있는 사람은 죽는 것 자체 또는 언제 죽느냐 하는 것보다 어떻게 죽을 것인가에 더 큰 관심을 갖는다. 그들은 사랑하는 사람들이 보는 앞에서 조용하고 품위 있는 죽음을 맞이하지 못하고 혼자 외롭게 또는 고통스럽게 죽을까 봐 걱정한다.

배우자와 친구의 죽음 받아들이기

인생 전반에 걸쳐 자기상의 연속성을 유지하는 것은 자기와 타인에 대한 내적 표상이 어떠한가에 달려 있다. 이 같은 연속성의 유지는 역동적 및 발달적 요인의 영향을 받게 된다. Parens(1970)가 지적한 바와 같이, "아동기와 청소년기뿐 아니라 성인기에도 동

화과정에 의한 내적 표상의 변화가 정신구조의 변화를 일으킨다." (p. 237)

오랜 결혼생활을 통해서 자신을 돌보는 기능이 점차적으로 배우자에게 옮겨 간다. 배우자가 사망하면 두 가지 중요한 변화가 일어난다. 첫째, 배우자와의 관계에 기반한 동일시가 느슨해진다. 이는 더 이상 이를 강화시켜 줄 배우자가 존재하지 않기 때문이다. 둘째, 애도과정 때문에 지속적인 동일시 과정이 방해를 받는다 (Chodorkoff, 1990). 건강한 사람은 궁극적으로 사랑하는 사람과의 새로운 내적 균형을 찾고 배우자를 대신하여 자녀 또는 친구들과의 관계가 강화된다.

노년기에는 홀로 있는 것과 외로운 것이 심리적으로 어떤 차이가 있는지를 잘 알게 된다(Fiske, 1980). 배우자가 언제 사망하는가 하는 것이 이러한 감정반응에 크게 관련되는데, 만일 오랜 결혼생활 후 노년기에 이런 일이 일어나면 외로움은 그리 강렬하지 않을 것이다.

가족이나 친구가 죽거나 이사를 가거나 쇠약해지면 이전에는 당연시했던 사회적 지지를 받을 기회가 줄어든다. 동시에 추억을 떠올리는 능력이 커진다. 이는 중년기부터 문제를 풀어 나가기 위한 방법으로 사용되고, 그 후에는 평안과 연속성의 유지를 위해서 사용된다. 노년기에는 추억을 통해 외로움을 덜 느끼게 하고 또 사색의 시간을 늘려 주므로 바람직하다. 비록 얼마 안 남기는 했으나, 현재는 과거와의 연관성으로 인해 의미가 새로워지고 이러한 연관성은 통합감을 안겨 준다. 가족과 친구들은 이사를 가거나 죽을 수 있지만 추억은 그렇지 않다(Cohler & Galatzer-Levy, 1990).

가족을 잃거나 배우자가 사망하면 우정관계가 청소년기와 청년기에 그랬던 것만큼 중요해진다. 청년기의 고독과 유사하게, 노년기의 고독은 깊은 유대관계의 부재에 의한 것이다. 큰 차이점은 청년들은 아직도 남은 미래가 길고 가변적이므로 새로운 유대관계를 형성할 수 있는 반면, 노인들은 연령, 질병, 그리고 사회적 압력에 의해 그렇게 하기가 어렵다는 것이다. 따라서 인생의 끝에서 친구는 유일한 관계로 남는 경우가 많은데, 이 관계는 위안과 동지애를 느끼게 하고 인생에 대한 추억담을 들어 주는 귀가 되고 죽음이 다가올 때 잡아 줄 손으로서의 역할을 한다.

인생을 되돌아보기

신체의 노화과정을 겪고 시간의 제한성을 깨닫고 주변 지인들의 죽음을 만나게 되면서 노년기 성인은 자신의 삶을 돌아보고자 하는 생각을 갖게 된다. Butler(1963)는 이를 노년기의 중요한 발달과제로 보았다. 그와 Lewis(1977)는 인생을 되돌아보는 것이 "죽음이 다가온다는 것을 인정하면 나타나는 보편적인 과정이다. 자신이 약하거나 죽지 않는 존재라는 미신을 포기하고 죽음의 필연성을 인정하면서 일어나는 노년기 삶의 중요한 특징이다."라고 정의하였다(p. 165).

인생을 되돌아보는 것은 의식적이면서 동시에 무의식적인 과정으로, 주로 사용되는 정신 기전은 '회상(reminiscence)'이다. Pollock(1981)에 따르면 과거를 회상하는 것은 과거와 현재의 연속성을 유지하고, 시간 사이의 간극을 메우고, 자신이 어떤 사람이었는지에 대한 감각을 강화시키는 역할을 한다.

한 사람의 삶을 꼼꼼하게 평가해 보면 결과적으로 통합감 또는 절망감에 이르게 된다(Erikson, 1963). 통합감은 자신의 인생이 의미 있고 충만하고 잘 살아 왔다는 것을 깨닫는 것에서 온다. Erikson은 인생의 의미라는 것은 매우 개인적인 것이기는 하나, 점차 확실해지는 죽음에 대한 감정을 상쇄할 만큼 자신이 세상의 선의와 개선에 기여했다는 만족감이 있는지에 달려 있다고 하였다. 만일 인생에 대한 검토 결과 자신이 계속해서 기회를 놓치고, 실수로 점철된 관계들을 가졌고, 불운을 겪었다는 결론을 내린다면 비참한 절망감을 느끼고 아직 이루지 못한 것에 집착할 것이다. 이런 경우 죽음은 인생이 공허하다는 것을 의미하므로 두려운 것이 된다.

성적 관심과 활동 유지하기

Martin(1977)은 나이가 들어 가면서 성교 또는 자위행위를 통해 절정에 도달하는 빈도가 점차 감소한다고 하였다. 남성은 30대 초반에 성적으로 최고조에 달하여 5년간 600여 회의 성교를 경험하지만, 70대 남성들의 경우 5년간 100회로 줄어든다. Harman(1979)은 여성의 경우도 비슷하게 성 활동이 감소한다고 보고하였다. 노년기 성생활을 결정하는 데 중요한 요소는 배우자의 건강과 생존, 자기 자신의 건강, 그리고 과거 성 활동의 수준이다.

비록 나이가 들면서 어느 정도 성적 관심과 기능의 감퇴는 불가피하지만, 사회적·문화적 요소가 심리적 변화보다 큰 영향을 미치는 것으로 보인다. 비교적 건강한 노인은 만족스러운 성 활동을 할 수 있지만 대다수의 경우는 성 활동이 줄어든다. "생물학적으로는 합리적이지 않지만 노인에게 성생활이 없다는 견해가 널리 수용되고 있는 현실을 감안하면 현재로서는 이것이 어느 정도 따라야 하는 예언처럼 여겨진다."(Colarusso & Nemiroff, 1981, p. 116)

노년기에 성생활을 지속하는 데 중요한 방해 인자는 성 파트너를 구할 수 있는 가능성이 떨어진다는 것과 가족의 태도다. 파트너가 있다면 성교를 포함한 성생활은 계속될 수 있고 건강한 노인의 경우 파트너가 없어도 활발한 상상 활동과 자위행위로 성교를 대체할 수 있다.

배우자의 죽음은 때로 성성(sexuality)을 해방시켜 주는 역할을 하기도 한다. Myers(1991)는 73세 된 노인이 아내의 죽음 이후 초자아의 변화에 의해 성 욕구가 부활한 사례를 보고하였다. 일반적인 성인 발달과정에 따르면 자아와 초자아는 인생 주기 내내 계속 변화하는데, 성인기 동안에는 욕동(drive)의 감소와 오래된 인물과의 유대관계의 영향을 받는다. 특히, 사랑하는 배우자와의 오랜 기간 동안의 성생활과 친밀감이 큰 영향을 미친다. 배우자의 죽음은 마치 청소년기의 유아적 대상에 대한 카텍시스(cathexis)[1]에서 벗어나는 것과 유사하다. 실제든 정신내적으로든 상실이 발생하면 초자아의 핵심을 이루고 있는 성분의 힘이 약해진다. 노년기에 배우자의 죽음을 통해 죽음의 불가피함을 받아들이면서 자아와 초자아는 성적 사고와 활동 또한 보다 잘 받아들인다. 그 결과, 성 활동에 의한 즐거움이 늘어나기도 하고, 오랫동안 억압했던 소망이나 경험 또는 이전에 억제했던 활동들과 같은 신경증적 갈등이 의식 수준으로 올라오고 죽기 전에 성적 만족감을 느낄 수 있는 기회를 만들어 나간다.

---

1) 역주: 정신 에너지가 특정 대상이나 시기에 결집되어 있는 상태.

새로운 형태의 사고 능력 발달

지혜의 등장

Labouvie-Vief(1982a, 1982b)는 어떤 사람은 중년기와 노년기에 이르러 형식적 조작기와 변증법적 사고를 넘어서서 자율적 사고를 하게 된다고 주장하였다(10장 참조). 이 경우 사고를 하는 사람이 사회적 및 개인적 동기의 영향을 이해함으로써 진리를 창조하는 데 참여하고, 그럼으로써 개인적 및 보편적 현실을 구분할 수 있게 된다. Labouvie-Vief는 노년기 성인이 어떻게 질적으로 다른 방식의 사고를 하는지 연구하였다. 예를 들면, 특정한 문제를 해결하기 위해 정보 자체보다는 정보들 간의 관련 요소를 고려하는 것이다.

Edelstein과 Noam(1982)은 이 시기의 지적 행동을 논리와 감정의 재결합으로 설명하였다. 이는 중년기와 노년기에 관찰되는 특별한 지적 능력인 지혜가 생겨나기 위한 필수 요건이다. 지혜란 어떤 행동의 장기적 결과를 파악하고 논리와 감정의 요구 사이에 타협점을 찾게 하는 능력이다.

심신이 건강한 노년기 및 고령기 성인은 가장 세련되고 복합적인 형태의 사고 기능을 사용할 수 있다. Chinen(1984)은 노년기의 잠재력은 서로 다른 양식의 논리를 경험할 수 있는 능력으로 발현된다고 하였다. 중년기의 사고는 연속적인 데 비하여 상대적으로 노년기에는 진리의 보편적 측면, 즉 무한 감각과 개개인의 삶의 완결성과 필수성을 인식하는 능력 등이 포함된다.

자녀 및 손자와의 관계

부모로서 자녀의 발달을 촉진시키고 자극하는 역할은 노년기에도 계속된다. 자녀가 이룬 가족과 그들의 성공에 대한 관심은 지지와 사랑의 형태로 계속되며, 이는 자녀의 출생 이후 발달과정을 촉진시키는 힘이 된다. 부모가 재정적으로 성공했다면 물질적 지원을 해 줄 수 있고, 자신이 사망한 후에 유산을 배분해 줄 수도 있다.

손자와 증손자들은 특별한 종류의 즐거움을 주는 존재다. 그들은 자신의 유전 인자를 미래로 전달함으로써 새로운 형태의 불멸의 기회를 주며 동일시 과정을 통해 인생의 막바지에서 새로 시작되는 생명에 대해 관심을 갖게 한다. 많은 조부모가 자신들의 손자·손녀에 대해 강렬하고 양가적이지 않은 사랑을 느끼는 것은 이러한 이유에 기인한다.

부모가 자녀와 손자·손녀의 발달을 촉진시키는 역할을 하는 것은 고령기까지 지속될 수 있지만 경제적 상황의 변화, 질병 또는 장해로 인해 조기 중단되기도 한다. 어떤 시점에서 더 이상 스스로 자신을 돌볼 수 없게 된 부모는 세대의 역전된 역할을 마지못해 받아들이고, 이제 자녀가 부모의 보호자이자 발달을 도와주는 사람이 된다. 이러한 변화는 부모 그리고 자녀에게 모두 힘들 수 있는데, 이는 중년기의 자녀와 그들의 나이 든 부모를 치료하는 과정에서 흔히 나타나는 주제다. 예를 들면, 부모와 거리감이 있었던 한 중년기 남성은 자신의 어머니가 요양소에 들어가게 되고 아버지가 신체적으로 노쇠해지면서 그들의 보호자가 되었다. 부모가 여전히 자신을 아이처럼 대하는 것에 대한 분노와 그들에게 '복수하고 싶은' 마음을 참느라 마음의 갈등은 점차 커져 갔다. 부모의 노화과정을 지켜보면서 이전에는 기억하지 못했던 어린 시절에 대한 이야기가 치료시간에 나오게 되었는데, 이는 결국 치료 작업에 도움이 되었다.

부모의 죽음이 가까워질수록 세대 간의 감정은 파국에 이르게 되고, 때로는 치료적 개입이 필요할 수 있다. 이 주제에 대해서 관심이 있는 독자는 Stanley Cath가 쓴 'When a Wife Dies' (Cath & Cath, 1985, pp. 241-262)를 읽어 보기 바란다.

직업과 은퇴

어떤 사람은 노년기에 이르러서도 경제적으로 생존하기 위해서 은퇴를 고려하기 어렵다. 다른 경우에는 어렵기는 해도 선택할 수 있다. 그러나 모든 사람들은 자신이 선택하든, 신체 노쇠에 의해서든, 사망에 의해서든 간에 자신이 공적으로 일할 수 있는 시기가 얼마 남지 않았다는 사실을 받아들여야 한다.

아직 젊은 치료자들은 왜 노년기 환자들 대다수가 이 문제에 대해서 심리적으로 집착하는지 이해하기 어려울 수 있다. 그러나 공감하는 마음으로 환자들을 대하면 정확한 진단과 성공적 치료에 도움이 된다. King(1981)은 노년기에 치료를 찾게 만드는 가장 큰 심리적 압박으로 다음과 같은 이유를 들었다. 즉, 노년기에는 "잉여 인간이 된다는 두려움, 직장에서 젊은 사람들에게 떠밀려 나가게 되는 것, 자신의 전문적 기능이 더 이상 유효하지 않을 수 있다는 실패감 등이 은퇴 후의 삶에 적응하지 못할 것이라는 두려움과 결부되어 있기" 때문에 병원을 찾는다(p. 154).

환자의 일과 관련된 전이, 역전이 감정은 매우 다루기 어렵고 복잡하다. 치료자들은 평생 동안 생산적인 일에 종사하며 타인을 돌보는 삶을 산 자신의 환자들이 흔히 '황금기'로 불리는 행복하고 편안한 은퇴 후 삶을 보장받아야 한다고 기대하지만 현실은 그렇지 않다. 중년기의 적응적 행동이 노년기에는 비적응적일 수 있고 그 반대일 수도 있다. 독자들은 이 주제에 대한 훌륭한 논의를 Kahana가 쓴 'The Ant and the Grasshopper in Later Life: Aging in Relation to Work and Gratification' (1985, pp. 263-291)에서 찾아볼 수 있을 것이다. 이 시기의 발달 과제는 보수를 받는 전통적 직업이 없는 상황에서 어떻게 자기 가치감과 적절성, 중요성을 유지하는가다.

자신을 멘토로 생각하고 젊은 동료들을 멘티로 생각하는 태도가 중년기와 노년기 이행과정에서 중요한 역할을 한다. 성공적 멘토는 점차적으로 그들이 자기 자신들의 멘티에 의해서 대치될 것이라는 것을 받아들인다. 잠재적 침입자를 향한 적대적 소망은 생산적이 되고자 하는 소망과 갈등을 일으킬 수 있다. 가르치는 역할을 열심히 함으로써 공격성을 승화시킬 때 발달이 이루어진다. 그러나 이러한 갈등은 젊은 동료뿐 아니라 직업 자체에 대해서도 생길 수 있다.

고안해 낸 사람이 누구인가와 상관없이 새롭고 가치 있는 것을 생산하는 데 도움을 줄 수 있는 능력을 발달시켜야 한다. 나이 든 사람들, 특히 멘토들이 이러한 능력을 갖는 것은 쉽지 않다. 그 이유는 시간이나 다른 제한성으로 인해 자신의 생산력이 저하된 것을 알게 된 경우 다른 사람들이 성취한 것을 비하하고자 하는 소망이 생기기 때문이다(Nemiroff & Colarusso, 1985, pp. 98-99).

노인 환자를 위한 정신치료와 정신분석에 관한 문헌

노인을 위한 역동적 치료에 대한 비관론은 Freud로부터 시작되었고, 반론을 제기하는 문헌이 많아짐에도 현재까지 허물어지지 않고 있다. Freud는 "50대 이상이 되면 치료를 위해 필요한 정신력의 탄력성이 떨어진다. 노인은 더 이상 교육시킬 수 없다." (1924a, p. 264)라고 말하였다. 게다가 노인 환자는 살아온 시간이 길고 분석해야 할 자료가 너무 많아서 분석가로 하여금 압박감을 느끼게 한다고 하였다. 끝으로 그는 환자가 곧 죽을 수 있기 때문에 삶의 질보다는 가격 효율성이 높은 치료를 선택하게 된다고 하였다. 이러한 생각들이 수십 년이 지난 현재까지도 영향을 미치는데에는 치료자가 노인을 치료하지 않음으로써 치료자 자신의 시간에 대한 제한성과 죽음에 대한 걱정을 피할 수 있는 핑계거리로 이용하고 있는 점도 일조하고 있다.

Kahana(1978)는 Freud의 딜레마를 다음과 같이 지적하였다.

Freud는 이상할 정도로 자신의 죽음에 대해 걱정하였고 항상 노화에 대해 혐오하였으며, 특히 그의 창조성의 감퇴에 대해 염려한 듯하다. 역설적이지만, 이러한 태도는 그의 긴 수명, 노년기의 놀라운 과학적 · 저술적 업적, 그리고 장기간의 질병과 죽음에 맞서는 용기와 대조적이다(p. 39).

Freud는 자신의 많은 생각을 수정하거나 포기하기도 하였으나 노인 환자를 분석하는 것에 대한 의견은 마지막까지 굽히지 않았다.

Freud의 강력한 영향력은 보다 낙관적인 견해를 피력한 Abraham (1949)와 Jellifee(1925)의 주장을 덮어 버리는 역할을 했다. 이 두 분석가는 그 시대의 표준적 분석 기법을 사용하여 노인 환자를 성공적으로 치료하였다고 보고하였다. Jellifee는 자신이 받은 인상을 "연대기적, 생리적, 심리적 연령은 함께 가지 않는다."라는 말로 요약하였다.

1940년대와 1950년대에 나온 문헌들은 Freud의 관점을 반영한 것이 많았고 비분석적 치료방법을 강조하였다(Alexander & French, 1946; Fenichel, 1945; Hollander, 1952; Wayne, 1953). 하지만 1960년대부터는 보다 낙관적인 관점이 대두되었다(Jacques, 1965; Kahana, 1978; King, 1980; Sandler, 1978). 특히, 주목할 것은 보스턴 노인정신의학회(Boston Society for Gerontological Psychiatry)와 Pollock (1981)의 노인 환자에 대한 임상 경험 보고다.

이러한 연구 결과에도 불구하고 많은 치료자들은 아직도 노인 환자 치료를 회피한다. Butler와 Lewis(1977)는 이것이 노년기와 자신의 죽음에 대해 생각하기를 회피하고자 하는 소망, 그리고 치료 진행 중에 혹은 끝나자마자 환자가 죽을 것에 대한 두려움 때문이라고 하였다. 게다가 이 환자들은 뇌의 기질적 장해로 인해 치료가 불가능하거나 치료자 자신의 부모에 대한 갈등을 환기시킬 수 있으므로 기피하게 만든다.

노인 치료에서의 주요 주제

노인 환자를 치료하는 데 있어서 발달적 관점을 응용하는 것이 왜 유용한가는 미국정신분석학회가 후원한 'Conference on Psychoanalytic Education and Research' (1974)에 명쾌하게 서술되어 있다.

임상에 발달적 관점을 적용시킨다는 것은 모든 사람들의 발달이 지속적이며 일생에 걸쳐 일어난다는 견해에서 비롯된다. 이러한 장기적 관점의 중요성 중 하나는 정신질환이 완전하게 발달된 개체에 질병이 생긴 것이라는 의학적 모델이 아닌 기능적 장해로 이해하는 것으로서, 정신질환이 현재의 기능만을 저해시키는 것이 아니라, 여러 방면으로 발달이 진행 중인 정신구조와 기능을 저해시킨다는 것을 강조하기 때문이다. 우리는 정신질환을 계속 진행되는 발달과정의 맥락에서 이해함으로써 치료의 목적을 모든 차원에서의 발달이 진전될 수 있도록 돕는 것이라는 점을 강조하고자 한다(p. 14).

이러한 주장은 노인들이 발달의 흐름에서 벗어난 것이 아니며, 젊은 환자들과 마찬가지로 노년기와 고령기의 특징적 발달 갈등을 경험하고, 그것이 발달의 진전을 촉진하거나 증상을 일으킬 수 있다는 것을 암시한다. 치료 성공을 위해서는 임상가가 현재의 발달 단계에 특징적인 성인 발달의 주제와 함께 과거의 경험과 갈등의 영향에 관심을 가져야 한다. 그럼으로써 아동기부터 성인기까지의 이전 경험과 노년기의 증상 간의 관계를 재정의하고 통합할 수 있으며, 노인 환자들이 이 시기에 적합한 발달 과제들을 달성하도록 도울 수 있다.

이러한 개념을 바탕으로 Griffin과 Grunes(1990)는 자기 지속성 (self-continuity)의 재건이 노인 치료의 중요한 목표라고 하였다.

노인 환자에게 치료는 자신에 대한 병식을 얻거나 치료적 관계를 이용하여 대인관계의 새로운 변수들을 탐색하기 위한 것이라기보다 치료를 통해서 노년기에 약화된 자기 동일성(selfsameness)의 기반 을 다시 찾고자 하는 것이다(p. 278).

이러한 치료적 목표는 환자가 변화되는 현실에 적응하고 과거로부터 오는 중요한 주제들을 재구성하는 과정을 반영한다. 또한 노인들은 자신의 생명력을 소생시키기 위한 수단으로서, 또한 기억과 자기 지속성을 재구축하기 위한 방편으로서 전이 현상을 보일수 있다는 것을 인식해야 한다.

만일 치료자가 환자의 기억에 대해 적절하게 반응한다면, 예를 들어 환자의 기억을 현재에 대한 방어로 해석하기보다 관심과 즐거움을 가지고 들어준다면, 환자는 친절한 사람(치료자)과 함께 기억을 되살림으로써 과거를 생생하게 재경험할 수 있게 된다. 환자는 어쩌면 다음과 같이 말하는 것일지도 모른다. "여기에서 나는 내가 과거의 나인 것처럼 느껴요. 그리고 내가 나를 이렇게 느낄 수 있기 때문에 나는 같은 사람임이 틀림없어요." (Griffin & Grunes, 1990, p. 279)

치료자가 환자의 회상과정에 참여하기 시작하면, 환자는 치료자를 젊은 시절의 자신을 보관하는 대상으로 본다. Griffin과 Grunes (1990)는 전이를 현재에 대한 방어로 해석하기보다는 과거와 현재를 새롭게 적응적으로 통합하는 데 사용하라고 제안하였다.

전이와 역전이

Griffin과 Grunes(1990)의 예에서 보여 주듯이, 인생 후반부에 나타나는 전이 현상은 복잡하고 어떤 측면에서는 아동과 젊은 성인들에서 나타나는 것과 질적으로 다르다. 그 이유는 중년기와 노년기의 전이 현상은 유아적 경험의 재경험인 동시에 아동기 이후의 모든 발달단계에서의 경험과 갈등의 표현일 수 있기 때문이다(Shane, 1977).

인생 전반에 걸친 심리적 발달의 영향력을 생각하고 흔히 과거를 회상할 때 사용되는 방식을 고려할 때, 아동기, 청소년기, 청년기, 중년기와 노년기의 순서대로 나타나는 고정된 발달단계를 항상 떠올리게 된다. 특히, 오이디푸스기에 나타난 공상들은 발달단계와 연관되어 나타나는, 발달적으로 결정된 공상의 대표적 예다. 중년기의 기억과정에 대한 경험적 연구 결과와 노년기의 인생을 회상하는 과정에 대한 검토는 각 발달단계에 뚜렷하게 나타나는 공상들이 있음을 시사한다(Cohler, 1980, pp. 174-175).

이 같은 개념은 치료자가 전이를 이해하고 해석해 주는 것이 단순히 유아적 과거와 그의 노년기 증상 간의 관계를 인식함으로써 환자를 도와주는 것에 그치지 않는다는 것을 말해 준다. 두 시기 사이의 발달과정이 현재의 증상 복합체에 어떻게 기여했는가도 밝혀내고 분석해야 한다. 또한 Griffin과 Grunes, Cohler가 주장한 것처럼 노년기의 전이는 이 발달단계의 특수한 주제와 걱정, 예를 들면 자기의 통합성과 인생을 되돌아보는 과정으로 이해할 수 있다.

만일 노인 환자가 현재 중요한 대상들과 제한된 관계를 경험하고 있다면, 예를 들어 그가 최근에 배우자를 잃었거나 자녀와 멀리 떨어져 있다면, 전이의 해석과 해소가 더 큰 영향을 줄 수 있다. 이런 상황에서 치료적 관계는 예외적으로 중요해질 수 있고, 그것이 치료 효과를 방해할 수 있다. 매우 빠르게 긍정적인 전이가 발생할 수 있으나 환자가 그로부터 오는 즐거움을 포기하지 않으려 하기 때문에 해소의 어려움이 생기고, 환자는 버림받을 두려움 때문에 부정적 전이를 완전히 억압할 수 있다. 어떤 환자는 현실 세계에서 갖지 못했던 보다 오래 지속되고 풍부한 즐거움을 전이적 충족감으로 대치하기 위해 치료적 관계를 계속하고자 한다(Colarusso & Nemirof, 1991).

여러 세대에 걸친 전이

노년기의 전이와 역전이에 대한 가장 중요한 연구 중 하나는 Hiatt(1971)에 의한 것이다. 그는 60세에서 84세까지의 종단적 연구를 통해 발생할 수 있는 전이의 유형들을 밝혀 냈는데, 그중 어떤 것은 유아기와 초기 아동기 이후의 관계에서 비롯된 것이었다. 그는 그것들을 다음과 같은 유형으로 나누었다.

1. 부모 전이: 이는 가장 잘 알려진 것으로 환자는 치료자를 향해 아이가 부모를 대하듯 반응한다.
2. 또래 또는 형제 전이: 부모와의 관계 외의 다양한 친밀한 관계로부터의 경험을 표현하는 것이다.

   이 유형의 전이는 치료자에 대한 태도에서 가족 내의 다른 구성원과의 관계에 대한 경험을 반영한다. 치료자는 자신의 실제 연령과 무관하게 환자가 배우자, 사업 파트너 또는 룸메이트를 향한 감정을 표현하는 것에 당황할 수도 있다(Hiatt, 1971, p. 594).

3. 아들 또는 딸 전이: 노년기 환자에서 매우 흔히 나타나는 역전된 전이 상황으로, 치료자는 환자의 자녀, 손자, 또는 며느리나 사위의 역할을 하게 된다. 이러한 형태의 전이에서 표현되는 주제는 다양하며, 흔히 의존 심리, 활동성과 우위 대 수동성과 순응에 대한 방어로 나타나거나 시간이 다 가기 전에 자녀와의 관계에서 채우지 못했던 것을 경험하기 위한 시도로 나타난다.
4. 성적 전이: 역시 흔하고 강렬하게 나타나는 것으로, 이러한 현상은 그것을 받아들이는 동시에 자신의 역전이 감정들을 해결할 수 있는 치료자에게는 매우 유용할 수 있다.

이러한 관점에 대한 자세한 증례는 Cohen(1965), Crusey(1985), Hildebrand(1985), Levinson(1985)이 보고한 바 있다.

역전이

젊은 환자를 치료하는 과정에서 나타나는 전형적인 유형의 역전이 외에, 인생 주기 중 노년기 환자의 위치와 관련된 역전이도 있다. 노년기와 고령기의 성인은 질병과 노화가 진행되는 증후들, 아내와 친구들의 상실을 경험, 시간이 제한되어 있다는 것과 자신의 죽음이 다가왔다는 것을 지속적으로 느낀다. 중년기의 치료자 자신도 이러한 주제들에 대해서 이제 막 관심을 갖게 되지만 매일 강렬하게 직면하고 싶지는 않다.

두 번째 유형의 역전이 반응은 노년기 환자의 성생활에 대한 치료자의 반응이다. 노인이 생생한 성적 상상을 하고 자위행위, 그리고 배우자가 있을 때에는 성생활을 한다는 사실은 노년기 환자와의 치료 경험이 풍부하지 않은 치료자의 경우 불편하게 느낄 수 있다. 하지만 이는 환자가 치료자에게 강렬한 성적 전이를 갖게 되었을 때에 비하면 아무것도 아니다.

Crusey(1985)는 자신이 31세였을 때 치료했던 62세 남성 환자의 사례를 다음과 같이 소개하였다.

D씨의 성적 감정은 치료 초반부터 나타났다. 그의 잘 다듬어진 외모와 청소년과 같이 과민한 태도가 치료 회기 전반부터 나를 약간 불편하게 하였다. 내게는 할아버지뻘임에도 치료 시간을 나와의 데이트 시간 정도로 여기는 환자에 대해서 존경심을 잃지 않고 치료적 동맹관계를 확립해야 하는 것이 그 당시 내 고민거리였다.

(중략) 젊은 치료자로서 그 자신과 자신의 부모가 30여 년의 나이 차에도 불구하고 비슷한 유아기적 갈등을 가지고 있다는 것을 상상

하는 것은 분명 어려운 일이다. 나는 D씨가 완전히 성장한 성인으로서 나 또한 겪을 수 있는 갈등을 갖고 있지 않기를 바랐다. 그러나 이러한 갈등의 정신 역동을 다루지 않으려는 것은 그에게 조기 사망을 선고하는 것과 같다는 것을 내게 가르쳐 주었다.

이 같은 전이 상황들은 나에게 다음 질문을 던져 주었다. 만일 내 아버지가 치료에서 이 같은 문제들을 해결하려 한다면 나는 어떻게 느낄까? 결국 나는 그 역시 동일한 심리적 갈등을 가질 수 있으리라는 것을 받아들이게 되었다(pp. 165-166).

노년기 환자의 치료과정 중 나타나는 역전이의 또 다른 예는 치료자가 흔히 환자의 자녀로 여겨지므로 치료자 자신이 형제와 관련된 갈등을 경험하게 되는 것이다. 환자가 자녀와 관련된 긍정적 또는 부정적 전이를 표현할 때, 치료자는 자신의 형제, 부모 또는 자녀에 대한 감정을 경험한다. 예를 들어, 환자가 치료자를 이상적인 아들이나 딸로 여기는 우호적 감정을 표현하면, 이러한 전이 감정을 이해하기보다는 치료자 스스로 가장 사랑받는 자녀가 되고 싶어 했던 소망에 상응하여 서로의 소망을 충족시키는 관계를 유지하려고 할 것이다. 환자가 심각한 질환을 앓게 되어 치료자가 환자의 가족과 실제로 접촉하면 상황은 보다 복잡해질 수 있다.

Hiatt(1971)는 노인 환자에 대한 역전이 반응을 다음과 같은 유형으로 정리하였다.

1. 전지전능한 또는 비현실적 희망: 치료자 자신의 질병이나 사망에 대한 감정을 피하기 위한 시도로, 치료자는 환자의 현실적 노쇠를 부인한다.

2. 치료자의 자기애를 만족시키고 개인적 충족감을 얻음: 치료자가 자신을 보호하고 도와줄 것이라는 기대로 인해 방어적으로 치료자의 지식과 능력을 과도하게 평가하는 노인 환자를 분석하기보다는 즐기는 것이 그 예다.

3. 노인 환자와의 치료 작업을 회피하려는 비합리적 분노와 소망: 이는 흔히 노인 환자들이 치료자를 조종하려는 행동 또는 노인 환자의 퇴행 행동에 대한 반응으로 일어날 수 있으며, 치료자 자신의 부모와의 과거 또는 현재의 관계에 기반을 둔 것은 아닐 수 있다.

4. 인생을 마감하려고 하는 인간에 대한 동정심과 슬픔: 이러한 의식적 감정은 유아기적 또는 성인기 경험에서 비롯된, 자신의 부모가 죽기를 바라는 소망을 덮으려는 태도일 수 있다. 결과적으로 노인 환자의 죽음에 대한 태도를 다뤄야 하는 단계 특유의 요구를 회피하는 것으로 이어진다.

노년기 환자의 치료를 위한 특별한 기법

George Pollock: 회상의 치료적 가치

Pollock(1979)은 대상의 상실이 정신과정에 큰 영향을 주는 보편적 경험이라는 것을 인식하였고, 애도과정에 대한 이론을 제시하면서 환자와의 치료 작업에서 회상(reminiscence)의 유용성에 대해 제안하였다. 그에 따르면 애도반응이란 현실의 고통스러운 측면을 받아들이면서 심리적이고 실제적으로 큰 변화를 일으키는 변형과정이다. 치료에서 애도과정에 초점을 맞춤으로써 환자가 자신의 일부였던 부분을 잃어버렸다는 사실을 인식하고 받아들이도록 도울 수 있다. 잃어버린 대상, 희망, 열망이 분석되고 수용되면서, 새로운 승화과정, 흥미, 그리고 관계에 대해 고려하고 지향할 수 있게 된다.

회상은 노인 환자에서 특히 가치 있는 기능인데, 그 이유는 감퇴하는 자아의 온전성과 유능성을 인식하고 직면함과 동시에 자기감과 과거와 현재 사이의 연결성을 유지하는 것을 돕기 때문이다. 환자에 따라서는 과거에 초점을 맞추는 것이 일종의 애도가 될 수도 있고 과거의 갈등을 훈습하는 것이 될 수도 있다. 어떤 경우에서든 "정신분석적 관찰자의 통찰은 '늙은이의 한탄'으로 여겨질 수 있는 것들의 의미를 이해하도록 돕는다."(Pollock, 1981, p. 280)

치료과정 중 인생 되돌아보기

이 장의 전반부에서 인생을 되돌아보는 것이 노년기의 중요한, 단계 특유의 발달 과제라고 서술하였다. 이러한 노력은 노인 환자를 위한 치료과정 중 중요한 부분이 될 수 있고, 특히 치료자가 Butler와 Lewis(1977)의 치료 기법을 사용한다면 더욱 그럴 것이다. 그들은 환자에게 자서전의 줄거리를 써 보라고 제안한다. 이를 통해서 치료자는 새로운 정보를 얻게 되고 강조하고 싶어 하는 또는 회피하고 싶어 하는 인생 경험들에 대해 알 수 있게 된다. 또한 Butler와 Lewis는 환자에게 과거에 중요했던 사람과 장소를 방문할 것을 격려하라고 조언하였다. 동창회가 그 예다. 이러한 경험은 과거와 현재의 구분을 명료하게 함으로써 애도과정을 촉진하고 아직까지도 마음속에 존재하는 과거의 실제적 측면들과 다시 연결되는 기회를 준다. 공식적 조사뿐 아니라 스크랩북이나 앨범을 다시 보는 것 역시 환자가 자신의 혈통과 개인적, 윤리적, 사회적 정체성을 치료자와 함께 검토하게 함으로써 치료에 매우 유용하게 이용될 수 있다.

쇠약한 노인 치료를 위한 기법

Goldfarb(1955, 1967), Goldfarb와 Sheps(1954)는 이러한 환자군, 즉 대개 양로원에 거주하고 심각한 신체적 또는 심리적 장해를 갖고 있는 환자들을 치료하기 위한 기법을 소개하였다. 그들은 이러한 환자들이 자신의 증가하는 무력감에 대한 반응으로 치료자를 포함한 타인 위에 군림하고 통제하려고 하거나 아이 같은 의존적 전이를 보인다는 사실에 주목하였다. 이러한 통찰에 기반을 두고 Goldfarb와 Sheps는 다음과 같은 치료 전략을 제안하였다.

안전을 추구하는 병약한 노인들이 치료자에게 요구하는 역할을 이용하여 그들의 죄책감, 두려움, 분노와 우울감을 없애거나 적어도 관계 안에서의 그 같은 감정을 표현하는 방식을 변화시킬 수 있다. 환자의 무력감 역시 감소될 것이다. 환자가 자신의 수행 능력을 부분적으로 되찾게 되면 자존감과 활력이 증가된다. 환자의 상태와 진전 과정이 허락하는 한도 내에서, 병원 방문 간격을 길게 설정하고 5~15분 정도의 단기 치료 회기를 갖는다. 각 회기는 환자가 동지를 얻었거나 상대를 압도했다는 만족감이나 승리감을 얻도록 '구조화' 되어 있다. 치료자는 환자가 죄책감이 아닌 승리감을 갖고 떠나도록 노력한다(p. 183).

노쇠한 환자를 돌보는 직원의 태도에 긍정적 영향을 미치는 것도 치료자가 해야 할 중요한 과제다. Cohen(1985)은 치매에 이르게 한 뇌졸중이 발생하기 전후 수년간 자신의 80세 환자를 치료한 과정을 서술함으로써 어떻게 이렇게 어렵고 복잡한 과제를 수행해 냈는가를 보여 주었다.

C부인은 자신의 과거사를 잊었을 뿐 아니라 자신의 이야기를 다른 사람에게 전달하는 능력 역시 잃어버렸다. 우리는 모두 두 가지 측면의 복합적 개인사를 가지고 있다. 우리가 알고 있는 역사와 다른 사람이 알고 있는 우리에 대한 역사가 그것이다. 자신을 모르는 사람들에게 과거에 대해서 이야기할 수 없다는 것은 타인으로부터 이해와 공감을 얻어 내는 데 매우 심각한 장애물이 된다. 이 시점에서 치료자는 그 사람의 개인적 · 역동적 역사, 그의 병력을 알려 주는 더할 수 없이 중요한 도움을 줄 수 있다. 그 다음 나는 인간에서 발견할 수 있는 가장 흥미로운 능력의 일부인 이러한 경쟁적 측면을 회복시키려고 노력하였다. 병원 직원들에게 환자의 과거를 역동적으로 보여 주기 위해서 스크랩북, 사진, 신문 스크랩, 그리고 다른 개인 물품들을 수집하였다. 효과는 대단했다. 다음 주에 보니 직원들과 C부인 사이의 언어적, 비언어적 교류가 더욱 활발해졌다. 그리고 시간이 지나감에 따라 이러한 교류는 더욱 증가하였는데, 직원들이 환자에 대한 보다 큰 이해의 틀을 갖게 됨에 따라서 환자가 표현하는 잘 맞지 않는 부분적 생각들도 더 잘 이해할 수 있게 되었기 때문이었다.

사실 직원들에게 C부인의 삶에 대해서 알리는 것은 여기에서 묘사한 것보다 훨씬 더 복잡한 문제들을 가지고 있었다. 우선 하루 중 직원의 교대가 한 번 이상 있었고 한 해 동안 상당한 정도의 직원 교체가 있었다. 특히, 양로원의 경우 간호보조사는 이직률이 높다. 어떻게 교대 근무를 하는 직원과 새로 오는 직원에게 환자의 이야기를 역동적으로 전달할 수 있을까 하는 것이 고민이었다. 분명히 전형적 의무 기록을 참조하는 것만으로는 불가능한 일이었다. 어떤 경우 의무 기록의 분량이 너무 많아서 많은 사람들이 읽다가 그만두었다. 그래서 고안해 낸 것이 오디오 또는 비디오테이프에 환자에 대한 이야기를 기록하는 방법이었다. 어떤 기관에서는 영상으로 이런 기록들을 만들어 내는 프로그램을 개발할 수 있었다. 이런 경우 비용이 문제가 되었지만 오디오테이프에 녹음을 하는 것은 대체로 큰 어려움이 없었다. 모든 교대 근무 직원은 의무 기록을 뒤적이는 것보다 테이프를 듣거나 보는 것이 훨씬 쉽다고 느꼈고, 결과적으로 환자에 대해서 더 많이 이해하게 되었다. 가족 역시 중요한 역할을 하는데, 그들은 테이프 제작에 필요한 정보를 제공하고 제작과정에 직접 참여함으로써 만족감을 느꼈다. 특히, 가족 구성원 중 한 사람이 이야기를 잘하는 사람이라면 그들이 직접 환자의 전기를 녹음하였다. 이러한 경험은 모두에게 큰 보상을 주었다. 이 증례에서 볼 수 있듯이, 심각한 치매 환자의 치료적 개입방법 중 자서전이 갖는 역할은 생물학적 치료방법만큼 중요하다(pp. 202-203).

참고문헌

Abraham, K. 1949. The applicability of psycho-analytic treatment to patients at an advanced age. In *Selected Papers of Psychoanalysis*. London: Hogarth Press.

Abrams, S. 1978. The teaching and learning of psychoanalytic developmental psychology. *J. Amer. Psychoanal. Assn.* 26:387-396.

Alexander, F. G., & French, T. M. 1946. *Psychoanalytic Therapy: Principles and Applications*. London: Ronald Press.

American Psychiatric Association (APA). 1987. *Diagnostic and Statistical Manual of Mental Disorders* (3rd ed., rev.). Washington, D.C.: American Psychiatric Association.

Anthony, E. J. 1982. Normal adolescent development from a cognitive viewpoint. *J. Amer. Acad. Child. Psychiat.* 21:318-327.

Arnstein, R. L. 1980. The student, the family, the university, and transition to adulthood. In: *Adolescent Psychiatry* (S. C. Feinstein, ed.). Chicago: University of Chicago Press.

Back, K. W. 1974. Transition to aging and the self image. In: *Normal Aging: Vol. II* (E. Palmore, Ed.). Durham: Duke University Press, pp. 207-216.

Bardwick, J. M. 1986. *The Plateauing Trap*. New York: American Management Association.

Basseches, M. 1984. *Dialectic Thinking and Adult Development*. Norwood: Ablex.

Berman, E. M., & Lief, H. I. 1975. Marital therapy from a psychiatric perspective: An overview. *Amer. J. Psychiatry* 132:6-19.

Bettelheim, B. 1976. *The Uses of Enchantment: The Meaning and Importance of Fairy Tales*. London: Thames and Hudson.

Block, J. 1971. *Lives Through Time*. Berkeley: Bancroft Books.

Blos, P. 1962. *On Adolescence: A Psychoanalytic Interpretation*. New York: Free Press.

Blos, P. 1967. The second individuation process of adolescence. *Psychoanal. Study Child* 22:162–186.

Blos, P. 1970. *The Young Adolescent: Clinical Studies*. New York: Free Press.

Blos, P. 1974. The genealogy of the ego ideal. *Psychoanal. Study Child* 29:43–88.

Blos, P. 1979. *The Adolescent Passage*. New York: International Universities Press.

Bornstein, B. 1951. On latency. *Psychoanal. Study Child* 5:279–286

Bornstein, B. 1953. Fragment of an analysis of an obsessional child: The first six months of analysis. *Psychoanal. Study Child* 8:313–332.

Brunswick, R. M. 1940. The preoedipal phase of libido development. *Psychoanal. Quart.* 9:293–307.

Butler, R. N. 1963. The life review: An interpretation of reminiscence in the aged. *Psychiatry* 26:65–76.

Butler, R. N. & Lewis, M. I. 1977. *Aging and Mental Health: Positive Psychosocial Approaches*. St. Louis: Mosby.

Cath, S. H., & Cath, C. 1985. When a wife dies. In: *The Race against Time: Psychotherapy and Psychoanalysis in the Second Half of Life* (R. Nemiroff and C. Colarusso, Eds.). New York: Plenum Press, pp. 241–262.

Cath, S. H., Gurwitt, A. R., & Ross, J. M. (Eds.). 1982. *Father and Child: Developmental and Clinical Perspectives*. Boston: Little, Brown.

Cath, S. H., Gurwitt, A. R., & Gunsberg, L. (Eds.). 1989. *Fathers and Their Families*. Hillsdale: The Analytic Press.

Chinen, A. B. 1984. Modal logic, a new paradigm of development and late life potential. *Human Development* 27:52–56.

Chodorkoff, B. 1990. The catastrophic reaction: Developmental aspects of a severe reaction to loss in later life. In: *New Dimensions in Adult Development* (R. Nemiroff & C. Colarusso, Eds.). New York: Basic Books, pp. 371–385.

Clower, V. L. 1976. Theoretical implications in current views of masturbation in latency girls. *J. Amer. Psychoanal. Assn.* 24:109–126.

Cohen, J. 1985. Psychotherapy with an eighty–year–old patient. In: *The Race against Time: Psychotherapy and Psychoanalysis in the Second Half of Life* (R. Nemiroff & C. Colarusso, Eds.). New York: Plenum Press, pp. 195–210.

Cohler, B. J. 1980. Adult Developmental Psychology and Reconstruction in Psychoanalysis. In: *The Course of Life: Psychoanalytic Contributions Toward Understanding Personality Devel-opment, Vol. III* (S. J. Greenspan & G. H. Pollack, Eds.). Washington, D.C.: U.S. Government Printing Office, DHHS Publication No. (ADM) 81–1000, pp. 149–199.

Cohler, J., & Lieberman, M. 1979. Personality change across the second half of life. Findings from a study of Irish, Italian, and Polish–American Men and Women. In: *Ethnicity and Aging* (D. Gelfand & A. Kutznik, Eds.). New York: Springer, pp. 227–245.

Cohler, B. L., & Galatzer–Levy, R. M. 1990. Self, meaning, and morale across the second half of life. In: *New Dimensions in Adult Development* (R. Nemiroff & C. Colarusso, Eds.). New York: Basic Books, pp. 214–263.

Colarusso, C. A. 1979. The development of time sense — from birth to object constancy. *Int. J. Psychoanal.* 60:243–252.

Colarusso, C. A. 1987. The development of time sense — from object constancy to adolescence. *J. Amer. Psychoanal. Assn.* 35:119–144.

Colarusso, C. A. 1988. The development of time sense in adolescence.

Psychoanal. Study Child 43:179-198.

Colarusso, C. A. 1990. The third individuation: The effect of biological parenthood on separation-individuation processes in adulthood. *Psychoanal. Study Child* 45:170-194.

Colarusso, C. A. 1995. Traversing Young Adulthood: The Male Journey from Twenty to Forty. *Psychoanalytic Inquiry* 15:75-91.

Colarusso, C. A., & Nemiroff, R. A. 1981. *Adult Development: A New Dimension in Psychody-namic Theory and Practice.* New York: Plenum Press.

Colarusso, C. A., & Nemiroff, R. A. 1982. The father in midlife: Crisis and growth of paternal identity. In: *Father and Child* (S. H. Cath, A. Gurwitt, & J. M. Ross, Eds.). Boston: Little, Brown, pp. 315-328.

Colarusso, C. A., & Nemiroff, R. A. 1991. Impact of adult developmental issues on treatment of older adults. In: *New Technigues in the Older Patients* (W. Myers, Ed.). Washington, D.C.: American Psychiatric Press, pp. 245-265.

Commons, M. L., & Richards, F. A. 1982. A general model of stage theory. In: *Beyond Formal Operations: Late Adolescent and Adult Cognitive Development* (M. L. Commons, F. A. Richards, & S. Armon, Eds.). New York: Praeger.

Conference on Psychoanalytic Education and Research, Commission IX. 1974. *Child Analysis.* New York: American Psychoanalytic Association.

Cooper, A. M. 1985. Will Neurobiology Influence Psychoanalysis? *American Journal of Psychiatry* 142:1395-1402.

Crusey, J. E. 1985. Short-term psychodynamic psychotherapy with a sixty-two-year-old man. In: *The Race against Time* (R. Nemiroff & C. Colarusso, Eds.). New York: Plenum Press, pp. 147-170.

Dowling, S., & Rothstein, A. (Eds.). 1989. *The Significance of Infant Observational Research for Clinical Work with Children, Adolescents, and Adults.* Madison: International Universities Press.

Edelstein, W. & Noam, G., 1982. Regulatory structures of self and post-formal stages in adulthood. *Human Development* 25:407-422.

Edgcumbe, R., & Burgner, M. 1975. The phallic-narcissistic phase: A differentiation between preoedipal and oedipal aspects of phallic development. *Psychoanal. Study Child* 30:161-180.

Eichorn, D. A., Clausen, J. A., & Haan, H. 1981. *Present and Past in Middle Life*. New York: Academic Press.

Eisdorfer, C., & Raskind, R. 1975. Aging and human behavior. In: *Hormonal Correlates of Behavior, Vol 1. A Lifespan View*. (B. E. Eleftreriois & R. L. Spatts, Eds.) New York: Plenum Press, pp. 369-387.

Eissler, K. 1975. On possible effects of aging on the practice of psychoanalysis: An essay, *J. Phila. Assoc. Psychoanal.* 11:139-176.

Emde, R. N. 1985. From adolescence to midlife: Remodeling the structure of adult development. *J. Amer. Psychoanal. Assn.* 33:59-112.

Erikson, E. H. 1956. The concept of ego identity. *J. Amer. Psychoanal. Assn.* 4:56-121.

Erikson, E. H. 1963. *Childhood and Society* (2nd ed.). New York: W. W. Norton.

Erikson, E. H. 1973. *Dimensions of a New Identity: Jefferson Lectures*. New York: W. W. Norton.

Fenichel, O. 1945. *The Psychoanalytic Theory of Neurosis*. New York: W. W. Norton.

Fiske, M. 1980. Tasks and crises of the second half of life: The interrelationship of commitment, coping, and adaptation. In: *Handbook of Health and Aging* (J. Burren & R. B. Sloan, Eds.). Englewood Cliffs: Prentice Hall, pp. 337-373.

Ferenczi, S. 1913. Stages in the development of the sense of reality. *Int. Z. Psychoanal.*

Freud, A. 1936, *The Ego and Mechanisms of Defense*. In: *The Writing of Anna Freud* (Vol. 2, rev. ed.). New York: International Universities Press.

Freud, A. 1946. The psychoanalytic study of infant feeding disturbances. *Psychoanal. Study Child* 2:119-132.

Freud, A. 1958. Adolescence. Psychoanal. *Study Child* 13:255-278.

Freud, A. 1965. *Normality and Pathology in Childhood: Assessments of Development*. New York: International Universities Press.

Freud, A. 1981. The concept of developmental lines: Their diagnostic significance. *Psychoanal. Study Child* 36:129-136.

Freud, A., Nagera, H., & Freud, W. E. 1965. Metapsychological assessment of the adult personality. The adult profile. *Psychoanal. Study Child* 20:9-41.

Freud, S. 1905. Three essays on the theory of sexuality. In: *Standard Edition* (J. Strachey, Ed., 1968), 7:125-243. London: Hogarth Press.

Freud, S. 1909. Analysis of a phobia in a five-year-old boy. In: *The Standard Edition* (J. Strachey, Ed., 1958), 10:3-148. London: Hogarth Press.

Freud, S. 1911. Formulations on the two principles of mental functioning. In: *The Standard Edition* (J. Strachey, Ed., 1958), 12:213-218. London: Hogarth Press.

Freud, S. 1912. The dynamics of transference. In: *The Standard Edition* (J. Strachey, Ed.). 7:98-108. London: Hogarth Press.

Freud, S. 1914. On narcissism. In: *The Standard Edition* (J. Strachey, Ed., 1985), 14:67-102. London: Hogarth Press.

Freud, S. 1915. Thoughts for the times on war and death. In: *The Standard Edition* (J. Strachey, Ed., 1958), 14:273-301. London: Hogarth Press.

Freud, S. 1918. From the history of an infantile neurosis. In: *The Standard Edition* (J. Strachey, Ed., 1958), 17:3-122. London: Hogarth Press.

Freud, S. 1921. Group psychology and the analysis of the ego. In: *The Standard Edition* (J. Strachey, Ed., 1958), 18:67-143. London:

Hogarth Press.

Freud, S. 1923. Ego and the id. In: *The Standard Edition* (J. Strachey, Ed., 1958), 19:3–66. London: Hogarth Press.

Freud, S. 1924a. On psychotherapy. In: *Collected papers* (Vol. 1). London: Hogarth Press. (Originally published, 1905)

Freud, S. 1924b. The dissolution of the Oedipal complex. In: *The Standard Edition* (J. Strachey, Ed., 1968), 19:172–179. London: Hogarth Press.

Freud, S. 1930. Civilization and its discontents. In: *The Standard Edition* (J. Strachey, Ed.), 21:59–246. London: Hogarth Press.

Freud, S. 1940. An outline of psycho-analysis. In: *The Standard Edition* (J. Strachey, Ed., 1968), 23:141–207. London: Hogarth Press.

Galenson, E., & Roiphe, H. 1974. The emergence of genital awareness during the second year of life. In: *Sexual Differences in Behavior* (R. C. Friedman, Ed.). New York: Wiley, pp. 223–231.

Galenson, E., & Roiphe, H. 1976. Some suggested revisions concerning early female development. *J. Amer. Psychoanal. Assn. Supplement, Female Psychology* #5, 24:29–58.

Gesell, A., & Ilg, F. L. 1943. *Infant and Child in the Culture of Today.* New York: Harper.

Glover, E. 1945. Examination of the Klein system of child *Psychology. Psychoanal. Study Child* 1:78–93.

Goin, M. K. 1990. Emotional survival and the aging body. In: *New Dimensions In Adult Development* (R. Nemiroff & C. Colarusso, Eds.). New York: Basic Books, pp. 518–531.

Goldfarb, A. L. 1955. One aspect of the psychodynamics of the therapeutic situation with aged patients. *Psychoanalytic Review* 42:180–187.

Goldfarb, A. L. 1967. *Psychiatry in Geriatrics, Medical Clinics of North America.* Philadelphia: W. B. Saunders.

Goldfarb, A. L., & Sheps, J. 1954. Psychotherapy of the aged.

Psychosomatic Medicine 15:3-12.

Gottschalk, L. A. 1990. Origins and evolution of narcissism through the life cycle. In: *New Dimensions in Adult Development* (R. Nemiroff & C. Colarusso, Eds.). New York: Basic Books.

Gould, R. L. 1978. *Transformations: Growth and Change in Adult Life.* New York: Simon & Schuster.

Gould, R. L. 1990. Clinical lessons from adult developmental therapy. In: New *Dimensions in Adult Development* (R. Nemiroff & C. Colarusso, Eds.). New York: Basic Books, pp. 345-370.

Greenacre, P. 1953. Penis awe and its relation to penis envy. In: *Emotional Growth* (Vol. 1). New York: International Universities Press, pp. 31-49.

Greenson, R. R. 1954. The struggle against identification. *J. Amer. Psychoanal. Assn.* 2:200-217.

Greenspan, S. I., & Pollack, G. H. 1981. *The Course of Life: Contributions toward Understanding Personality Development, Infancy and Early Childhood* (Vol. I); *Latency, Adolescence, and Youth* (Vol. II); and *Adulthood and Aging* (Vol. III). Washington, D.C.: Government Printing Office.

Griffin, B. P., & Grunes, J. M. 1990. A developmental approach to psychoanalytic psychotherapy with the aged. In: *New Dimensions in Adult Development* (R. Nemiroff & C. Colarusso, Eds.). New York: Basic Books, pp. 267-287.

Gurwitt, A. 1982. Aspects of prospective fatherhood. In: *Father and Child* (S. Cath, A. Gurwitt, & J. M. Ross, Eds.), Boston: Little, Brown, pp. 275-300.

Gutmann, D. 1971. Cross-cultural research on human behavior: A comparative study of the life cycle in the middle and later years. In: *Environmental Influences and Genetic Expression* (N. Kretchmer & F. Walcher, Eds.). Washington, D.C.: Government Printing Office, Fogarty International Center Proceedings, No. 2.

Guttman, D. 1977. Parenthood: A comparative key to the life-cycle. In: *Life-Span Developmental Psychology: Normative Life Crisis* (N. Datan & L. Ginsberg, Eds.). New York: Academic Press, pp. 167-184.

Guttman, D. 1987, Reclaimed Powers: Toward a Psychology of Men and Women in Later Life. New York: Basic Books.

Guttman, D. 1990. Psychological Development and Pathology in Later Life. In: *New Dimensions in Adult Development* (R. Nemiroff & C. Colarusso, eds.) New York: Basic Books, pp. 170-185.

Guttman, D., Griffin, B., & Grunes, J., 1982. Developmental contributions to the late-onset affective disorders. In: *Life-Span Development and Behavior* (P. Baltes & O. G. Brim, Jr., Eds.). New York: Academic Press, pp. 244-263.

Harman, S. W. 1979. Male menopause? The hormones flow but sex goes slow. *Medical World News* 20:11-18.

Hartmann, H. 1964. *Essays on Ego Psychology.* Princeton: Princeton University Press.

Heath, R. 1979. *Princeton Retrospective: The Class of 1954.* Princeton: Princeton University Press.

Hertzog, J. M. 1982. Patterns of expectant fatherhood: A study of the fathers of a group of premature infants. In: *Father and Child* (S. Cath, A. Gurwirr, & J. M. Ross, Eds.). Boston: Little, Brown, pp. 301-314.

Hertzog, J. M. 1984. Fathers and young children: Fathering daughters and fathering sons. In: *Frontiers of Infant Psychiatry* (J. D. Call, E. Galenson, & R. L. Tyson, Eds.). New York: Basic Books, pp. 335-342.

Hiatt, H. 1971. Dynamic psychotherapy with the aging patient. *American J. Psychotherapy* 25:591-600.

Hildebrand, H. P. 1985. Object loss and development in the second half of life. In: *The Race against Time* (R. Nemiroff & C. Colarusso,

Eds.). New York: Plenum Press, pp. 311-328.

Hollander, M. H. 1952. Individualizing the aged. *Social Casework* 33:99-116.

Horney, K. 1924. On the genesis of the castration complex in women. In: *Feminine Psychology* (H. Kelman, Ed.). New York: W. W. Norton, 1967, pp. 37-53.

Jacobson, E. 1961. Adolescent moods and the remodeling of psychic structure in adolescence. *Psychoanal. Study Child* 16:164-183.

Jacques, E. 1965. Death and the midlife crisis. *Int. J. Psychoanal.* 46:502-514.

Jarvik, L. J., Eisdofer, C., & Blum, J. E. 1973. *Intellectual Functioning in Adults.* New York: Springer.

Jellifee, S. E. 1925. The old age factor in psycho-analytic therapy. *Medical Journal Records* 121:7-12.

Jung, C. G. 1933. *Modern Man in Search of a Soul.* New York: Harcourt, Brace.

Kahana, R. 1978. Psychoanalysis in later life. Discussion. *J. Geriatric Psych.* 11:37-49.

Kahana, R. 1985. The ant and the grasshopper in later life: Aging in relationship to work and gratification. In: *The Race against Time* (R. Nemiroff & C. Colarusso, Eds.). New York: Plenum Press, pp. 263-292.

Kandel, E. R. 1976. *Cellular Bases of Behavior: An Introduction to Behavioral Neurology.* New York: W. H. Freeman.

Kandel, E. 1986. Book Review. In: *Psychotherapy and Social Sciences.* Northvale, N. J.: Jason Aronson, p. 36.

Kandel, E. R., & Schwartz, J. H. 1982. Molecular biology of learning: Modulation of transmitter release. *Science* 218:433-442.

Kanner, L. 1943. Autistic disturbances of affective contact. *Nerv. Child* 2:21-250.

Kaplan, E. B. 1965. Reflections regarding psychomotor activities during

the latency period. *Psychoanal. Study Child* 20:220-238.

Katan, A. 1961. Some thoughts about the role of verbalization in childhood. *Psychoanal. Study Child* 16:184-188.

Katz, A. 1968. *No Time for Youth.* San Francisco: Jossey-Bass.

Kernberg, O. F. 1975. *Borderline Conditions and Pathologic Narcissism.* New York: Jason Aronson.

Kestenberg, J. 1968. Outside and inside, male and female. *J. Amer. Psychoanal. Assn.* 16:457-520.

Kestenberg, J. 1976. Regression and reintegration in pregnancy. *J. Amer. Psychoanal. Assn. Supplement, Female Psychology* #5, 24:213-250.

King, P. 1980. The life cycle as indicated by the nature of the transference in the psychoanalysis of the middle-aged and elderly. *Int. J. Psychoanal.* 61:153-160.

Kleeman, J. A. 1966. Genital self-discovery during a boy's second year: A follow-up. *Psychoanal. Study Child* 21:358-392.

Kohut, H. 1971. *The Analysis of the Self: A Systematic Approach to the Psychoanalytic Treatment of Narcissistic Personality Disorders.* New York: International Universities Press.

Kohut, H. 1977. *Restoration of the Self.* New York: International Universities Press.

Kramer, S., & Akhtar, S. 1988. The developmental context of internalized preoedipal object relations: Clinical applications of Mahler's theory of symbiosis and separation-individuation. *Psychoanal. Quart.* 57:547-576.

Labouvie-Vief, G. 1982a. Dynamic development and mature autonomy. *Human Development* 25:161-191.

Labouvie-Vief, G. 1982b. Growth and aging in life-span perspective. *Human Development* 25:65-78.

Levinson, D. J., Darrow, C. N., & Klein, E. B. 1978. *The Seasons of a Man's Life.* New York: Alfred A. Knopf.

Levinson, G. 1985. New beginnings at seventy: A decade of psychotherapy in late adulthood. In: *The Race against Time* (R. Nemiroff & C. Colarusso, Eds.). New York: Plenum Press, pp. 171–194.

Lieberman, M., & Tobin, S. 1983. *The Experience of Old Age: Stress, Coping, and Survival.* New York: Basic Books.

Loewald, H. 1985. Oedipal complex and the development of the self. *Psychoanal. Quart.* 54:435–443.

Loewald, H. W. 1979. The waning of the Oedipal Complex. In: *Papers on Psychoanalysis.* New Haven: Yale University Press, pp. 384–404.

Mahler, M. 1952. On child psychosis and schizophrenia: Autistic and symbiotic infantile psychosis. *Psychoanal. Study Child* 7:286–305.

Mahler, M. 1958. From autism to symbiosis. *Int. J. Psychoanal.* 39:83–92.

Mahler, M. 1963. Thoughts about development and individuation. *Psychoanal. Study Child* 18:307–324.

Mahler, M. 1967. On human symbiosis and the vicissitudes of individuation. *J. Amer. Psychoanal. Assn.* 15:740–763.

Mahler, M., Pine, F., & Bergman, A. 1975. *The Psychological Birth of the Human Infant.* New York: Basic Books.

Martin, C. E. 1977. Sexual activity in the aging male. In: *Handbook of Sexuality* (J. Money & H. Musaph, Eds.). Amsterdam: Elsevier/North-Holland.

Maslow, A. H. 1968. *Toward a Psychology of Being.* New York: Van Nostrand.

Masters, W., & Johnson, V. 1966. *Human Sexual Response.* Boston: Little, Brown.

Moore, B. E., & Fine, B. D. (Eds.). 1990. *Psychoanalytic Terms and Concepts* (The American Psychoanalytic Association). New Haven: Yale University Press.

Myers, W. (Ed.). 1991. *New Techniques in the Psychotherapy of Older Patients.* Washington, D.C.: American Psychiatric Press.

Nagera, H. 1966. Sleep and its disturbances approached developmentally. *Psychoanal. Study Child* 21:393-447.

Nemiroff, R. A., & Colarusso, C. A. 1985. *The Race against Time: Psychotherapy and Psychoanalysis in the Second Half of Life.* New York: Plenum Press.

Nemiroff, R. A., & Colarusso, C. A. (Eds.). 1990. *New Dimensions in Adult Development.* New York: Basic Books.

Neugarten, B. 1979. Time, age and the life cycle. *Amer. J. Psychiatry* 136:887-894.

Neugarten, B. L. 1975. Adult Personality: Toward a psychology of the life cycle. In: *The Human Life Cycle* (W. C. Sze, Ed.). New York: Jason Aronson.

Neugarten, B. L., Berkowitz, H., Crotty, W. J., Gruen, W., Gutmann, D. L., Lubin, M. I., Miller, D. L., Peck, R. F., Rosen, J. L.,Shukin, A., & Tobin,S.S. 1964. *Personality in Middle and Late Life.* New York: Atherton Press.

Offer, D., & Offer, J. B. 1975. *From Teenage to Young Manhood: A Psychological Study.* New York: Basic Books.

Offer, D., & Sabshin, M. (Eds.). 1984. *Normality and the Life Cycle.* New York: Basic Books.

Oldham, J. M., & Liebert, R. S. 1989. *The Middle Years.* New Haven: Yale University Press.

Panel, 1973a. The experience of separation-individuation in infancy and its reverberations through the course of life: Infancy and childhood. M. Winestine, reporter. *J. Psychoanal. Assn.* 12:135-154.

Panel, 1973b. The experience of separation-individuation through the course of life: Adolescence and maturity. *J. Marcus, reporter. J. Amer. Psychoanal. Assn.* 21:155-167.

Parens, H. 1970. Inner sustainment: Metaphysical considerations. *Psychoanal. Quart.* 39:223-239.

Pearson, G. 1958. *Adolescence and the Conflict of Generations.* New

York: W. W. Norton.

Peller, L. E. 1954. Libidinal phases, ego development, and play. *Psychoanal. Study Child* 9:178-198.

Piaget, J. 1936. *The Origins of Intelligence in Children*. New York: W. W. Norton.

Piaget, J. 1954. Intelligence and affectivity: Their relationship during child development. Palo Alto, Calif.: *Annual Reviews*. 1981.

Piaget, J. 1969. *The Psychology of the Child*. New York: Basic Books.

Pollock, G. H., 1979. Aging or aged: Development of pathology? Unpublished manuscript.

Pollock, G. 1981. Reminiscence and insight. *Psychoanal. Study Child*. 36:278-287.

Rangell, L. 1963. On friendship. *J. Amer. Psychoanal. Assn*. 11:3-11.

Rangell, L. 1982. The self in psychoanalytic theory. *J. Amer. Psychoanal. Assn*. 30:863-891.

Reiser, M. 1984. *Mind, Brain, Body: Towards a Convergence of Psychoanalysis and Neurobiology*. New York: Basic Books.

Ritvo, S. 1976. Adolescent to woman. *J. Amer. Psychoanal. Assn. Supplement. Female Psychology* #5, 24:127-138.

Roiphe, H., & Galenson, E. 1981. *Infantile Origins of Sexual Identity*. New York: International Universities Press.

Ross, J. 1975. The development of paternal identity: A critical review of the literature on nurturance and generativity in boys and men. *J. Am. Psychoanal. Assoc*. 23:783-817.

Rybash, J. M., Hoyer, W., & Roodin, P. 1986. *Adult Cognition and Aging*. New York: Pergamon Press.

Sandler, J. 1960. On the concept of the superego. *Psychoanal. Study Child* 15:128-162.

Sandler, A. 1978. Psychoanalysis in later life: Problems in the psychoanalysis of an aging narcissistic patient. *J. Geriatric Psychiatry* 11(37):5-36.

Schafer, R. 1960. The loving and beloved superego in Freud's structural theory. *Psychoanal. Study Child* 15:163-190.

Seton, P. 1974. The psychotemporal adaptation of late adolescence. *J. Amer. Psychoanal. Assn.* 22:795-819.

Settlage, C. F., Curtis, J., & Lozoff, M. 1988. Conceptualizing adult development. *J. Amer. Psychoanal. Assn.* 36:347-370.

Shakespeare, W. As You Like It. In: *Shakespeare, The Complete Works* (G. B. Harrison, Ed.). New York: Harcourt, Brace, pp. 142-166.

Shane, M. 1977. A rationale of teaching analytic technique based on a developmental orientation and approach. *Int. J. Psycho-anal.* 58:95-108.

Shapiro, T., & Perry, R. 1976. Latency revisited. Psychoanal. *Study Child* 31:79-105.

Sholevar, G. P., & Glenn J. 1991. *Psychoanalytic case studies.* New York: International Universities Press.

Spitz, R. 1945. Hospitalism: An inquiry into the genesis of psychiatric conditions in early childhood. *Psychoanal. Study Child* 1:53-72.

Spitz, R. 1946. Anaclytic depression: An inquiry into the genesis of psychiatric conditions in early childhood. *Psychoanal. Study* Child 2:313-342.

Spitz, R. 1965. *The First Year of Life.* New York: International Universities Press.

Stern, D. N. 1974. The goal and structure of mother-infant play. *J. Amer. Acad. Child. Psychiat.* 13:402-421.

Stern, D. N. 1985. *The Interpersonal World of the Infant.* New York: Basic Books.

Stevens-Long, J. 1979. *Adult Life: Developmental Processes.* Palo Alto: Mayfield.

Stevens-Long, J. 1990. Adult development: Theories past and present. In: *New Dimensions in Adult Development* (R. Nemiroff & C. Colarusso, Eds.). New York: Basic Books.

Stoller, R. J. 1968. *Sex and Gender: On the Development of Masculinity and Femininity.* New York: Science House.

Ticho, G. F. 1976. Female anatomy and young adult women. *J. Amer. Psychoanal. Assn. Supplement, Female Psychology* #5, 24:139–156.

Tyson, P. 1982. The role of the father in gender identity, urethral eroticism, and phallic narcissism. In: *Father and Child* (S. H. Cath, A. Gurwitt, & J. M. Ross, Eds.). Boston: Little, Brown.

Tyson, P., & Tyson, R. L. 1990. *Psychoanalytic Theories of Development.* New Haven: Yale University Press.

Vaillant, G. 1977. *Adaptation to Life.* Boston: Little, Brown.

Vaillant, G. 1990. Natural history of male psychological health. XII: A forty-five year study of predictors of successful aging at age 65. *Amer. J. Psychiatry* 147:31–37.

Van Gennep, A. 1908. *The Rites of Passage* (M. B. Vizedom & G. L. Caffee, Trans.). Chicago: University of Chicago Press.

Waelder, R. 1932. *The Psychoanalytic Theory of Play in Psychoanalysis: Observation, Theory, Application* (S. A. Guttman, Ed.). New York: International Universities Press, pp. 84–100.

Wallerstein, R. S. 1981. The bipolar self: Discussion of alternate perspectives. *J. Amer. Psychoanal. Assn.* 29:377–394.

Wayne, G. J. 1932/1976. Modified psychoanalytic therapy in senescence. *Psychoanalytic Review* 40:99–116.

Wechsler, D. 1941. Intellectual changes with age. In: *Mental Health in Later Maturity.* Supplement 168, Federal Security Agency: U.S. Public Health Service.

Winestine, M. (Reporter). 1973. The experience of separation-individuation through the course of life: Infancy and Childhood (Panel Report). *J. Amer. Psychoanal. Assn.* 21:135–140.

Winnicott, D. W. 1953. Transitional objects and transitional phenomena. In: *Playing and Reality.* New York: Basic Books, pp. 1–25.

Wolf, E. S. 1980. Tomorrow's self: Heinz Kohut's contribution to adolescent psychiatry. In: *Adolescent Psychiatry*(S. C. Feinstein, Ed.). Chicago: University of Chicago Press.

Wolf, E. S. 1988. Case discussion and position statement. *Psychoanal. Inq.* 8:425-446.

Wolf, K. M. 1945. Evacuation of children in wartime: A survey of the literature, with bibliography. *Psychoanal. Study Child* 1:396-404.

Yogman, M. W. 1982. Observations on the father-infant relationship. In: *Father and Child* (S. H. Cath, A. Gurwitt, & J. M. Ross, Eds.). Boston: Little, Brown.

《인 명》

《내 용》

Calvin A. Colarusso, MD

인간행동발달연구가, 소아정신분석가.

Thomas Jefferson 의과대학 졸업 후 Albert Einstein 대학병원에서 소아정신과 수련을 받았으며, Philadelphia 정신분석연구소와 Southern California 정신분석연구소에서 정신분석 수련을 마쳤다. San Diego 주립대학교 의과대학에서 교수로 재직하였으며, 현재는 캘리포니아 라호야에서 저술 및 후학 양성에 주력하고 있다. 오랜 임상 경험을 통해 유아부터 노인에 이르기까지 발달 과제가 주어진다는 것을 역설하였으며, 그와 관련된 요인들을 찾아내고 각 단계별로 주요 정신분석이론을 적용할 수 있도록 하였다. 60이 훨씬 지난 나이에도 최근까지 활발한 저술 활동을 하고 있다. 2010년에는 *The Long Shadow of Sexual Abuse: Developmental Effects across the Life Cycle*을 출간하였고, 2011년에는 〈황금 연못(On Golden Pond)〉〈뜨거운 양철 지붕 위의 고양이(Cat On A Hot Tin Roof)〉〈코쿤(Cocoon)〉같은 영화 속에 나타난 '죽음, 환생, 불멸'의 주제에 대하여 미국 정신분석학회지에 논문을 기고하였다. 자신의 이론에서 주장한 것처럼 노년기에도 새로운 발달 과제를 달성하여 적응해 나가야 함을 몸소 실천하며 살고 있다.

역자 소개

반건호
경희대학교 의과대학 졸업
소아청소년정신과 전문의
현 한국정신분석학회 간행위원장
   대한소아청소년정신의학회 이사장
   경희대학교 의과대학 교수
이메일: mompeian@khu.ac.kr

〈주요 저서 및 역서〉
피글: 한 어린 소녀의 정신분석적 놀이치료 사례(공역, 하나의학사, 2002)
소아정신의학(공저, 중앙문화사, 2005)
애착이론과 정신분석(빈센트, 2005)
마법의 시간 첫 6년(공역, 아침이슬, 2009)
성인에서의 주의력결핍 과잉행동장애(공저, UUP, 2009)

정선주
서울대학교 의과대학 졸업
샌디에이고 정신분석연구소 정신분석 교육과정 수련
국제 및 미국정신분석학회 공인 소아청소년/성인 정신분석가
소아청소년정신과 전문의
현 한국정신분석학회 학술이사
   정선주 정신건강의학과 원장
이메일: sunju629@gmail.com

〈주요 저서〉
소아정신의학(공저, 중앙문화사, 2005)

정신분석적 발달이론
요람에서 무덤까지
Child and Adult Development: A Psychoanalytic Introduction for Clinicians

2011년 9월 16일 1판 1쇄 발행
2025년 1월 20일 1판 9쇄 발행

지은이 • Calvin A. Colarusso
옮긴이 • 반건호 · 정선주
펴낸이 • 김 진 환
펴낸곳 • (주) **학지사**

　　　　04031 서울특별시 마포구 양화로 15길 20 마인드월드빌딩 5층
대표전화 • 02) 330-5114　　　팩스 • 02) 324-2345
등록번호 • 제313-2006-000265호

홈페이지 • http://www.hakjisa.co.kr
인스타그램 • https://www.instagram.com/hakjisabook/

ISBN 978-89-6330-747-3 93180

정가 15,000원

출판미디어기업 **학지사**

간호보건의학출판 **학지사메디컬** www.hakjisamd.co.kr
심리검사연구소 **인싸이트** www.inpsyt.co.kr
학술논문서비스 **뉴논문** www.newnonmun.com
원격교육연수원 **카운피아** www.counpia.com
대학교재전자책플랫폼 **캠퍼스북** www.campusbook.co.kr